AF274132

El gran libro de Node.js

Una guía moderna y completa para crear
aplicaciones web eficientes con Node.js

Ulises Gascón

El gran libro de Node.js

Una guía moderna y completa para crear aplicaciones web eficientes con Node.js

Ulises Gascón

Edición original publicada en inglés por Packt Publishing con el título *Node.js for Beginners*, ISBN 978-1-80324-517-1 © 2024 Packt Publishing

This translation is published and sold by permission of Packt Publishing, which owns or control all rights to publish and sell the same.

Título de la edición en español:

El gran libro de Node.js

© 2025 Ulises Gascón González

Primera edición, 2025

© 2025 MARCOMBO, S. L.
www.marcombo.com

Ilustración de cubierta: Jotaká
Maquetación: Reverté-Aguilar, S. L.
Traducción y adaptación: Ulises Gascón González
Corrección: Anna Alberola
Directora de producción: M.ª Rosa Castillo

ISBN: 978-84-267-3899-8
D.L.: B 17161-2024

Impreso en Servicepoint
Printed in Spain

Libro ecológico
Impreso con papel procedente de bosques gestionados de manera eficiente, libre de cloro.

To all the maintainers who are thanklessly

keeping the modern world turning...

Ulises Gascón

Antes de comenzar a leer este libro

En este libro se utiliza la tipografía `Courier` en los casos en los que se hace referencia a código o acciones por realizar en el ordenador, ya sea en un ejemplo o cuando se refiere a alguna función mencionada en el texto. También se usa para indicar menús de programas, teclas, URL, grupos de noticias o direcciones de correos electrónicos.

Los términos y definiciones que se utilizan mayormente en lengua inglesa se mantienen en este libro en dicho idioma, y en cursiva.

El código fuente de los ejemplos, así como todos los recursos didácticos y de programación que se utilizan en este libro, podrán descargarse a medida que se avanza en la lectura.

Estos recursos están disponibles en www.marcombo.info con el código **NODE25**.

Contribuyentes

Acerca del autor

Ulises Gascón es miembro del **Comité Técnico (TC) de Express**, así como un *core collaborator* y *releaser* de **Node.js**. Con más de 10 años de experiencia como ingeniero de *software*, ha trabajado para empresas destacadas, como Google e IBM, así como para varias firmas de consultoría y *startups*. Además, es un importante contribuyente a numerosas organizaciones y proyectos de código abierto, con varios paquetes en el top 25 del registro *npm*.

Ha obtenido reconocimiento como **Docker Captain**, **Microsoft Most Valuable Professional (MVP)** y **Google Developer Expert (GDE)** por sus notables contribuciones a la comunidad de Node.js. Con una amplia experiencia, se especializa en la construcción de soluciones IoT con *hardware* abierto, el desarrollo de productos SaaS, la creación de herramientas para desarrolladores, la gestión de microservicios, la migración de sistemas *legacy* y el diseño de sistemas distribuidos.

Quiero agradecer a las personas que han estado cerca de mí y me han apoyado, especialmente a mi familia.

Acerca de los revisores

Abhijeet De Sarkar es un ingeniero sénior con experiencia en el diseño y construcción de sistemas escalables en los dominios de detección de fraude, Fintech y Edtech. Su experiencia se ha desarrollado en Node.js, TypeScript, Golang, MongoDB, PostgreSQL y Kafka. Es el fundador de Hyperlearn.

Jon Wexler, ingeniero sénior y líder de Hacky Apps, combina su vasta experiencia en tecnología con un profundo conocimiento de Node.js. Conocido por convertir conceptos complejos en proyectos accesibles, el trabajo de Jon abarca desde liderar el desarrollo de aplicaciones innovadoras hasta educar en *bootcamps* de codificación. Su enfoque práctico le ha valido elogios, y lo ha convertido en una fuerza guía en la industria. Como autor de *Get Programming with Node.js*, empodera a los desarrolladores para elevar sus habilidades a través de aplicaciones del mundo real, reflejando así su compromiso con la excelencia técnica y el liderazgo.

Pranshu Jain es un ingeniero de *software* dinámico reconocido por su enfoque innovador y sus soluciones centradas en el usuario. Con una sólida formación en desarrollo de código abierto, ha revolucionado las experiencias de los usuarios con creaciones como el *widget* Sunbird ED-Search. El talento de Pranshu radica en traducir los complejos requisitos empresariales en soluciones prácticas, lo cual muestra a través de sus exitosos roles en Parentheses Labs y DigiLocker. Proficiente en tecnologías de la nube, *full stack* y desarrollo de API, Pranshu está comprometido con el impulso de iniciativas nobles. Su espíritu colaborativo y su inquebrantable compromiso con la excelencia lo convierten en un valioso activo en cualquier proyecto. Siga el viaje de Pranshu en LinkedIn en @pranshu32 para mantenerse actualizado sobre sus impactantes contribuciones.

Prefacio

¡Hola mundo! El gran libro de Node.js es un libro diseñado con un objetivo específico en mente: llevarle de cero al despliegue lo más rápido posible mientras construye una aplicación real que refuerza las lecciones de cada capítulo.

Node.js ha sido una tecnología líder durante muchos años y, aunque hay numerosos recursos disponibles para aprender, este libro adopta un enfoque único. El conocimiento que adquiera aquí seguirá siendo relevante incluso si decide cambiar partes de su *stack* tecnológico. Permítame ilustrar esto con un ejemplo.

A lo largo del libro, usamos MongoDB, una base de datos no relacional, para construir nuestro proyecto. Usted podría preguntarse cómo adaptar el proyecto si prefiere usar PostgreSQL, por ejemplo. El enfoque que he tomado al escribir este libro hará que tales transiciones sean suaves. Tendrá test unitarios y una interfaz clara para gestionar estas migraciones sin problemas. Encontrará un capítulo que le introduce al *testing* con la API de Node.js y al uso de librerías de terceros como *Jest* o *supertest*, e integramos los test como una red de seguridad que nos permite refactorizar el código sin miedo.

He escrito este libro desde la perspectiva de 2024, pensando en lo que desearía que me hubieran enseñado cuando era nuevo en Node.js.

El libro cubre la amplia gama de desafíos que encontrará al construir una aplicación web, desde principios de diseño de la REST API hasta seguridad y distribución adecuada de la aplicación con Docker, integración continua y mucho más.

Es una consolidación de lo que he estado enseñando a mis estudiantes y compartiendo con la comunidad durante la última década. Espero que lo encuentre tan agradable de leer como yo lo encontré de escribir.

Además, al final de cada capítulo, encontrará recursos adicionales que le ayudarán a explorar más profundamente y aprender los conceptos que son más relevantes para usted.

PARA QUIÉN ES ESTE LIBRO

El gran libro de Node.js es una introducción completa para aquellos que son nuevos en Node.js y/o en el desarrollo de aplicaciones web, que lo pondrá al día en poco tiempo. También ayudará a los más experimentados si solo desean refrescar o ampliar sus conocimientos.

El libro está dirigido a un público objetivo que se encuentra en uno de los siguientes grupos:

- Cualquier desarrollador que esté interesado en aprender Node.js rápidamente o quiera usar Node.js para desarrollar una aplicación web.
- Desarrolladores de *frontend* que quieran aprender más sobre el desarrollo de *backend* o que quieran convertirse en desarrolladores *full stack* con Node.js.
- Desarrolladores que ya usan Node.js a diario y quieren expandir o refrescar su conocimiento en ciertas áreas.

LO QUE ESTE LIBRO CUBRE

El *Capítulo 1, Introducción a Node.js*, proporciona una introducción a Node.js como un entorno de ejecución y también explica la arquitectura central detrás del hilo único. También cubrirá la versión de Node.js y su calendario de lanzamiento.

El *Capítulo 2, Configurando el entorno de desarrollo*, cubre cómo instalar Node.js en los sistemas operativos más populares. Aprenderá a gestionar múltiples versiones de Node.js en la misma máquina. También analizará cómo usar el REPL de Node.js y la consola del navegador web para depurar Node.js y aplicaciones de JavaScript.

El *Capítulo 3, Fundamentos de JavaScript*, le ayuda a refrescar sus conocimientos de los conceptos básicos de JavaScript, como operadores y bucles. También aprenderá a usar características específicas de JavaScript como *closures*, *hoisting* y herencia prototípica (*prototype inheritance*).

El *Capítulo 4, Programación asíncrona*, le enseña cómo implementar el patrón de *callback*, manejar promesas y usar la sintaxis `async`/*await*, y también aprenderá a combinar correctamente todos los patrones, incluyendo el manejo de errores.

El *Capítulo 5, Librerías principales de Node.js*, cubre la estructura de las librerías *core* incluyendo el índice de estabilidad y opciones de línea de comandos para el binario de Node.js. Además, aprenderá cómo modularizar cualquier código usando ESM y CJS y cómo combinarlos.

El *Capítulo 6, Librerías de terceros y npm*, cubre cómo usar la CLI de *npm* para gestionar dependencias, y cómo usar *npx* para usar herramientas CLI sin añadirlas a su proyecto. Aprenderá cómo construir código isomórfico que puede ser ejecutado en Node.js y en el navegador y publicará su primer paquete en *npm*. También discutiremos alternativas a *npm* como *Yarn* o *PnPM*.

El *Capítulo 7, Arquitectura orientada a eventos*, explora cómo la arquitectura orientada a eventos está incluida en muchas librerías *core* como `fs` y `http`. Creará aplicaciones que reaccionan a cambios en archivos o reciben solicitudes HTTP, y aprenderá cómo incluir una API de eventos en sus propios módulos como una interfaz extensible.

El *Capítulo 8, Testing en Node.js*, explora cómo se realizan las pruebas en Node.js y todos los enfoques posibles. Usaremos la librería de *testing* del *core* y *Jest* para construir pruebas unitarias, y usaremos el informe de cobertura para entender dónde mejorar nuestra estrategia de pruebas. Además, exploraremos cómo el *Test-Driven Development (TDD)* se aborda en términos prácticos.

El *Capítulo 9, Manejo de HTTP y REST API*, enseña diferentes estrategias para construir una aplicación web (como SPA y renderizado del lado del servidor) y cómo HTTP está estructurado de una manera que nos permite construir API modernas y sólidas (con encabezados HTTP, códigos de estado, *payloads* y versiones). También aprendemos cómo usar las URL para construir interfaces poderosas mientras transferimos datos usando el formato *JSON*.

El *Capítulo 10, Desarrollando aplicaciones web con Express*, muestra cómo usar *Express* en profundidad (solicitud, respuesta, redirecciones, códigos de estado y gestión de cabeceras) y también analiza cómo usar librerías *middleware* y construir las suyas propias.

En el *Capítulo 11, Construyendo una aplicación web desde cero*, comenzaremos nuestro trabajo en nuestro propio proyecto y construiremos una REST API que incluirá *testing* usando la librería *supertest*. Este proyecto evolucionará, por lo que iteraremos sobre el proyecto añadiendo nuevas características y nuevos test, para que pueda experimentar el ciclo completo de desarrollo de una aplicación real usando Node.js.

El *Capítulo 12, Persistencia de datos con MongoDB*, muestra cómo configurar MongoDB y cómo manejar secretos en Node.js (archivos `.env` y variables de entorno). Exploraremos el universo *Object Data Modeling (ODM)* con Mongoose y evolucionaremos el proyecto para usar MongoDB como la solución de base de datos, incluyendo test e informes de cobertura *(testing coverage)*.

El *Capítulo 13, Autenticación y autorización de usuarios*, enseña las diferencias entre autenticación y autorización, cómo se construye la seguridad web moderna basada en criptografía estudiando en detalle cómo funcionan los *JSON Web Tokens (JWT)*. También implementaremos esto con nuestro *middleware* en el proyecto, y aprenderemos cómo *Passport.js* puede ser usado para manejar estrategias de inicio de sesión social.

El *Capítulo 14, Manejo de errores en Node.js*, explica cómo hacer nuestras aplicaciones más resilientes al definir correctamente y manejar errores de cualquier tipo. También vemos cómo cerrar la aplicación de manera segura y evitar la generación de procesos zombis.

El *Capítulo 15, Proteger aplicaciones web*, explora el impacto social y los vectores de ataque para sus proyectos. Exploraremos cómo *OWASP Top 10, Common Weakness Enumeration (CWE)* y *Common Vulnerabilities and Exposures (CVE)* trabajan juntos para evaluar riesgos y mitigarlos en nuestras aplicaciones. También cubrimos las mejores prácticas de seguridad de Node.js oficiales y el modelo de amenazas. Tendrá la oportunidad de poner todo esto en práctica con el proyecto que construimos juntos e iremos explorando otras formas de crecer en esta área conociendo el universo del *hacker* ético.

El *Capítulo 16, Desplegando aplicaciones de Node.js*, nos enseña a desplegar nuestra aplicación en Internet, enfatizando en la toma de requisitos claros y guiando en la definición de una solución. Usaremos GitHub Actions para crear los *pipelines* del *continuous integration (CI)*, DigitalOcean para del despliegue, PM2 para la orquestación de la aplicación y MongoDB Atlas para la base de datos.

En el *Capítulo 17, Dockerizando una aplicación de Node.js*, desplegamos nuestra aplicación en Internet usando Docker y DigitalOcean. También usaremos GitHub Actions para la integración continua (CI). Exploraremos la configuración de dominio y los certificados SSL en Cloudflare, y los principios de la aplicación de doce factores *(twelve-factor app)*.

El autor reconoce el uso de IA de vanguardia, como ChatGPT, con el único objetivo de mejorar el lenguaje y la claridad dentro del libro, asegurando así una experiencia de lectura fluida para los lectores. Es importante destacar que el contenido ha sido elaborado por el autor y editado por un equipo profesional de publicación.

PARA SACAR EL MÁXIMO PROVECHO DE ESTE LIBRO

Software/hardware cubierto en el libro	Requisitos del sistema operativo
JavaScript	Windows, macOS, o Linux
Node.js y librerías *core* de Node.js	Docker
Docker	Node.js 20.x
Paquetes *npm* (*Express, Mongoose, Passportjs, etc.*)	

Si está utilizando la versión digital de este libro, le recomendamos que escriba el código usted mismo o acceda al código desde el enlace que está disponible en la siguiente sección. Hacerlo así le ayudará a evitar posibles errores relacionados con la copia y el pegado de código.

DESCARGUE LOS ARCHIVOS DE CÓDIGO DE EJEMPLO

Los archivos de código para el capítulo se pueden encontrar en www.marcombo.info con el código **NODE25**.

Convenciones utilizadas

Hay una serie de convenciones de texto utilizadas a lo largo de este libro.

`Código en texto`: indica palabras de código en texto, nombres de tablas de base de datos, nombres de carpetas, nombres de archivos, extensiones de archivos, nombres de rutas, URL ficticias, entrada del usuario y manejadores de Twitter. Aquí hay un ejemplo: «Para usar un archivo `.nvmrc`, necesitará crear un archivo llamado `.nvmrc` en la raíz de su proyecto con la versión de Node.js que desea utilizar».

Un bloque de código se establece de la siguiente manera:

```
userSchema.pre('save', async function (next) {
const user = this
if (user.isModified('password')) {
  const salt = await bcrypt.genSalt()
  user.password = await bcrypt.hash(user.password, salt)
}
next()
})
```

Cuando deseamos llamar su atención sobre una parte particular de un bloque de código, las líneas o elementos relevantes se establecen en **negrita**:

```
userSchema.pre('save', async function (next) {
  const user = this
  if (user.isModified('password')) {
    const salt = await bcrypt.genSalt()
    user.password = await bcrypt.hash(user.password, salt)
  }
  next()
})
```

Cualquier entrada o salida de la línea de comandos se escribe de la siguiente manera:

```
encodeURIComponent('P@ssword') // P%40ssword
```

Negrita: Indica un nuevo término, una palabra importante, o palabras que ve en la pantalla. Por ejemplo, las palabras en menús o cuadros de diálogo aparecen en **negrita**. Aquí hay un ejemplo: «Abra *DevTools* haciendo clic derecho en la página y haciendo clic en **Inspeccionar**».

Los consejos o las notas importantes aparecen dentro de un recuadro como este:

> Consejos o notas importantes Aparecen así.

Contenido

CAPÍTULO 3

PARTE 1
Resumen del lenguaje JavaScript y Node.js

En la Parte 1, aprenderá cómo funciona Node.js y por qué es una de las herramientas más populares utilizadas para construir proyectos web hoy en día. Juntos, configuraremos el entorno de desarrollo y aprenderá los detalles del lenguaje JavaScript y cómo puede aprovechar su programación asíncrona.

Esta parte incluye los siguientes capítulos:

- Capítulo 1, Introducción a Node.js
- Capítulo 2, Configurando el entorno de desarrollo
- Capítulo 3, Fundamentos de JavaScript
- Capítulo 4, Programación asíncrona

Introducción a Node.js

¡Bienvenido al primer capítulo del libro! Node.js es una de las tecnologías más relevantes disponibles que permite construir cualquier tipo de proyecto (web, aplicación de escritorio, herramientas de línea de comando o CLI, microservicios, IoT, etc.) dentro del mismo *stack*. La comunidad alrededor del proyecto es muy vibrante e innovadora.

En este capítulo, exploraremos las principales características de Node.js y analizaremos por qué se volvió tan popular con el tiempo. Luego, explicaremos la arquitectura de Node.js y su funcionamiento. Finalmente, hablaremos de las diferentes versiones de Node.js disponibles.

Estos son los principales temas que veremos en este capítulo:

- Qué hace que Node.js sea tan especial y por qué es una tecnología revolucionaria.
- La arquitectura interna de Node.js y cómo funciona.
- Cómo identificar la versión correcta de Node.js para sus proyectos.

Este conocimiento le ayudará a decidir sobre la adecuación para sus proyectos y le guiará alrededor de un complejo ecosistema.

1.1. ¿Por qué es Node.js tan popular?

La definición oficial de Node.js es muy simple, pero no explica por qué se ha vuelto tan popular con el tiempo:

Node.js® es un entorno de ejecución de JavaScript de código abierto y multiplataforma.

En la Figura 1.1, podemos ver cómo la popularidad de Node.js ha ido aumentando con el tiempo y cómo, hoy en día, sigue creciendo rápidamente.

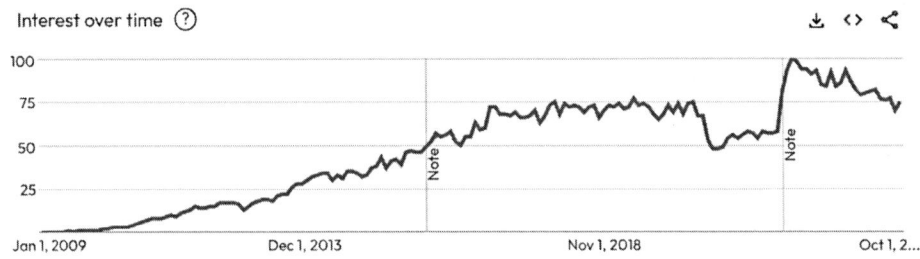

Figura 1.1 El interés en Node.js (imagen de Google Trends).

A continuación, vamos a explorar las principales razones por las que Node.js es tan popular.

1.1.1. Ligero y rápido

Node.js es un entorno de ejecución (*runtime*) ligero y rápido basado en el motor de JavaScript V8, que es el mismo motor que alimenta a Google Chrome y Microsoft Edge, entre otros.

Se basa en una arquitectura de un solo hilo (*single threaded*) y está orientado a eventos, lo que significa que no necesita crear un nuevo hilo para cada solicitud, como sucede en otras herramientas populares como PHP. Esta es una gran ventaja porque el consumo de memoria es muy bajo y el rendimiento es muy alto.

Analizaremos la arquitectura de un solo hilo en detalle en las próximas secciones.

1.1.2. **Multiplataforma y multipropósito**

Node.js es multiplataforma, lo que significa que podemos ejecutarlo en cualquier sistema operativo y en cualquier arquitectura disponible en el mercado moderno.

Node.js no solo se utiliza para construir aplicaciones web, sino que también se puede utilizar para construir cualquier tipo de aplicación, desde un simple programa en línea de comandos hasta una compleja aplicación de escritorio como Slack o Visual Studio Code.

1.1.3. **Curva de aprendizaje fácil**

Node.js se basa en JavaScript, que es uno de los lenguajes de programación más populares del mundo. Esto significa que millones de desarrolladores ya conocen el lenguaje y, por tanto, pueden comenzar a usar Node.js fácilmente.

Cualquier aplicación que se pueda escribir en JavaScript
se acabará escribiendo en JavaScript.

– Ley de Atwood (Jeff Atwood)

Además, la **interfaz de programación de aplicaciones (API)** de Node.js (los métodos, librerías y utilidades que Node.js proporciona) es muy simple y fácil de usar, por lo que la curva de aprendizaje es muy pequeña. No se necesita dominar la API de Node.js para comenzar a construir aplicaciones web, sino que puede aprender progresivamente mientras está construyendo su aplicación.

Hay muchos recursos disponibles para aprender Node.js, desde la documentación oficial hasta cursos en línea y tutoriales en muchos idiomas y orientados a diferentes perfiles.

1.1.4. Ecosistema

Node.js tiene un enorme ecosistema de paquetes, librerías de JavaScript y recursos desarrollados por la comunidad que se pueden utilizar para construir cualquier tipo de aplicación. Hay más de dos millones y medio de paquetes disponibles en el Registro npm (https://www.npmjs.com/), que es el gestor de paquetes oficial para Node.js.

Además, Node.js tiene un gran apoyo por parte de los proveedores de la nube, lo que significa que puede desplegar fácilmente su aplicación en la nube y escalar tanto como necesite.

La mayoría de las tecnologías emergentes proporcionan **kits de desarrollo de software (SDK)** para Node.js, por lo que puede integrar fácilmente su aplicación con ellas. Muchas empresas están utilizando Node.js en producción, lo que conlleva encontrar fácilmente soporte y recursos para resolver cualquier problema que surja.

Además, muchas librerías populares son isomórficas, lo que significa que se pueden utilizar en el navegador y en el servidor, por lo que puede reutilizar su código y evitar duplicaciones.

1.1.5. Impulsado por la comunidad

Para mí, la razón más importante por la que Node.js es tan popular es su comunidad. Node.js tiene una gran comunidad de desarrolladores que están contribuyendo constantemente al proyecto, por lo que usted puede encontrar fácilmente soporte y recursos para resolver cualquier problema. Además, estas personas se encargan de incluir nuevas características o de resolver *bugs* específicos.

La Fundación Node.js se fusionó con la Fundación JS en 2019 para crear la Fundación OpenJS, https://openjsf.org/, que es la organización actual que gobierna el proyecto Node.js y otros proyectos clave en el ecosistema de JavaScript, como Appium, jQuery, Electron, Express y Webpack.

> Puede encontrar el modelo de gobernanza de la Fundación OpenJS en https://openjsf.org/about/governance/ y el del proyecto Node.js en https://nodejs.org/en/about/governance.

Muchas empresas son miembros de la Fundación OpenJS, como Google, IBM, Microsoft, Netflix, Red Hat, GitHub y muchas otras (https://openjsf.org/about/members/). Estas empresas proporcionan mucho apoyo y recursos para mantener el proyecto vivo.

Como puede ver, existen múltiples factores que están ayudando a que Node.js se vuelva tan popular, desde un modelo impulsado por la comunidad hasta un sólido ecosistema que le aporta muchas capacidades. ¡Todo parece indicar que Node.js seguirá siendo popular en el futuro!

En la siguiente sección, exploraremos cómo funciona la arquitectura interna de Node.js.

1.2. La arquitectura de un solo hilo de Node.js

Cuando Node.js comenzó su andadura, en 2009, fue una revolución en el mundo del desarrollo web, ya que Ryan Dahl, su creador, decidió usar un enfoque muy inusual en ese momento: una arquitectura de un solo hilo.

En su presentación sobre Node.js en la JSConf (https://www.youtube.com/watch?v=EeYvFl7li9E), Ryan Dahl dijo que quería lograr dos cosas clave al construir Node.js: JavaScript del lado del servidor y E/S no bloqueante *(non-blocking I/O)*.

1.2.1. La E/S necesita hacerse de manera diferente

El enfoque común para las operaciones de entrada y salida (E/S) en las aplicaciones web es crear un nuevo hilo para cada solicitud. Esta es una operación muy costosa porque el consumo de memoria es muy alto y el rendimiento es muy bajo.

La idea detrás de esto es dividir los recursos del sistema y asignarlos a cada hilo. Este es un enfoque muy ineficiente porque, la mayoría de las veces, las CPU están inactivas, simplemente esperando peticiones.

El otro problema es que estamos limitados en la cantidad de memoria que podemos usar porque cada hilo necesita tener su propio espacio de memoria asignado.

En general, este proceso era muy ineficiente y no era escalable.

1.2.2. E/S no bloqueante

Con Node.js, usamos un enfoque diferente: no dividimos los recursos, sino que mantenemos un solo hilo y usamos un modelo de E/S no bloqueante *(non-blocking I/O)* que nos permite liberar los recursos mientras esperamos, por lo que podemos continuar procesando solicitudes.

Para hacer esto posible, Node.js tiene dos dependencias clave: libuv (https://libuv.org/) y V8 (https://v8.dev/).

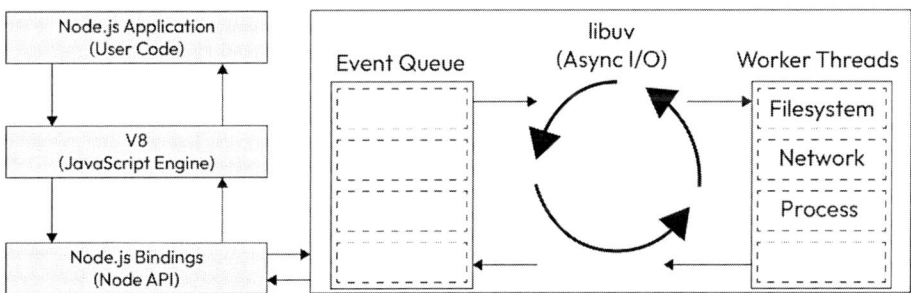

Figura 1.2 Diagrama que muestra la relación entre el código del usuario, v8, Node API y libuv (cola de eventos e hilos de trabajo).

Como puede ver, la arquitectura tiene muchas piezas y puede ser un poco abrumadora al principio. Este diagrama no es la imagen completa, pero es un buen punto de partida para entender cómo funciona Node.js en el contexto de este capítulo. Hay muchas piezas que entender en esta figura, así que vamos paso a paso.

1.2.2.1. Aplicación Node.js

Este es el código que escribimos para construir nuestra aplicación. Se hace en JavaScript y puede usar las API de Node.js y las librerías de terceros.

1.2.2.2. V8

Este es el motor encapsulado en Node.js que ejecutará nuestro código JavaScript. V8 es el mismo motor que se utiliza en el navegador Chrome internamente.

1.2.2.3. Node.js *bindings*

Es sorprendente para muchos desarrolladores ver que Node.js está escrito principalmente en C/C++. Esta es una de las razones por las que Node.js es tan rápido. Los *bindings* de Node.js son el código C/C++ que se ejecutará cuando usemos las API de Node.js internamente.

1.2.2.4. libuv

Esta es la librería de C que maneja las operaciones de E/S con soporte multiplataforma. Utilizará el *pool* de hilos para ejecutar las operaciones de bloqueo y notificará a los enlaces de Node.js cuando la operación esté completada. Programaremos Node.js definiendo funciones que se ejecutarán cuando ciertas operaciones asíncronas estén completadas. Por ejemplo, cuando intentemos leer el contenido de un archivo, ejecutaremos cierto código una vez el contenido del fichero esté disponible. Libuv maneja la lógica de bajo nivel para que esta coordinación suceda de forma transparente.

1.2.3. **Profundizando en el bucle de eventos**

El bucle de eventos *(event loop)* es la parte más crítica de la arquitectura de Node.js. Tener esto en mente le ayudará a entender cómo funciona Node.js.

Como hemos visto, el nuevo enfoque de operaciones de E/S no es mágico, sino que es solamente una forma muy inteligente de manejar y abstraer usando una capa asíncrona que se usa fácilmente con JavaScript. Esto introduce la necesidad de saber cómo hacer programación asíncrona. Cubriremos este tema con más detalle en el capítulo 4, pero, por ahora, necesitamos entender cómo funciona el bucle de eventos.

Un recurso fantástico para entender el bucle de eventos en más profundidad es esta charla de Philip Roberts en JSConf EU 2014: *What the heck is the event loop anyway?* (https://www.youtube.com/watch?v=8aGhZQkoFbQ). También incluye una herramienta llamada Loupe (http://latentflip.com/loupe) para experimentar con la arquitectura del bucle de eventos por nosotros mismos.

Como puede ver, Node.js es el producto de combinar varias tecnologías. El bucle de eventos es un tema bastante avanzado y requerirá algo de tiempo entenderlo completamente; pero no se preocupe, ya que puede comenzar a trabajar con Node.js sin tener claro cómo funciona el bucle de eventos o cómo trabajan juntas todas las piezas. Aprenderá más sobre ello con la práctica de los ejercicios del libro. Ahora, exploremos cómo organiza Node.js las versiones.

1.3. Versiones de Node.js

Node.js sigue el **versionado semántico (SemVer)** (https://semver.org/lang/es/). Es importante entender cómo funciona este versionado para elegir la mejor versión para su proyecto.

1.3.1. Versionado semántico (SemVer)

El versionado semántico es una de las formas más populares de versionar *software*. Nos ayuda a determinar qué cambios anticipar como usuario, y permite decidir si podrían causar roturas o no en nuestra aplicación. Este entendimiento ayuda a nuestros usuarios finales a prepararse para posibles actualizaciones.

En la siguiente figura, podemos diferenciar los elementos utilizados para construir la versión de lanzamiento (*release version*).

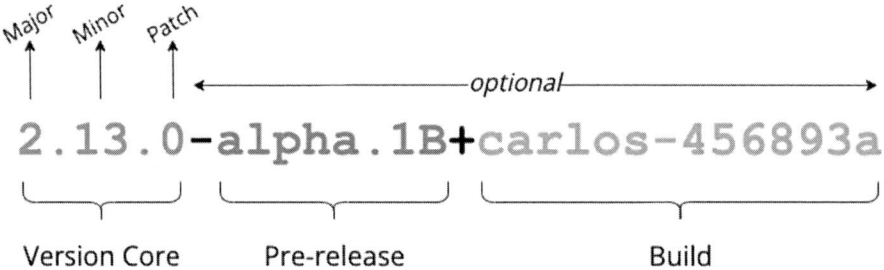

Figura 1.3 Partes de un número de versión semántica (Fuente: Devopedia 2020, https://devopedia.org/images/article/279/2766.1593275997.svg).

Cuando se lanza una nueva versión, el número de versión se incrementa siguiendo las reglas de SemVer:

- Las versiones *major* añaden cambios incompatibles en la API.
- Las versiones *minor* añaden funcionalidad de manera compatible con versiones anteriores.
- Las versiones *patch* añaden correcciones de errores compatibles con versiones anteriores.

Siguiendo estas reglas, podemos actualizar fácilmente la versión de Node.js en cualquier proyecto sin romper el código cuando los cambios están catalogados como menores *(minor)* o como un parche *(patch)*.

Si queremos actualizar a una nueva versión mayor *(major)*, necesitaremos verificar si hay algún cambio que debemos abordar antes de actualizar. En la mayoría de los casos, los cambios no están relacionados con nuestro propio código, sino con las dependencias que estamos utilizando en el proyecto.

> Los **metadatos** son opcionales y no se utilizan para definir la versión del *software*, sino para proporcionar información adicional. En general, trataremos de evitar el uso de versiones con metadatos, ya que no son versiones estables, pero sí pueden ser utilizadas con fines de prueba.

1.3.2. Detalles de la versión

Antes de pasar al calendario de lanzamientos *(release schedule)*, es importante entender cómo podemos verificar los detalles de cualquier versión. Esto es muy importante si planeamos actualizar a una versión mayor, ya que contiene cambios que rompen la compatibilidad.

En este caso, analizaremos la versión 20.0.0 de Node.js, por lo que podemos leer los detalles de la última versión LTS a través del blog oficial: https://nodejs.org/en/blog/release/v20.0.0/.

Cada versión tiene una entrada de blog estructurada con la siguiente información:

- **Resumen**: aquí podemos encontrar una breve descripción de la versión.
- **Cambios notables**: describe los cambios más importantes en la versión, incluyendo ejemplos y mucho contexto detrás de las nuevas características o depreciaciones. También podemos ver los cambios más relevantes en las dependencias que pueden afectar a las API de Node.js.
- *Commits Semver-(*):* nos detalla los *commits* que están relacionados con los cambios de SemVer (***Commits Semver-Major***, ***Commits Semver-Minor*** y ***Commits Semver-Patch***); así podemos acceder directamente a los cambios de código utilizando la referencia de *commits*.

La información de la versión está disponible directamente en el registro de cambios *(changelog)*. La versión del registro de cambios incluye referencias a todos los *commits* y *pull requests* incluidos en la versión, por lo que es una gran fuente de información cuando se necesita migrar desde otra versión de Node.js. Puede encontrar la versión del registro de cambios en https://github.com/nodejs/node/blob/main/doc/changelogs/CHANGELOG_V20.md#2023-04-18-version-2000-current-rafaelgss.

Una de las mejores formas de explorar el cambio en una versión en más detalle es utilizar directamente la documentación de Node.js (por ejemplo, https://nodejs.org/dist/latest-v20.x/docs/api/). El sitio web ofrece la opción de navegar a través de las diferentes versiones para que podamos verificar los cambios en las API entre versiones de manera más fácil.

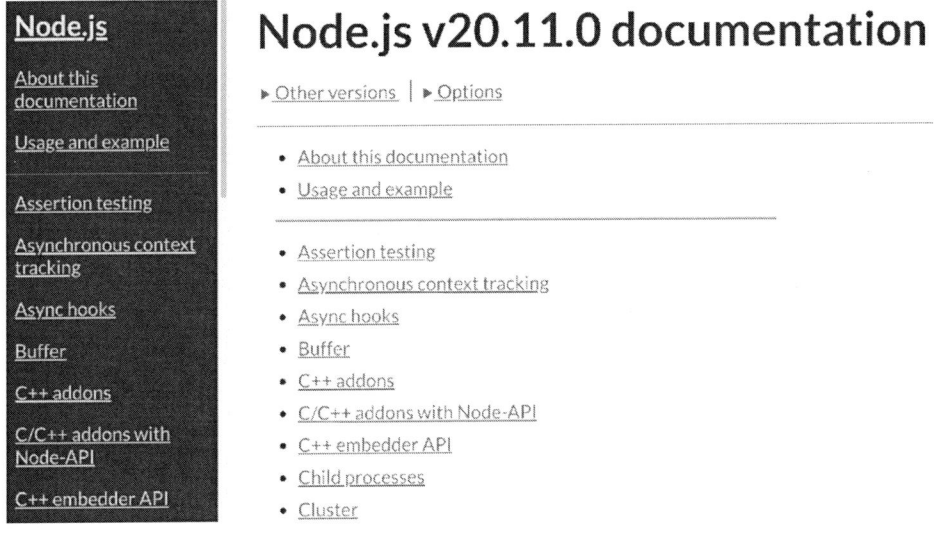

Figura 1.4 Captura de pantalla de la documentación oficial de Node.js.

1.3.3. Calendario de lanzamientos

El proyecto Node.js tiene un calendario de lanzamientos *(release schedule)* que se publica en el sitio web oficial (https://nodejs.org/en/about/releases/) y que es actualizado por el Node.js Release Working Group.

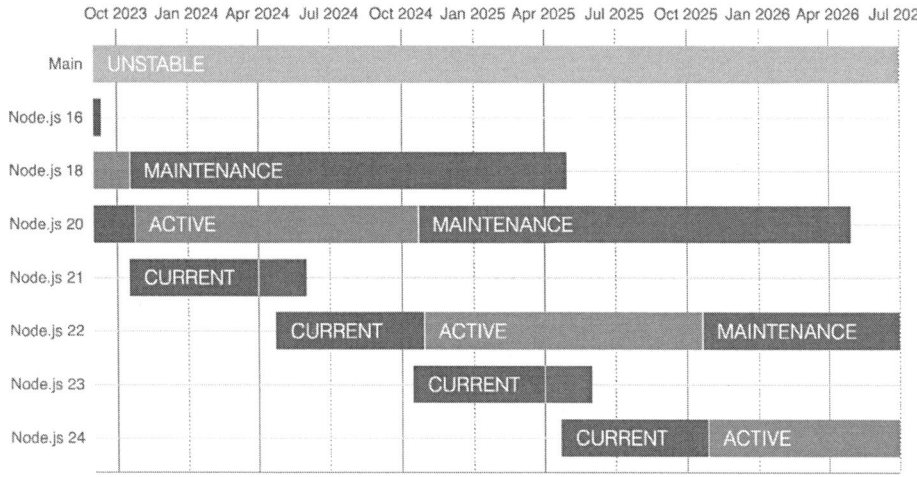

Figura 1.5 Calendario de lanzamientos oficial del sitio web de Node.js.

En Node.js, los lanzamientos tienen tres fases diferentes:

- **Actual** *(Current)* es la fase donde se añaden nuevas características (cambios no *semver major*) al proyecto. Esta fase es muy activa y no siempre se recomienda usarla en producción, ya que no es una versión completamente estable.
- **Soporte a Largo Plazo Activo** *(Active Long-Term Support, o LTS)* es la fase donde la versión es estable y ha sido actualizada por el equipo de LTS. Esta fase aún incluye nuevas características, correcciones de errores y actualizaciones. Es una fase estable, por lo que se recomienda usarla en producción.
- **Mantenimiento** *(Maintenance)* es la fase donde la versión no recibe nuevas características, sino solo correcciones críticas de errores y actualizaciones de seguridad. Esta fase se recomienda para proyectos que aún no pueden actualizar a la última versión activa de LTS.

Las líneas de lanzamiento con números impares no se promueven en la fase de LTS activo, por lo que no se recomiendan para uso en producción.

A día de hoy, para cualquier nuevo proyecto recomendaría usar la última versión de LTS, que es la 20.11.0. Esta versión será soportada hasta abril de 2026, por lo que es una buena elección para cualquier nuevo proyecto.

Para proyectos ya existentes que usen Node.js v18, se recomienda comenzar a migrar a Node.js v20, ya que v18 está entrando en la fase de mantenimiento.

Aunque lanzar una nueva versión parece una tarea fácil, no lo es. El Release Working Group ha definido el proceso completo, que incluye más de 20 pasos. Puede encontrar toda la información relevante en la documentación oficial (https://github.com/nodejs/node/blob/main/doc/contributing/releases. md) o en esta charla: *The Life and Times of a Node.js Release*, por Danielle Adams en la NodeConf EU 2022 (https://www.youtube.com/watch?v=OiSBodpU174).

1.4. Resumen

En este capítulo, hemos explorado qué hace tan especial a Node.js y cómo se diferencia de otros sistemas de *backend*. También hemos repasado la historia de Node.js y cómo ha evolucionado a lo largo de los años.

Además, hemos hablado de la arquitectura de Node.js y de su funcionamiento interno. Hemos aprendido sobre el bucle de eventos *(event loop)*, y cómo este permite a Node.js manejar muchas solicitudes concurrentes de manera eficiente.

En el próximo capítulo, aprenderemos cómo configurar el entorno de desarrollo y cómo comenzar a usar Node.js.

1.4.1. Lectura adicional

- *Node.js: The Documentary | An origin story: https://www.youtube.com/watch?v=LB8KwiiUGyO*
- *Node.js governance: https://nodejs.org/en/about/governance*
- *OpenJS Foundation governance: https://openjsf.org/about/governance/*
- *The Life and Times of a Node.js Release, by Danielle Adams at NodeConf EU 2022: https://www.youtube.com/watch?v=OiSBodpU174*
- *Node.js dependencies: https://github.com/nodejs/node/blob/main/doc/contributing/maintaining/maintaining-dependencies.md*
- *Node.js event loop architecture: https://medium.com/preezma/node-js-event-loop-architecture-go-deeper-node-core-c96b4cec7aa4*
- *How Node.js Bootstraps Itself, 2019 edition, Joyee Cheung, Igalia: https://www.youtube.com/watch?v=bwiLlcGvFEk*
- *Node.js 12: A Decade of Node.js, Beth Griggs, IBM: https://www.youtube.com/watch?v=HP4NOu_dEgl*
- *Node.js 2023 Year in An Article: https://blog.rafaelgss.dev/nodejs-2023-year-in-review*
- *Joyee Cheung | JavaScript and Cpp in Node.js core: How do they talk to each other?: https://www.youtube.com/watch?v=xeQ7qi48wNY*

## CAPÍTULO 2

Configurando el entorno
de desarrollo

Para usar Node.js, primero necesitamos preparar nuestro entorno de desarrollo. En este capítulo, detallaremos cómo instalar Node.js y cómo verificar que todo esté funcionando como se espera, para que podamos ejecutar JavaScript y Node.js.

Node.js es un *software* simple y fácil de instalar, por lo que no dedicaremos demasiado tiempo a este tema. Sin embargo, cubriremos algunos detalles importantes que necesita saber para trabajar con Node.js en cualquier entorno.

Estos son los principales temas que exploraremos en este capítulo:

- Instalación de Node.js en cualquier entorno.
- Gestión de versiones de Node.js.
- Uso de Chrome DevTools y el REPL de Node.js para interactuar con JavaScript y Node.js.

En este capítulo, aprenderemos cómo configurar correctamente Node.js en cualquier entorno, como Windows, Linux o macOS. Este conocimiento también será aplicable cuando despliegue sus proyectos en la nube o en un dispositivo específico.

Además, aprenderemos el modo de depurar cualquier problema utilizando las herramientas de depuración incluidas en los navegadores web y en el REPL de Node.js. Finalmente, revisaremos cómo administrar múltiples versiones de Node.js que se ejecutan en la misma máquina. Esta habilidad será muy útil cuando necesite migrar un proyecto entre diferentes versiones de Node.js.

2.1. Requisitos técnicos

Vea el vídeo del código en funcionamiento en https://youtu.be/xElsOS9Pz4k.

2.2. Instalando Node.js en macOS, Windows y Linux

Node.js se puede instalar de tres formas diferentes:

- **Descargando los binarios desde el sitio web oficial:** esta es la opción recomendada para principiantes, ya que es la forma más fácil de instalarlo. Solo necesita descargar los binarios desde el sitio web oficial y ejecutar el instalador.
- **Usando un gestor de paquetes:** esta es la forma más común de instalarlo en Linux, FreeBSD, IBM, Android y entornos similares. Solo necesita usar el gestor de paquetes de su sistema e instalar Node.js desde allí.
- **Compilar desde el código fuente:** esta es la forma más avanzada de instalarlo y abre la puerta a muchas personalizaciones. Solo se recomienda para usuarios avanzados. Necesita descargar el código fuente desde el repositorio oficial y compilarlo en su máquina.

Como parte de la integración continua de Node.js, hay muchos entornos y arquitecturas diferentes donde se prueba Node.js, lo que significa que Node.js mantiene un sólido soporte multiplataforma desde hace mucho tiempo.

Mientras escribo este libro, la última versión de Node.js es la 20.11.0, por lo que usaremos esta versión como referencia. Sin embargo, puede usar la última versión LTS disponible, ya que el proceso de instalación es el mismo para todas las versiones.

Las próximas secciones explicarán cómo instalar Node.js en varios sistemas operativos, comenzando con macOS.

2.2.1. macOS

La forma más fácil de instalar Node.js en macOS es descargando los binarios desde el sitio web oficial. Solo necesita ir a la página de descarga de Node.js, https://nodejs.org/en/download/, descargar el instalador de macOS y seguir el asistente de instalación.

También puede instalarlo usando un gestor de paquetes, pero esto no se recomienda para principiantes. Si quiere instalar Node.js usando un gestor de paquetes, puede usar Homebrew (https://brew.sh/) o MacPorts (https://www.macports.org/).

Para usar Homebrew, abra su terminal y escriba el siguiente comando, que administrará el proceso de instalación para usted:

```
brew install node
```

Para usar MacPorts, abra la terminal y escriba el siguiente comando para iniciar el proceso de instalación:

```
port install nodejs20
```

A continuación, veremos cómo instalarlo en Windows.

2.2.2. Windows

La forma más fácil de instalar Node.js en Windows es descargando los binarios desde el sitio web oficial.

Solo necesita ir a la página de descarga de Node.js, https://nodejs.org/en/download/, descargar el instalador de Windows y seguir el asistente de instalación.

A continuación, veamos cómo instalarlo en Linux.

2.2.3. Linux

La mejor manera es instalar Node.js usando su gestor de paquetes, pero también puede usar los binarios distribuidos por NodeSource (https://github.com/nodesource/distributions/blob/master/README.md). Esto cubrirá las distribuciones basadas en Debian y Ubuntu (deb), así como las distribuciones basadas en Enterprise Linux (rpm).

Veremos un ejemplo usando Ubuntu.

Primero, descargue el *script* de configuración de NodeSource usando `curl`:

```
curl   -sL   https://deb.nodesource.com/setup_20.x   -o
/tmp/nodesource_setup.sh
```

Luego, revise el contenido del *script* (opcional):

```
cat /tmp/nodesource_setup.sh
```

Finalmente, ejecute el *script* como `root` e instale Node.js:

```
sudo bash /tmp/nodesource_setup.sh
sudo apt install nodejs
```

2.2.4. Otros entornos

El Node.js Build Working Group proporciona una lista oficial de plataformas que incluye todas las plataformas y arquitecturas soportadas con sus diferentes niveles de soporte. Puede encontrarla en https://github.com/nodejs/node/blob/main/BUILDING.md#platform-list.

Además, Node.js tiene una iniciativa, llamada unofficial-builds, que proporciona soporte para otras plataformas y arquitecturas de forma no oficial, e incluye `loong64`, `riscv64`, `linux-armv6l`, `linux-x86`, `linux-x64-glibc-217` y `linux-x64-musl`. Puede encontrar más información en https://github.com/nodejs/unofficial-builds.

Si tiene nociones de Docker, también puede usar las imágenes oficiales de Docker proporcionadas por Node.js para evitar instalar los binarios de Node.js en su máquina (https://hub.docker.com/_/node).

2.2.5. Verificando la instalación

Node.js se entrega con npm. Ahora comprobaremos que tanto Node.js como npm están instalados correctamente. Las versiones instaladas pueden ser diferentes dependiendo de la versión de Node.js que haya instalado, pero si no está lanzando un error, significa que la instalación ha sido exitosa.

Usaremos la terminal para comprobar que la instalación se realizó correctamente tanto para Node.js como para npm.

Para verificar la instalación de Node.js, abra su terminal y escriba el siguiente comando:

```
node -v
```

La salida esperada es la versión de Node.js instalada:

```
v20.11.0
```

Para verificar que npm está instalado, escriba el siguiente comando:

```
npm -v
```

La salida esperada es la versión de npm instalada:

```
10.2.4
```

¡Felicidades! Acaba de instalar Node.js en su máquina. En la siguiente sección, nos familiarizaremos con las versiones de Node.js para tener una mejor comprensión de la versión de Node.js que debemos usar para nuestro próximo proyecto.

2.3. Gestionando las versiones de Node.js

Node.js es un proyecto en constante evolución, por lo que se lanzan nuevas versiones cada pocos meses. Para administrar las versiones de Node.js en su máquina, necesitará un administrador de versiones de Node.js.

Hay varios gestores de versiones disponibles, pero los más populares son los siguientes:

- **Node Version Manager (nvm):** https://github.com/nvm-sh/nvm
- **n:** https://github.com/tj/n
- **Fast Node Manager (fnm):** https://github.com/Schniz/fnm
- **Volta:** https://github.com/volta-cli/volta

En este libro, usaremos nvm como el administrador de versiones de Node.js, pero puede usar cualquier otro.

> En los entornos de producción, se debe usar la última versión LTS disponible, ya que es la más estable y se soporta durante más tiempo. En la mayoría de los casos, no es necesario instalar un administrador de versiones en su máquina de producción, ya que usará una versión específica.

Ahora que estamos familiarizados con cómo se organizan las versiones de Node.js, necesitaremos algunas herramientas para ayudarnos a manejar varias versiones de Node.js en el mismo entorno. Comenzaremos, en la siguiente sección, con nvm.

2.4. Administrando Node.js usando nvm

Nvm es la forma más popular y amigable para principiantes de administrar múltiples versiones de Node.js en su máquina. Yo uso nvm para administrar mis versiones de Node.js, ya que es una gran herramienta, pero nvm puede ser complicado de instalar, por lo que necesitará seguir cuidadosamente las instrucciones de instalación. Hay una guía para la solución de problemas comunes y muchas soluciones documentadas en https://github.com/nvm-sh/nvm#installing-and-updating.

Esta es mi forma preferida de instalar nvm en macOS, y creo que es la más fácil:

```
brew install nvm
```

Para Linux y macOS (sin gestores de paquetes), descargue y ejecute el *script* de instalación desde el repositorio oficial:

```
curl    -o-    https://raw.githubusercontent.com/nvm-
sh/nvm/v0.39.3/

install.sh | bash
```

Nvm no funciona en Windows, por lo que si está utilizando Windows, necesitará usar otro administrador de versiones o el **Subsistema de Windows para Linux (WSL)**.

Las alternativas a nvm para Windows son las siguientes:

- **nodist:** https://github.com/nullivex/nodist
- **nvm-windows:** https://github.com/coreybutler/nvm-windows
- **Node Version Switcher (NVS):** https://github.com/jasongin/nvs

Una vez que haya instalado nvm, puede usarlo para instalar y administrar las versiones de Node.js.

2.4.1. Instalación y uso de versiones

Para utilizar una versión específica de Node.js, primero necesitará instalarla:

```
nvm install 20.11.0
```

Luego, puede usarla:

```
nvm use 20.11.0
# Now using node v20.11.0 (npm v10.2.4)
```

Puede verificar la versión de Node.js en uso con lo siguiente:

```
node -v
# v20.11.0
```

También puede establecer una versión predeterminada de Node.js para su máquina:

```
nvm alias default 20.11.0
```

Puede listar las versiones de Node.js instaladas con el comando `ls`:

```
nvm ls
```

La salida será una lista de todas las versiones de Node.js instaladas. Podemos listar todas versiones instalables de Node.js con el comando `ls-remote`:

```
nvm ls-remote
```

La salida será una lista de todas las versiones disponibles de Node.js, ¡y es una lista muy larga!

Con el tiempo, tendemos a acumular versiones de Node.js, por lo que es una buena práctica desinstalar aquellas que ya no está utilizando.

Para desinstalar una versión de Node.js, necesitará usar el comando `uninstall`:

```
nvm uninstall 20.11.0
```

2.4.2. Usando un archivo .nvmrc

También puede usar un archivo `.nvmrc` para especificar la versión de Node.js que desea usar en un proyecto. Esto es útil cuando está trabajando en un proyecto con otros desarrolladores y quiere asegurarse de que todos están usando la misma versión de Node.js.

Para usar un archivo `.nvmrc`, necesitará crear un archivo llamado `.nvmrc` en la raíz de su proyecto con la versión de Node.js que desea utilizar:

```
20.11.0
```

Luego, nvm puede usar la versión de Node.js especificada en el archivo `.nvmrc` cuando ingresa al directorio del proyecto y ejecuta el siguiente comando:

```
nvm use
# Now using node v20.11.0 (npm v10.2.4)
```

Si la versión de Node.js especificada en el archivo `.nvmrc` no está instalada, nvm lanzará un error y no cambiará la versión de Node.js en uso:

```
Found '/<full path>/.nvmrc' with version <20.11.0>
N/A: version "20.11.0 -> N/A" is not yet installed.
You need to run "nvm install 20.11.0" to install it
before using it.
```

Si ejecuta el comando y el archivo no se encuentra, nvm lanzará un error:

```
No .nvmrc file found
Please see `nvm --help` or https: //github. com/nvm-
sh/ nvm#nvmrc for
more information.
```

Ahora que estamos familiarizados con el uso de nvm, es hora de comenzar a usar Node.js en nuestra terminal, así que, en la siguiente sección, exploraremos cómo usar Node.js en un entorno interactivo con el REPL de Node.js.

2.5. REPL de Node.js

Node.js tiene un REPL, y es muy útil para probar código y experimentar con cosas nuevas.

REPL significa **Read-Evaluate-Print Loop** (Bucle Leer-Evaluar-Imprimir), y es un entorno de programación interactivo que toma entradas individuales del usuario, las ejecuta y devuelve el resultado al usuario.

Para iniciar el REPL de Node.js, necesitará ejecutar el comando `node` sin ningún argumento. La salida será algo como esto:

```
Welcome to Node.js v20.11.0.

Type ".help" for more information.

>
```

Ahora, puede comenzar a escribir código JavaScript y se ejecutará de inmediato:

```
> console.log("The Node.js REPL is awesome!")

"The Node.js REPL is awesome!"

undefined

> 1 + 1

2

>
```

Para salir del REPL, puede usar el comando `.exit`:

```
> .exit
```

También puede usar el comando `.help` para obtener una lista de todos los comandos disponibles:

```
> .help
.break    Sometimes you get stuck, this gets you out
.clear    Alias for .break
.editor   Enter editor mode
.exit     Exit the REPL
.help     Print this help message
.load     Load JS from a file into the REPL session
.save     Save all evaluated commands in this REPL
session to a file
Press Ctrl+C to abort current expression, Ctrl+D to
exit the REPL
```

Como puede ver, el REPL de Node.js es muy simple, y es útil para probar código y cosas nuevas. Puede aprender más sobre el REPL de Node.js en la documentación oficial (https://nodejs.org/en/learn/command-line/how-to-use-the-nodejs-repl).

Además del REPL de Node.js, podemos usar los navegadores web para depurar y probar nuestro código JavaScript. En la siguiente sección, veremos esto en acción usando Google Chrome.

2.6. Interactuando con JavaScript usando Chrome DevTools

Hay un conjunto de utilidades incluidas en el navegador Chrome (https://developer.chrome.com/docs/devtools/overview/) conocidas como herramientas para desarrolladores, o Chrome DevTools, y que se definen de la siguiente manera:

Las herramientas para desarrolladores de Chrome son un conjunto de herramientas para desarrolladores web que están integradas directamente en el navegador Google Chrome. Las herramientas para desarrolladores pueden ayudarte a editar páginas sobre la marcha y a diagnosticar problemas con rapidez, lo que, en última instancia, te ayuda a crear mejores sitios web en menos tiempo.

Todos los navegadores basados en Chrome tienen Chrome DevTools, por lo que puede usarlo con cualquier navegador basado en Chromium, como Google Chrome, Microsoft Edge, Brave, etc.

El REPL de Node.js es muy útil, pero, para construir aplicaciones web con Node.js, podemos usar Chrome DevTools con fines de depuración. Esta depuración estará limitada a JavaScript del lado del cliente, ya que el código de Node.js no se ejecuta directamente en el navegador.

Chrome DevTools es una herramienta muy completa, por lo que puede parecer abrumadora al principio, pero en este libro nos centraremos en las características que más nos interesan: los paneles **Console** y **Network**.

2.6.1. El panel Console

El panel Console es la forma principal de interactuar con JavaScript en un sitio web. La consola es interactiva y, por tanto, podremos escribir código JavaScript y este se ejecutará de inmediato y podremos leer la salida de la consola.

El siguiente vídeo proporciona una excelente descripción general de la herramienta: https://www.youtube.com/watch?v=76U0gtuV9AY.

Puede leer la documentación oficial aquí: https://developer.chrome.com/docs/devtools/console?hl=es-419.

2.6.2. El panel Network

El panel Network es muy poderoso, ya que nos permite inspeccionar las peticiones y respuestas del tráfico HTTP. Podremos inspeccionar todos los detalles de cada petición (cabeceras, cuerpo, código de estado, etc.). Esto será de gran ayuda cuando necesitemos depurar cualquier tipo de aplicación web.

Puede encontrar un excelente tutorial en https://www.youtube.com/watch?v=e1gAyQuIFQo.

Puede leer la documentación oficial aquí: https://developer.chrome.com/docs/devtools/network?hl=es-419.

2.6.3. Usando Chrome DevTools

En nuestro caso, comenzaremos desde un sitio web vacío. Usaremos el panel Consola para escribir código JavaScript que cambiará la página y, luego, inspeccionaremos las peticiones HTTP. Siga estos pasos:

1. En su navegador, vaya a `about:blank`; por defecto, esto mostrará una página en blanco.
2. Abra DevTools haciendo clic derecho en la página y haciendo clic en **Inspeccionar**.
3. Vaya a la pestaña **Consola** y escriba `document.body.innerHTML = '<h1>¡Hola Mundo!</h1>'` y presione **Enter**.

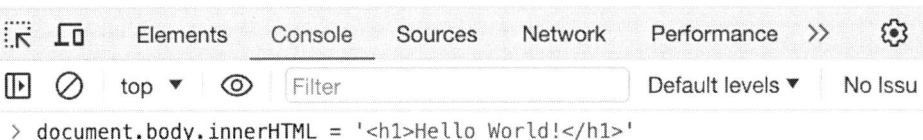

Figura 2.1 Captura de pantalla del navegador web.

4. Ahora, debería ver el texto `¡Hola Mundo!` en la página.

Hello World!

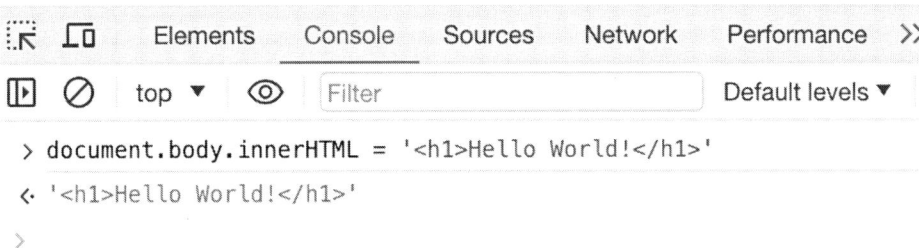

Figura 2.2 Captura de pantalla del navegador web con el texto «¡Hola Mundo!».

5. Vaya a la pestaña **Network** y escriba https://www.marcombo.com.
   Debería ver mucha actividad.

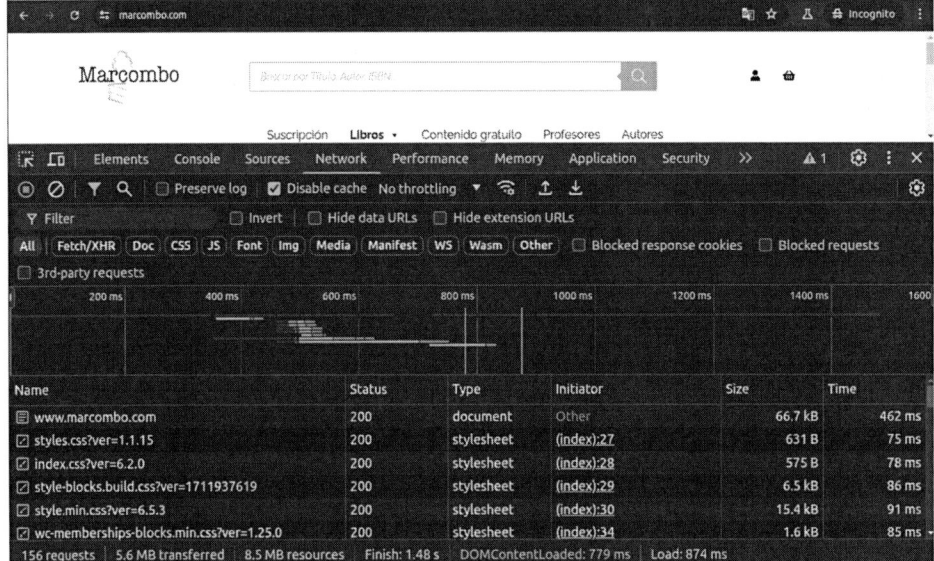

Figura 2.3 Actividad del navegador web.

Este es un ejemplo simple para que se familiarice con Chrome DevTools, pero puede hacer mucho más con esta herramienta. Le recomiendo que lea la documentación oficial para aprender más.

2.7. Resumen

¡Felicidades! ¡Su entorno está listo para comenzar a desarrollar nuevos proyectos con Node.js! En este capítulo, hemos explorado el proceso de instalación de Node.js en varios sistemas operativos. Node.js es compatible con Windows, macOS y Linux, pero también hemos observado el proceso de instalación para otros sistemas operativos, incluyendo los no soportados oficialmente.

Además, hemos profundizado en el uso de nvm para administrar múltiples versiones de Node.js. Nvm le permite cambiar entre diferentes versiones de Node.js sin esfuerzo, lo que puede ser particularmente útil cuando se trabaja en proyectos que requieren versiones específicas de Node.js o cuando se prueba la compatibilidad entre diferentes versiones.

Además, el capítulo ha cubierto el uso del REPL de Node.js y Chrome DevTools. El REPL de Node.js es un consola interactiva que permite a los desarrolladores experimentar con código JavaScript, ejecutar comandos y ver la salida inmediata. Proporciona un entorno conveniente para probar rápidamente código y depurar problemas. Chrome DevTools es un conjunto de herramientas de desarrollo web, incorporadas en el navegador Google Chrome, que permiten a los desarrolladores inspeccionar y depurar código JavaScript, además de las peticiones de red.

En el próximo capítulo, aprenderemos sobre los fundamentos de JavaScript. Utilizará Chrome DevTools y el REPL de Node.js para ejecutar los ejemplos y practicar.

2.7.1. Lectura adicional

- *How to install Node.js: https://nodejs.org/en/learn/getting-started/how-to-install-nodejs*
- *Building Node.js from source: https://github.com/nodejs/node/blob/main/BUILDING.md*
- *Node.js unofficial-builds project: https://github.com/nodejs/unofficial-builds*
- *The official platform list supported by Node.js: https://github.com/nodejs/node/blob/main/BUILDING.md#platform-list*

- *The Node.js binaries distributed by NodeSource:*
  https://github.com/nodesource/distributions/blob/master/READM
  E.md
- *Official Node.js Docker images: https://hub.docker.com/_/node*
- *How to use the Node.js REPL:*
  https://nodejs.org/en/learn/command-line/how-to-use-the-nodejs-
  repl
- *Chrome DevTools – Console:*
  https://developer.chrome.com/docs/devtools/console/
- *Chrome DevTools – Network:*
  https://developer.chrome.com/docs/devtools/network/

## CAPÍTULO 3

Fundamentos de JavaScript

En este capítulo, revisaremos todos los aspectos de JavaScript que son relevantes para este libro. Aunque este tema podría ser un libro en sí mismo, en este capítulo se sintetizan las partes más básicas (*arrays*, objetos, cadenas de texto —*strings*— y tipos de datos) para, posteriormente, realizar un análisis más profundo de las partes más complejas, como funciones y *closures*.

Incluso si ya está familiarizado con JavaScript, este capítulo le ayudará a refrescar su conocimiento de ciertas áreas. Además, aprenderá sobre los últimos cambios en JavaScript, introducidos por la última especificación.

También aprenderá cómo JavaScript se ha convertido en un estándar y cómo se toman las decisiones cuando se solicita un cambio para el lenguaje.

Además, revisaremos algunas herramientas que nos ayudarán a escribir mejor JavaScript utilizando *linters*, herramientas de depuración y documentación adecuada para nuestro código.

Para resumir, estos son los principales temas que exploraremos en este capítulo:

- Refrescar o adquirir conocimientos de JavaScript, incluyendo muchas de sus características más específicas.
- Entender el versionado de JavaScript y cómo funciona el comité TC39.
- Familiarizarse con la documentación de JavaScript y con el *linting*.
- Entender las partes más comúnmente utilizadas de JavaScript (comentarios, tipos de datos, operadores, condicionales, bucles, funciones, objetos, *arrays*, clases, etc.).
- Entender conceptos avanzados de JavaScript, como *closures* y la herencia prototípica *(prototype inheritance)*.

3.1. Requisitos técnicos

Vea el código en acción en el vídeo para este capítulo en https://youtu.be/BxM8XZzINmg.

3.2. JavaScript es un lenguaje poderoso

JavaScript es un lenguaje muy poderoso. Se utiliza en el *frontend*, *backend*, móvil, aplicaciones de escritorio o *Internet of Things (IoT)*, entre otros. Es muy flexible y es muy fácil para empezar; pero, sin embargo, es muy difícil de dominar en profundidad.

Hay una cita muy conocida (https://www.crockford.com/javascript/javascript.html) de Douglas Crockford que dice:

*JavaScript es el lenguaje de programación más
malentendido del mundo.*

JavaScript es un lenguaje multiparadigma, lo que significa que puede usar diferentes estilos de programación, como la programación orientada a objetos, la programación funcional o la programación declarativa. Esto es muy útil porque puede usar el estilo de programación que mejor se adapte a sus necesidades. Pero, por otro lado, puede ser muy confuso para los principiantes, y no todos los estilos de programación están igualmente soportados por el lenguaje.

JavaScript es un lenguaje muy dinámico (interpretado), lo que significa que puede cambiar su comportamiento en tiempo de ejecución. Gracias a JavaScript, se pueden aprender conceptos complejos de computación, como *closures* y herencia prototípica, y usarlos para crear aplicaciones muy potentes y complejas. Pero también puede usarlos para crear aplicaciones extremadamente confusas y difíciles de mantener.

En los próximos capítulos, aprenderemos cómo usar JavaScript para crear aplicaciones complejas, y aprenderemos a usarlo de una manera que sea fácil de entender y mantener.

> No se preocupe si no está familiarizado con ninguno de los paradigmas mencionados. A lo largo de este libro, incorporaremos gradualmente elementos de cada paradigma, introduciéndolos según sea necesario.

En la siguiente sección, exploraremos el papel del TC39 en JavaScript y cómo funciona la especificación.

3.3. Entendiendo la versión TC39

JavaScript fue creado en 1995 por Brendan Eich en Netscape Communications Corporation. Originalmente se llamaba Mocha, pero fue renombrado a LiveScript y, finalmente, a JavaScript.

La primera versión de JavaScript se lanzó en 1996. Se llamó **ECMAScript 1 (ES1)** y fue estandarizada por la **Asociación Europea de Fabricantes de Computadoras (ECMA)** en 1997.

3.3.1. Entendiendo la versión ECMAScript

A lo largo de los años, se añadieron numerosas características al lenguaje, como clases, módulos y funciones flecha *(arrow function)*. Las nuevas características se añadieron a través de un proceso de presentación formal de propuestas llamado ECMAScript proposals (https://github.com/tc39/proposals), en el que estas son gestionadas directamente por el TC39 (https://tc39.es/process-document/), que es un comité específico de ECMA que es responsable de la toma de decisiones sobre la evolución del lenguaje.

Desde 1997 hasta 2015, se fueron añadiendo cada pocos años nuevas características al lenguaje. Pero en 2015, el TC39 decidió lanzar una nueva versión del lenguaje cada año, lo que significa que el lenguaje está evolucionando más rápido que nunca. Esto también nos ayuda con la adopción de las nuevas características, porque no necesitamos esperar muchos años para usarlas en entornos de producción, como pasaba con el modelo anterior.

Actualmente, la última versión del lenguaje es ECMA-262 2023 (https://tc39.es/ecma262/), que se lanzó en junio de 2023.

3.3.2. ¿Qué se incluirá en la próxima versión de JavaScript?

Para añadir nuevas características al lenguaje, el comité TC39 tiene un proceso con diversas etapas. Cualquiera puede presentar una propuesta al comité TC39 que, una vez analizada, necesita ser aprobada por el comité antes de ser implementada.

Puede encontrar todas las propuestas en el repositorio de GitHub del TC39 (https://github.com/tc39/proposals). Cualquier persona puede participar en las discusiones e involucrarse en la comunidad.

3.3.3. ¿Qué no se incluye en la especificación de JavaScript?

La especificación de JavaScript es muy grande, pero no incluye muchas API que se utilizan comúnmente en las aplicaciones de JavaScript, como las API del navegador y las API de Node.js.

Si está utilizando JavaScript en el navegador, puede utilizar las API del navegador, como el **Modelo de Objeto Documento,** o **Document Object Model (DOM)**. Si está utilizando JavaScript en Node.js, puede utilizar las API de Node.js, como la librería para manejar el sistema de archivos (`fs`) o la librería HTTP (`http`) para levantar un servidor.

Tengamos en cuenta que JavaScript es solamente un lenguaje de programación. Si está acostumbrado a construir aplicaciones con JavaScript en el navegador, puede estar familiarizado con muchas API que no están incluidas en la especificación de JavaScript y, por tanto, no estén disponibles en el entorno de ejecución de Node.js. Por ejemplo, el objeto window (https://developer.mozilla.org/es-ES/docs/Web/API/Window) está disponible en el navegador, pero no está disponible en Node.js.

Ahora que sabemos cómo funciona la especificación, es hora de explorar la documentación de JavaScript en la siguiente sección.

3.4. Explorando la documentación de JavaScript

Aunque ECMA-262 (https://262.ecma-international.org/14.0/) es una gran fuente de información, no es muy amigable para los principiantes.

La fuente de información más completa es MDN Web Docs (https://developer.mozilla.org/es/docs/Web/JavaScript), que es una documentación impulsada por la comunidad. Es muy completa y se actualiza regularmente, e incluso se traduce a otros idiomas como el español.

Si está familiarizado con el desarrollo *frontend*, es posible que haya utilizado MDN Web Docs antes, porque es la principal fuente de información para las API del navegador, como el DOM (https://developer.mozilla.org/es-ES/docs/Web/API/Document_Object_Model/Introduction) o la API de Fetch (https://developer.mozilla.org/es-ES/docs/Web/API/Fetch_API).

Si busca una documentación más concisa, puede utilizar W3Schools (https://www.w3schools.com/js/default.asp), que es una gran fuente de información para los principiantes y tiene muchos ejemplos.

Finalmente, si busca una respuesta específica a una pregunta, puede visitar Stack Overflow (https://stackoverflow.com/questions/tagged/javascript), que es un sitio web de preguntas y respuestas impulsado por la comunidad.

En la siguiente sección, aprenderemos a utilizar las herramientas de *linting* para mejorar fácilmente nuestro código JavaScript.

3.5. *Linting* del código JavaScript

El *linting* es un proceso donde ejecutamos un programa que analizará el código fuente en busca de posibles errores. Es muy útil para detectar errores antes de ejecutar su código y, de este modo, corregirlos antes de que nos causen problemas.

JavaScript es un lenguaje muy flexible, por lo que es muy fácil cometer errores o utilizar una sintaxis propensa a errores. A medida que se acostumbre más a él, cometerá menos errores, pero siempre es bueno tener un *linter* para ayudarle.

En los siguientes capítulos, utilizaremos ESLint (https://eslint.org/) para lintar nuestro código, pero hay otras opciones disponibles, como JSLint (https://www.jslint.com/) y JSHint (https://jshint.com/).

Configurar un *linter* no es una tarea sencilla, pero vale la pena el esfuerzo. Hay muchas reglas disponibles y no es fácil saber cuáles usar. Recomiendo especialmente que utilice las reglas de JavaScript Standard Style (https://standardjs.com/readme-esla), que son unas de las más populares y utilizadas por muchas empresas y proyectos de código abierto, incluyendo

Node.js, Express y MongoDB. Puede encontrar todas las reglas disponibles en la página de Standard (https://standardjs.com/rules-esla).

En la Figura 3.1, puede ver cómo se utiliza la librería *Standard* para revisar el código fuente del proyecto. Le guiará para solventar los errores siguiendo las reglas de JavaScript Standard Style.

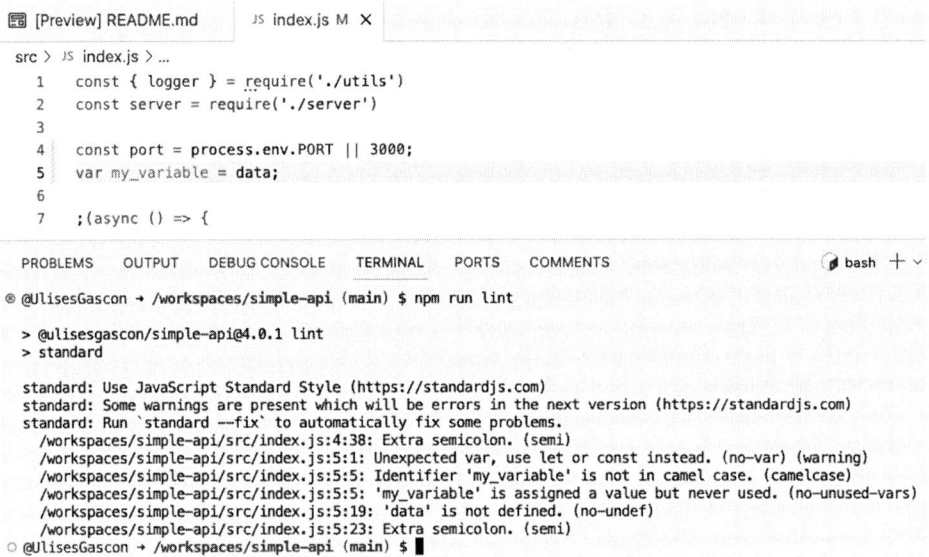

Figura 3.1 Captura de pantalla de GitHub Codespaces.

En la siguiente sección, aprenderemos cómo documentar nuestro propio código, para que sea más fácil de mantener.

3.6. Comentando el código JavaScript

Existen varias opciones para incluir comentarios en el código:

```
// Single line comment
```

```
/*

Multiline

comment

*/
```

Si es nuevo en JavaScript, le recomiendo que use numerosos comentarios para ayudarlo a entender qué está sucediendo en su código. A medida que adquiera más experiencia, necesitará menos comentarios. Los comentarios también ayudan a otros desarrolladores a leer y entender su código.

3.6.1. Uso de JSDoc

Si necesita orientación sobre cómo escribir buenos comentarios, puede usar la sintaxis de JSDoc (https://jsdoc.app/). Otro beneficio adicional de usar JSDoc es que puede generar automáticamente documentación para su código.

Esta es una solución bastante popular. Por ejemplo, la librería *Lodash* utiliza este enfoque. Use los siguientes enlaces para ver cómo se documenta el método `_.chunk`:

- JSDoc en práctica:
  https://github.com/lodash/lodash/blob/4.17.15/lodash.js#L6818
- Documentación generada automáticamente por JSDocs:
  https://lodash.com/docs/4.17.15#chunk

En la siguiente sección, aprenderemos cómo usar la consola para acelerar nuestro proceso de depuración de errores.

3.7. Imprimiendo valores y depurando de una forma ágil

El objeto `console` no es estándar; no es parte del lenguaje JavaScript, pero es proporcionado tanto por el navegador como por Node.js. Puede usarlo para imprimir mensajes en la consola, lo cual es muy útil para propósitos de depuración y para los propósitos de este libro, para seguir los ejemplos. Es bastante común usarlo para imprimir el valor de una variable. Tome el siguiente ejemplo:

```
const name = "Ulises";

console.log(name); // Ulises
```

Se puede usar `console.log` para imprimir varios valores al mismo tiempo, separados por comas, e incluso incluir información adicional para explicar lo que está imprimiendo. No tiene que preocuparse por el tipo de la variable, como en otros lenguajes; `console.log` lo hará por usted.

En algunos casos, necesitará ayudar a `console.log` a imprimir el valor de una variable; por ejemplo, si quiere imprimir un objeto, a veces termina obteniendo `[object, object]` o similar como mensaje de salida. En este caso, necesitará usar `console.log(JSON.stringify(object))` para imprimir el objeto como una cadena de texto. Aquí hay un ejemplo:

```
const data = {
  nestedData: {
    moreNestedData: {
      value: 1
    }
  }
};

console.log(data); // [object, object]
```

```
console.log(JSON.stringify(data)); //
{"nestedData":{"moreNestedData":{"value":1}}}
```

Con el tiempo, los motores de JavaScript mejoran la salida de `console`, por lo que este simple ejemplo podría imprimirse como se esperaba en su navegador; pero ciertos objetos complejos aún podrían necesitar ser convertidos a cadena de texto (por ejemplo, un *payload* con mucha información recibida tras una petición HTTP exitosa).

> El objeto console ofrece muchos métodos para imprimir la información en diferentes formatos, lo cual mejorará mucho su experiencia desarrollando *(developer experience)*. La documentación está disponible para los navegadores web (https://developer.mozilla.org/es-ES/docs/Web/API/console) y para Node.js (https://nodejs.org/api/console.html).

En la siguiente sección, aprenderemos cómo JavaScript usa constantes y variables para almacenar la información que necesitamos al construir aplicaciones.

3.8. Variables y constantes

Usamos variables para almacenar valores, y usamos constantes para almacenar valores que no cambiarán. En JavaScript, podemos usar la palabra clave `let` para declarar una variable y `const` para declarar una constante. Antes de ES6, solo podíamos usar la palabra clave `var` para declarar variables, pero ya no se recomienda usarla.

3.8.1. Convenciones de nomenclatura

En JavaScript, es muy común usar *camelCase* para nombrar variables y constantes, pero también se admiten otras convenciones, como *snake_case* y *PascalCase*. También es posible comenzar variables con símbolos, pero no es recomendable.

Hay algunas limitaciones que debemos considerar al nombrar variables y constantes:

- Evite comenzar con un símbolo, como `$resource`
- No comience con un número, como `1variable`
- No use espacios, como `const my variable = 1`
- No use palabras reservadas, como `const const = "constant"`

3.8.2. let vs const

Usamos `let` para declarar variables y `const` para declarar constantes. La principal diferencia es que podemos reasignar un valor a una variable, pero no podemos reasignar un valor a una constante. Aquí hay un ejemplo de reasignación de un valor a una variable:

```
let userName = "Joe Doe";

console.log(userName); // Joe Doe

userName = "Jane Doe";

console.log(userName); // Jane Doe
```

Como podemos ver aquí, no podemos reasignar un valor a una constante:

```
const userName = "Joe Doe";

console.log(userName); // Joe Doe

userName = "mary"; // TypeError: Assignment to constant
variable.
```

Es importante señalar que podemos cambiar el valor de una constante si el valor es un objeto, pero no podemos reasignar un nuevo valor a la constante:

```
const user = {
  name: "Joe Doe"
}
console.log(user.name); // Joe Doe
user.name = "Jane Doe";
console.log(user.name); // Jane Doe
user = "Mr. Joe"; // TypeError: Assignment to constant
variable.
```

Más adelante en este capítulo, exploraremos los objetos en más detalle y entenderemos estas mutaciones en profundidad.

En JavaScript, hay otro mecanismo que es necesario entender. El *hoisting* es un comportamiento en JavaScript donde las declaraciones de variables y funciones se mueven a la parte superior de su ámbito contenedor durante la fase de compilación. Esto se hace para optimizar el código, pero puede tener algunos efectos secundarios. Puede encontrar una excelente guía en https://www.freecodecamp.org/news/what-is-hoisting-in-javascript-3.

Ahora que tenemos claro cómo funcionan las variables y las constantes, es hora de explorar, en la siguiente sección, los diferentes tipos de datos disponibles en JavaScript.

3.9. Entendiendo los tipos de datos

En JavaScript, hay varios tipos de datos (primitivos y no primitivos) y muchas formas de agruparlos.

Los tipos de datos primitivos son siete (`undefined`, `null`, `boolean`, `number`, `string`, `symbol` y `bigint`). Los tipos de datos no primitivos son dos (`object` y `function`).

También podemos agruparlos en dos grupos: antes de ES6 (`undefined`, `object`, `boolean`, `number`, `string` y `function`) y después de ES6 (`bigint` y `symbol`).

Para comprobar el tipo de una variable, podemos usar el operador `typeof`, aunque no funciona como esperamos en todos los casos. Ahora vamos a explorar cada uno de los tipos de dato en detalle.

3.9.1. undefined

No todos los lenguajes tienen un tipo `undefined`, pero JavaScript sí. Se utiliza para representar la ausencia de un valor. También se utiliza como el valor predeterminado para las variables no inicializadas.

3.9.2. object

El tipo `object` se utiliza para representar una colección de datos. Es un tipo muy genérico y se emplea para representar diversas estructuras, tales como *arrays* (que son una combinación de listas y arreglos), objetos (que actúan como diccionarios), instancias de clases y `null`.

3.9.3. boolean

El tipo `boolean` se utiliza para representar un valor lógico. Puede ser `true` o `false`. Este tipo también puede ser generado usando la función `Boolean`, ya que todo en JavaScript puede ser convertido a un valor booleano.

3.9.4. number

El tipo `number` se utiliza para representar un valor numérico. Puede ser un número entero o un número de punto flotante. También se utiliza para representar valores numéricos especiales como `Infinity`, `-Infinity` y `NaN` (que significa *Not a Number*; por ejemplo, al dividir por cero).

3.9.5. string

El tipo `string` se utiliza para representar una secuencia de caracteres, más conocido popularmente como cadena de texto o, simplemente, cadenas. Puede ser creado explícitamente usando comillas simples ('), comillas dobles ("), o *backticks* (` ), o implícitamente usando la función `String` o expresiones.

3.9.6. function

El tipo `function` se utiliza para representar una función. Las funciones en JavaScript son muy poderosas y tienen más capacidades que en otros lenguajes de programación; las exploraremos en detalle en este capítulo. Hay dos formas de crear una función: usando la palabra clave `function` o usando la sintaxis de la función flecha *(arrow function)*.

3.9.7. bigint

`Bigint` fue introducido en ES6 para trabajar con números grandes. `Number` está limitado a valores entre $-(2^{53} - 1)$ y $2^{53} - 1$.

3.9.8. symbol

El tipo `symbol` se utiliza para representar un identificador único. Es un nuevo tipo que fue introducido en ES6; realmente no necesitará estar familiarizado con él para seguir este libro.

En la siguiente sección, exploraremos los números en profundidad, incluyendo la librería incorporada `Math`, operadores comunes utilizados para la comparación, y métodos útiles para convertir números y cadenas.

3.10. Explorando números

JavaScript tiene un buen soporte para operaciones matemáticas y fechas, pero a veces puede ser más complicado y limitado que otros lenguajes de programación, por lo que muchos desarrolladores utilizan librerías especializadas cuando la aplicación requiere matemáticas avanzadas. Por ejemplo, si necesita trabajar con vectores, matrices o números complejos, debería usar una librería como *Math.js* (https://mathjs.org/).

Aquí hay un ejemplo típico del problema de precisión de punto flotante que puede encontrar en JavaScript:

```
console.log(0.1 + 0.2); // 0.30000000000000004
console.log(0.1 + 0.2 === 0.3); // false
```

Como puede ver, el resultado de `0.1 + 0.2` no es `0.3`, sino `0.30000000000000004`. Esto se debe a que JavaScript utiliza el estándar *IEEE 754* (https://es.wikipedia.org/wiki/IEEE_754) para representar números, y no es posible representar todos los números decimales en binario. Se trata de un problema común en muchos lenguajes de programación y no es exclusivo de JavaScript. Pero puede solucionarlo utilizando las funciones `Number` y `toPrecision`, ya que convertirá implícitamente de número a cadena y luego de nuevo a número:

```
let impreciseOperation = 0.1 + 0.2;

Number(impreciseOperation.toPrecision(1)) === 0.3; //
true
```

Como puede ver, hay algunos casos límite que no son fáciles de entender o de resolver intuitivamente. La mayoría de las veces, no necesitará preocuparse por esto, pero es importante saber que este problema existe y que se pueden usar librerías si no tiene suficiente experiencia con los números en JavaScript.

3.10.1. Operadores aritméticos

JavaScript tiene los operadores aritméticos esperados (+, -, *, /, %, y **) y se indica la prioridad con el paréntesis, como en cualquier lenguaje moderno.

3.10.2. Operadores de asignación

JavaScript tiene los operadores de asignación esperados (=, +=, -=, *=, /=, %=, y **=), como en otros lenguajes. Además, puede usar ++ y -- para incrementar y decrementar una variable. Este operador puede ser agregado antes o después de la variable y cambiará el valor de la variable antes o después de la operación:

```
let a = 5;
```

```
console.log(a++); // 5

console.log(a);   // 6

console.log(++a); // 7

console.log(a);   // 7
```

> JavaScript también soporta operaciones a nivel de bits, por lo que puede trabajar con un conjunto de 32 bits (ceros y unos), en lugar de números decimales, hexadecimales u octales. Puede consultar la documentación completa aquí: https://developer.mozilla.org/es-ES/docs/Web/JavaScript/Guide/Expressions_and_operators#bitwise_ope rators.

3.10.3. Métodos útiles

Existen métodos que son clave para realizar operaciones matemáticas o transformaciones en el trabajo diario:

- `Number.prototype.toFixed()`:
  https://developer.mozilla.org/es/docs/Web/JavaScript/Reference/Global_Objects/Number/toFixed
- `Number.prototype.toPrecision()`:
  https://developer.mozilla.org/es/docs/Web/JavaScript/Reference/Global_Objects/Number/toPrecision
- `Number.parseInt()`:
  https://developer.mozilla.org/es/docs/Web/JavaScript/Reference/Global_Objects/Number/parseInt
- `Number.parseFloat()`:
  https://developer.mozilla.org/es/docs/Web/JavaScript/Reference/Global_Objects/Number/parseFloat

3.10.4. El objeto Math

JavaScript tiene un objeto `Math` incorporado que proporciona muchos métodos útiles para realizar operaciones matemáticas. Enumeraré algunos de ellos aquí, pero puede encontrar la lista completa en la documentación de MDN (https://developer.mozilla.org/es-ES/docs/Web/JavaScript/Reference/Global_Objects/Math).

3.10.4.1. Métodos útiles

Existen métodos que son clave para realizar operaciones matemáticas o transformaciones en el trabajo diario:

- `Math.random()`: devuelve un número de punto flotante pseudoaleatorio entre 0 (inclusive) y 1 (exclusivo).
  https://developer.mozilla.org/es/docs/Web/JavaScript/Reference/Global_Objects/Math/random
- `Math.max()`: devuelve el valor numérico máximo entre los argumentos que pasemos.
  https://developer.mozilla.org/es/docs/Web/JavaScript/Reference/Global_Objects/Math/max
- `Math.min()`: devuelve el valor numérico mínimo entre los argumentos que pasemos.
  https://developer.mozilla.org/es/docs/Web/JavaScript/Reference/Global_Objects/Math/min
- `Math.floor()`: devuelve el número resultante de redondear un número hacia abajo al entero más cercano que es menor o igual al número que pasemos.
  https://developer.mozilla.org/es/docs/Web/JavaScript/Reference/Global_Objects/Math/floor

3.10.5. Otros números

En JavaScript, hay algunos valores especiales que son números, pero no son números reales. Estos valores son `NaN` e `Infinity`.

3.10.5.1. Not a Number (NaN)

`NaN` es un valor especial que representa que algo no es un número *(not a number)*. Este valor es el resultado de una operación matemática inválida o indefinida; por ejemplo, dividir 0 por 0, o multiplicar `Infinity` por 0. Puede usar `isNaN()` para verificar si un valor es `NaN` (https://developer.mozilla.org/es/docs/Web/JavaScript/Reference/Global_Objects/isNaN).

3.10.5.2. Infinity

`Infinity` es un valor especial que representa infinito. Es el resultado de una operación matemática que excede el número más grande posible que JavaScript soporta. Puede usar `isFinite()` para verificar si un valor es finito y, por tanto, está dentro de los umbrales de JavaScript (https://developer.mozilla.org/es/docs/Web/JavaScript/Reference/Global_Objects/isFinite).

En la siguiente sección, exploraremos las fechas en profundidad.

3.11. Explorando el objeto Dates

Las fechas son un tema complejo para cualquier lenguaje de programación o sistema, ya que se necesita tener en cuenta muchas cosas, como las zonas horarias. Si necesita trabajar intensivamente con fechas, considere usar una librería como *Lunox* (https://github.com/moment/luxon/) o *Date-fns* (https://date-fns.org/).

Para escenarios más simples, puede usar el objeto `Date` incorporado y la API `Intl` (https://developer.mozilla.org/es-ES/docs/Web/JavaScript/Reference/Global_Objects/Intl) para formatear fechas.

La API ofrece varias formas de generar el objeto `Date` utilizando números, cadenas de texto o varios argumentos. También tiene *getters* y *setters* para leer y modificar partes específicas, como el año o los milisegundos. También es posible realizar operaciones como comparar o agregar tiempo.

Durante muchos años, la única forma de formatear fechas en JavaScript fue usando el método `toLocaleString()`. Este método sigue siendo válido, pero tiene muchas limitaciones; por ejemplo, cuando desea comparar fechas de una manera legible para los humanos (por ejemplo, *hace 3 días* o *hace 2 semanas*).

En el pasado, necesitábamos usar librerías externas para lograr esto, pero ahora podemos usar la API `Intl` (https://developer.mozilla.org/es-ES/docs/Web/JavaScript/Reference/Global_Objects/Intl) para formatear fechas.

En el siguiente código, puede ver cómo generar, manipular y formatear fechas:

```
const jsDateAnnouncement = new Date(818031600000);

const currentDate = new Date();

const diff = jsDateAnnouncement - currentDate;

const formatter = new Intl.RelativeTimeFormat('en', {
```

```javascript
  numeric: 'auto'
});
const diffInDays = Math.round(diff / 86400000);
const diffInYears = Math.round(diffInDays / 365);
const diffInText = formatter.format(diffInDays, 'day');
console.log(`JavaScript was presented to the world
${formatter.
format(diffInDays, 'day')}`);
// JavaScript was presented to the world 10,094 days
ago
console.log(`JavaScript was presented to the world
${formatter.
format(diffInYears, 'year')}`);
// JavaScript was presented to the world 28 years ago.
```

El resultado puede variar en su máquina, ya que habrá pasado algún tiempo desde que escribí este código. Por lo tanto, tenga en cuenta que la salida que observe puede diferir de la mía.

> El TC39 está haciendo un gran trabajo consolidando esta API, que incluye muchas características para formatear fechas, números, monedas y más. Le recomiendo que siga el progreso de la propuesta y su implementación en los motores de JavaScript.

En la siguiente sección, aprenderemos cómo usar condicionales en JavaScript utilizando varias herramientas que JavaScript proporciona.

3.12. Declaraciones condicionales

Hay muchas formas de escribir declaraciones condicionales en JavaScript, pero las más comunes son `if`, `switc`, y el operador ternario (`?:`).

3.12.1. Operadores de comparación matemática

Para las operaciones matemáticas, tenemos los siguientes operadores: >, <, >= y <=. Se utilizan para comparar dos valores y devolver un valor booleano. Su uso es el mismo que en la mayoría de los lenguajes de programación modernos.

3.12.2. Operadores de igualdad

Los operadores de igualdad se utilizan para comparar dos valores y devolver un valor booleano. Hay dos tipos de operadores de igualdad: estrictos (=== y !==) y no estrictos (== y !=).

El operador de igualdad estricto no puede ser utilizado para comparar tipos no primitivos (como `object`, *arrays* o `function`) y ciertos valores como `NaN`, ya que siempre devolverá `false`:

```
console.log([1,2] === [1,2]) // false

console.log({ name: 'John' } === { name: 'John' }); //
false

console.log(NaN === NaN); // false
```

No se recomienda utilizar operadores de igualdad no estrictos, ya que pueden conducir a resultados inesperados, porque este operador no verifica el tipo de los valores:

```
console.log(1 == '1'); // true

console.log(1 != '1'); // false
```

3.12.3. Operadores lógicos

Es posible combinar múltiples condiciones utilizando operadores lógicos. Hay tres operadores lógicos (`&&`, `||` y `!`) y algunas variaciones (`&&=` y `||=`), que se utilizan para reducir la cantidad de código para ciertas operaciones. Por su extensión no cubriremos todos ellos en este libro.

Puede combinar operadores para construir validaciones más complejas:

```
const num = 2
console.log((num == 2) && (3 >= 6)); // false
console.log((num > 3) || (17 <= 40)); // true
```

3.12.4. El operador NOT (!)

El operador *NOT* se utiliza para invertir el valor de un booleano. Devolverá `true` si el valor es falso, y `false` si el valor es verdadero:

```
console.log(!true); // false
console.log(!false); // true
```

Se puede completar este ejemplo para acercarnos más a todas las posibilidades que se ofrecen, así que intentemos construir una analogía con una estructura más detallada, `Boolean(value) === false`. Básicamente, el operador `!` convierte el valor a un booleano y, luego, lo compara con un valor `false`.

3.12.5. Igualdad en JavaScript

Por la naturaleza de JavaScript, se puede usar cualquier valor como condición. La condición será evaluada como un booleano, y si el valor es verdadero, la condición será `true`, pero si el valor es falso, la condición será `false`.

Esto puede ser un poco confuso, así que exploremos el método `Boolean` para entender cómo se transforman diferentes valores de datos:

```
// The truthy values:
console.log("String:", Boolean("Ulises")  );
console.log("1235:", Boolean(1235));
console.log("-1235:", Boolean(-1235));
console.log("Object:", Boolean({text: "hi"}));
console.log("Array:", Boolean(["apple", -1, false]));
console.log("Function:", Boolean(function(){}));
console.log("Arrow function:", Boolean(() => {}));
// The falsy values:
console.log("Empty string:", Boolean("")  );
console.log("0:", Boolean(0));
console.log("-0:", Boolean(-0));
console.log("null:", Boolean(null));
console.log("undefined:", Boolean(undefined));
console.log("NaN:", Boolean(NaN));
```

Podemos concluir que los valores vacíos (como `null`, `undefined`, una cadena de texto vacía o `NaN`) y `0` son siempre falsos, y los valores con tipos de datos complejos (como objetos, *arrays* y funciones), cadenas de texto no vacías y cualquier número real que no sea cero siempre se considerarán como valores verdaderos.

Esto es bastante conveniente cuando queremos verificar si un valor está vacío o no, como en el siguiente ejemplo:

```
function checkValue (value) {

    if(!value) {

        throw new Error ("The value is invalid! Try
again.")

    }

}
```

Esta transformación y comparación booleana puede convertirse en una situación muy compleja si desea comparar diferentes tipos de datos y valores entre sí; por ejemplo, `Boolean([])` `===` `Boolean({})`. Usted puede explorar este tema en detalle en la documentación de MDN (https://developer.mozilla.org/es-ES/docs/Web/JavaScript/Equality_comparisons_and_sameness). En general, no va a necesitar ser un experto en esta área para seguir lo descrito en este libro.

> Puede obtener una mejor comprensión de este tema explorando la Tabla de Igualdad de JavaScript de Dorey en https://github.com/dorey/Javascript-Equality-Table/.

3.12.6. El operador de coalescencia nula (??)

El operador de coalescencia nula *(nullish coalescing operator)* es un nuevo operador que se introdujo en ES2020. Se utiliza para verificar si un valor es `null` o `undefined`; si lo es, devolverá un valor predeterminado:

```
const name = null ?? "John Joe";
console.log(name); // John Joe
```

3.12.7. La declaración if

La estructura condicional `if` permite ejecutar un bloque de código solo si se cumple una condición específica. Si esta condición es verdadera (`true`), el código dentro del bloque `if` se ejecutará. En caso contrario, si la condición es falsa (`false`), este bloque de código se omitirá.

Para manejar situaciones donde hay múltiples condiciones a evaluar, se utiliza la declaración `else if`. Esta permite definir una nueva condición a evaluar en caso de que la condición del `if` inicial sea falsa. Si esta nueva condición `else if` es verdadera, se ejecutará el bloque de código asociado a ella.

Finalmente, la declaración `else` se utiliza como un caso por defecto, es decir, el bloque de código dentro de `else` se ejecutará solo si ninguna de las condiciones anteriores (`if` o `else if`) resulta ser verdadera.

Es posible encadenar múltiples declaraciones `else if` para evaluar diversas condiciones en secuencia:

```
const condition = true
const condition2 = true
```

```
if(condition) {

    console.log("The condition is true")

} else if (condition2) {

    console.log("The condition2 is true")

} else {

    console.log("The    condition    and    condition2    are
false")

}
```

Puede cambiar los valores en `condition` y `condition2` para familiarizarse más con el comportamiento de las estructuras condicionales.

3.12.7.1. Uso de return

La declaración `return` se utiliza para terminar la ejecución de una función y devolver un valor al punto donde fue invocada. Una práctica común para simplificar el flujo de control en las funciones es utilizar `return` de manera estratégica para evitar estructuras condicionales anidadas, como múltiples declaraciones `else`.

De esta manera, cuando se utiliza `return`, si una condición se cumple, la función termina inmediatamente y devuelve un valor específico. Esto elimina la necesidad de una declaración `else`, ya que cualquier código después de un `return` solo se ejecutará si las condiciones anteriores no se cumplieron. Este enfoque puede hacer que el código sea más legible y fácil de mantener, al reducir la anidación y destacar los casos en los que se termina la ejecución de la función.

Aquí hay un ejemplo de cómo se puede utilizar `return` para simplificar el flujo de control en una función:

```
const condition = true;

if(condition) {

    return console.log("The condition is true");

}

console.log("The condition is false");
```

3.12.8. La declaración switch

La declaración `switch` proporciona una manera eficiente de comparar una variable con múltiples valores posibles. Es útil cuando se tienen varias condiciones que dependen del mismo valor. La sintaxis básica de `switch` incluye la palabra clave `switch`, seguida de la variable a comparar entre paréntesis. Luego, se abre un bloque de código con llaves `{}` que contiene múltiples declaraciones `case`.

Cada `case` especifica un valor posible para la variable, seguido de dos puntos (`:`). Si la variable coincide con el valor de un case, se ejecutará el código que sigue a estos dos puntos hasta que se encuentre una declaración `break`, que termina la ejecución del bloque `switch`. Si ninguno de los `case` coincide con el valor de la variable, se ejecutará el bloque de código especificado por `default`, si está presente. Este actúa como un «en caso de que ningún otro caso coincida», similar al uso de `else` en una estructura condicional `if`.

Es importante incluir una declaración `break` al final de cada bloque de código `case` para evitar que se ejecute el código de los casos siguientes, un comportamiento conocido como *fallthrough*. Aquí se muestra un ejemplo de cómo se estructura:

```javascript
const extension = ".md";

switch (extension) {

  case ".doc":

    console.log("This extension .doc will be deprecated
soon")

  case ".pdf":

  case ".md":

  case ".svg":

    console.log("Congratulations!  You   can   open   this
file");

    break;

  default:

    console.log(`${extension} is not supported`);

}
```

3.12.9. Operador ternario

El operador ternario es una herramienta elegante y concisa para tomar decisiones en línea en su código. Funciona exactamente como una declaración `if/else`, pero está diseñado para asignaciones simples y directas basadas en una condición.

Lo mejor del operador ternario es su simplicidad y que puede hacer que su código sea más limpio y fácil de leer. La sintaxis básica es una pregunta que se hace al código: si una condición específica es verdadera, ¿qué valor debería tomar una variable? Si es falsa, ¿qué otro valor debería tomar?

Esta estructura se compone de tres partes: primero, la condición que se está evaluando, seguida de un signo de interrogación ?. Este signo actúa como un divisor que introduce las dos posibles respuestas a la pregunta planteada por la condición. La primera parte después del signo de interrogación es el valor que se asignará si la condición es verdadera. Luego, después de los dos puntos :, viene el valor que se asignará si la condición es falsa.

La sintaxis se ve así: `condición ? valorSiVerdadero : valorSiFalso`.

Este enfoque no solo ahorra líneas de código sino que también hace que las asignaciones condicionales sean inmediatamente claras para quien lea su código. A continuación, se muestra cómo se puede aplicar el operador ternario en comparación con las tradicionales declaraciones `if` y `else`:

```
const isMember = true;
console.log(`The payment is ${isMember ? "20.00€" : "50.00€"}`);
// The payment is 20.00€
```

El operador ternario, a su vez, permite anidar múltiples operadores ternarios, pero esto no se recomienda porque puede ser extremadamente difícil de leer. Igualmente, es posible utilizar el operador ternario para realizar múltiples operaciones, pero tampoco se recomienda, ya que resulta ser extremadamente difícil de leer, incluso si se utilizan paréntesis de forma explícita.

Ahora que tenemos claro cómo funcionan las estructuras condicionales en JavaScript, es hora de explorar los bucles en la siguiente sección.

3.13. Entendiendo los bucles

Hay muchas formas de crear bucles en JavaScript, pero las más comunes son las declaraciones `for` y `while` y variaciones de ellas que son específicas para *arrays* y objetos. Además, las funciones en JavaScript pueden usarse para crear bucles con la recursión. En esta sección, veremos solo las declaraciones `for`, `while` y `do...while`.

3.13.1. while

La declaración `while` inicia un bucle que repite un bloque de código siempre que la condición especificada sea verdadera. La clave de `while` es que verifica la condición antes de ejecutar el bloque de código cada vez, lo que significa que si la condición inicial es falsa, el bloque de código dentro del `while` no se ejecutará ni una sola vez.

```
let i = 1;
while (i <= 10) {
    console.log(i);
    i++;
};
```

3.13.2. do...while

La estructura `do...while` en programación garantiza que un bloque de código se ejecute al menos una vez antes de verificar si debe continuar ejecutándose. Primero, ejecuta el bloque de código dentro del `do`, y solo después evalúa la condición en el `while`. Si la condición es verdadera, el ciclo se repite. Este bucle es único porque asegura una ejecución inicial sin importar la condición.

```
let i = 0;
```

```
do {

    console.log(`i value: ${i}`);

    i++;

} while (false);
// i value: 0
```

3.13.3. for

La declaración `for` inicia un bucle que permite ejecutar repetidamente un bloque de código. Se caracteriza por tres expresiones opcionales: inicialización, condición de continuación y actualización, todas separadas por punto y coma. Estas expresiones controlan cómo y cuándo se ejecuta el bucle.

```
for (let i = 0; i < 10; i++) {

    console.log(i);

}
```

La primera expresión (inicialización) se ejecuta antes de que comience el bucle. Por lo general, se utiliza para inicializar la variable que actuará como contador.

La segunda expresión (condición de continuación) es la condición que se evalúa antes de ejecutar el bloque de código. Si la condición es verdadera, se ejecuta el bloque de código. Si la condición es falsa, el bucle se detiene.

La tercera expresión (actualización) se ejecuta después de que se haya ejecutado el bloque de código. Por lo general, se utiliza para incrementar o decrementar la variable del contador.

Esta estructura es bastante flexible, y algunos desarrolladores tienden a abusar de ella. Veamos un ejemplo con mala legibilidad:

```
for (let i = 0, x = 1, z = 2, limit = 10; i <= limit;
x *= z, i++ ) {

    console.log(`i: ${i}. x: ${x}. z: ${z}`);

}

// i: 0. x: 1. z: 2

// ...

// i: 10. x: 1024. z: 2
```

Los problemas de legibilidad se deben al gran número de variables definidas y actualizadas en el bucle `for`. Es importante recordar que escribimos código que otras personas, incluidos programadores, deben poder entender en el futuro. Veamos el mismo código con un enfoque más inclusivo y legible:

```
let x = 1;

const z = 2, limit = 10;

for (let i = 0; i <= limit; i++ ) {

    console.log(`i: ${i}. x: ${x}. z: ${z}`);

    x *= z

}
```

Ya puede notar la diferencia; como se puede observar, se necesita menos tiempo y menos esfuerzo para entenderlo. En la siguiente sección, aprenderemos cómo usar las cadenas de texto.

3.14. Uso de cadenas de texto en JavaScript

En JavaScript, las cadenas de texto son secuencias de caracteres considerados valores primitivos. Se pueden crear de tres maneras: con comillas simples ('), dobles (") o invertidas (`). Cada método tiene sus propias ventajas, como la facilidad para incluir ciertos caracteres o la capacidad de interpolar variables con comillas invertidas.

```
console.log('Hello World');
```

```
console.log("Hello World");
```

```
console.log(`Hello World`);
```

Las cadenas de texto en JavaScript son inmutables, lo que significa que no se pueden cambiar una vez creadas. Sin embargo, es posible crear nuevas cadenas a partir de las existentes mediante métodos específicos. Las cadenas de plantilla, que usan ` y ${}, facilitan la inserción de variables y expresiones, además de permitir textos multilínea de manera directa y legible. Veamos un ejemplo:

```
const name = "John";
```

```
console.log(`Hello ${name}!`) //Hello John!
```

3.14.1. Métodos importantes

Hay muchas formas de realizar operaciones con cadenas de texto, pero, en esta sección, veremos solo los métodos más importantes que usted utilizará en su trabajo diario:

- `String.prototype.indexOf()`: encuentra el índice de la primera aparición de una sección de texto o *substring* especificado dentro de una cadena de texto.
  https://developer.mozilla.org/es/docs/Web/JavaScript/Reference/Global_Objects/String/indexOf

- `String.prototype.lastIndexOf()`: encuentra el índice de la última aparición de un *substring* especificado dentro de una cadena de texto.

https://developer.mozilla.org/es/docs/Web/JavaScript/Reference/Global_Objects/String/lastIndexOf

- `String.prototype.search()`: busca un *substring* especificado dentro de una cadena de texto.
https://developer.mozilla.org/es/docs/Web/JavaScript/Reference/Global_Objects/String/search

- `String.prototype.includes()`: determina si una cadena de texto contiene otra cadena de texto.
https://developer.mozilla.org/es/docs/Web/JavaScript/Reference/Global_Objects/String/includes

- `String.prototype.match()`: extrae coincidencias siguiendo un patrón de expresión regular de una cadena de texto.
https://developer.mozilla.org/es/docs/Web/JavaScript/Reference/Global_Objects/String/match

- `String.prototype.matchAll()`: devuelve un iterador que produce todas las coincidencias de una expresión regular contra una cadena de texto.
https://developer.mozilla.org/es/docs/Web/JavaScript/Reference/Global_Objects/String/matchAll

- `String.prototype.split()`: divide una cadena de texto en un *array* de *substrings* basado en un criterio de separación especificado.
https://developer.mozilla.org/es/docs/Web/JavaScript/Reference/Global_Objects/String/split

- `String.prototype.slice()`: extrae una sección de una cadena de texto y la devuelve como una nueva cadena de texto.
https://developer.mozilla.org/es/docs/Web/JavaScript/Reference/Global_Objects/String/slice

- `String.prototype.trim()`: elimina los caracteres de espacio en blanco de ambos extremos de una cadena de texto.
https://developer.mozilla.org/es/docs/Web/JavaScript/Reference/Global_Objects/String/trim

- `String.prototype.replace()`: encuentra y reemplaza *substrings* dentro de una cadena de texto.
  https://developer.mozilla.org/es/docs/Web/JavaScript/Reference/Global_Objects/String/replace

En la siguiente sección, aprenderemos cómo usar *arrays*, una de las estructuras de datos más versátiles en JavaScript.

3.15. Explorando *arrays*

Los *arrays* en JavaScript son estructuras de datos versátiles y mutables, capaces de almacenar una colección ordenada de elementos. Estos elementos pueden ser de cualquier tipo, incluidos otros *arrays*, lo que permite crear estructuras complejas como *arrays* multidimensionales. Al ser de índice cero, el conteo de posiciones comienza desde 0, lo que facilita el acceso y la manipulación de sus elementos mediante métodos específicos que nos provee el lenguaje.

El método `Array.isArray()` determina si el valor pasado es un *array*:

```
const array = [1, 2, 3];
console.log(Array.isArray(array)); // true
const object = { name: "Ulises" };
console.log(Array.isArray(object)); // false
console.log(typeof array); // object
console.log(typeof object); // object
console.log("are object and array the same type?",
typeof(array) ===
typeof(object)); // true
```

En JavaScript, los *arrays* son tratados como objetos, lo que implica que al comparar dos *arrays* con === o ==, se compara su referencia en memoria, no su contenido. Para verificar si dos *arrays* tienen los mismos valores, es necesario comparar sus elementos individualmente.

```
const array1 = [1, 2, 3];

const array2 = [1, 2, 3];

console.log(array1 === array2); // false
```

Cada *array* posee una propiedad length que indica la cantidad de elementos que contiene. Esta propiedad es especialmente útil para iterar sobre los elementos del array mediante bucles

3.15.1. Operaciones básicas

En esta sección, veremos las operaciones más comunes que usted realizará con los *arrays*.

3.15.1.1. Creando un *array*

Existen varias formas de crear un *array*, siendo la notación literal [ ] la más directa y común. Además, es posible generar *arrays* a partir de cadenas mediante el método string.prototype.split(), lo que permite dividir una cadena en varios elementos de un *array* basándose en un delimitador especificado. Este enfoque ofrece flexibilidad para crear *arrays* a partir de diferentes fuentes de datos.

```
const emptyArray = [];

const numbers = [1, 2, 3];

const strings = ["Hello", "World"];

const mixed = [1, "Hello", true];
```

El método `Array.of()` crea una nueva instancia de `Array` a partir de un número variable de argumentos, independientemente del número o tipo de los argumentos:

```
const array = Array.of( 1, 2, 3 );
```

El operador de propagación *(rest operator)*, ..., se puede utilizar para crear un nuevo *array* a partir de un *array* existente o de una cadena de texto:

```
console.log([...[1, 2, 3]]);    // [1, 2, 3]
console.log([...'packt']);      // ['p', 'a', 'c', 'k', 't']
```

El método `Array.from()` crea una nueva instancia de *array* a partir de un objeto iterable o similar a un *array*:

```
console.log(Array.from('packt'));   // ['p', 'a', 'c', 'k', 't']
```

Además, puede pasar una función como segundo argumento para poder realizar transformaciones cuando se crea el *array*:

```
console.log(Array.from([1, 2, 3], x => x + x)); // [2, 4, 6]
```

El fragmento de código demuestra cómo cada elemento del *array* original se duplica, ilustrando la versatilidad de `Array.from()` para manipular y generar nuevos *arrays* en una sola operación.

3.15.1.2. Accediendo a los elementos

Usted puede acceder a un elemento en un *array* utilizando el índice del elemento:

```
const fruits = ['banana', 'apple', 'orange'];
console.log(fruits[0]); // banana
```

```
console.log(fruits[1]); // apple
console.log(fruits[2]); // orange
```

3.15.1.3. Reemplazando elementos

Puede reemplazar un elemento en un *array* utilizando su índice directamente:

```
const fruits = ['banana', 'apple', 'orange'];
fruits[0] = 'pear';
console.log(fruits); // ['pear', 'apple', 'orange']
```

3.15.1.4. Agregando elementos

Puede agregar elementos a un *array* utilizando dos métodos principales:

- `Array.prototype.push()`:
  https://developer.mozilla.org/es/docs/Web/JavaScript/Reference/Global_Objects/Array/push
- `Array.prototype.unshift()`:
  https://developer.mozilla.org/es/docs/Web/JavaScript/Reference/Global_Objects/Array/unshift

> Agregar elementos al final de un *array* es más eficiente que agregarlos al principio. Esto se debe a que insertar al inicio requiere desplazar todos los elementos existentes para hacer espacio, lo que implica una mayor carga de trabajo y de uso de memoria. En cambio, agregarlo al final no afecta a los índices de los elementos ya presentes, lo que resulta en una operación más rápida y menos costosa.

3.15.1.5. Eliminando elementos

Hay varios métodos que le permiten eliminar elementos del *array*:

- `Array.prototype.pop():`
  https://developer.mozilla.org/es/docs/Web/JavaScript/Reference/Global_Objects/Array/pop
- `Array.prototype.shift():`
  https://developer.mozilla.org/es/docs/Web/JavaScript/Reference/Global_Objects/Array/shift
- `Array.prototype.splice():`
  https://developer.mozilla.org/es/docs/Web/JavaScript/Reference/Global_Objects/Array/splice

3.15.2. Iterando sobre un *array*

JavaScript favorece la programación declarativa para iterar sobre *arrays*, ofreciendo métodos que simplifican esta tarea. Estos métodos aceptan una función que se aplica a cada elemento del *array*, permitiendo así transformaciones y operaciones complejas. Además, pueden encadenarse, lo que posibilita la composición de operaciones en secuencia para lograr resultados más elaborados.

3.15.2.1. Iteración

Los *arrays* en JavaScript son estructuras que pueden contener múltiples elementos. Para trabajar eficientemente con ellos, es crucial conocer los métodos de iteración disponibles. `Array.prototype.map()` y `Array.prototype.forEach()` son dos métodos fundamentales para este propósito.

Mientras `map()` se utiliza para crear un nuevo *array* aplicando una función a cada elemento del *array* original, `forEach()` ejecuta una función en cada elemento sin retornar un nuevo *array*. Ambos métodos facilitan la manipulación y el procesamiento de los datos contenidos en los *arrays*.

```
const numbers = [1, 2, 3, 4, 5]

const mapTransformation = numbers.map(el => el * 10)

const forEachTransformation = []

numbers.forEach(el => {

    forEachTransformation.push(el * 10)

})

console.log(mapTransformation) // 10,20,30,40,50

console.log(forEachTransformation) // 10,20,30,40,50
```

3.15.2.2. Validación

Los *arrays* son flexibles y pueden contener distintos tipos de datos. Para trabajar con esta diversidad, existen métodos específicos que permiten evaluar los elementos del *array*:

- `Array.prototype.every()`: verifica si todos los elementos cumplen con una condición específica, retornando true si es así. https://developer.mozilla.org/es/docs/Web/JavaScript/Reference/Global_Objects/Array/every
- `Array.prototype.some()`: comprueba si al menos un elemento del *array* cumple con la condición dada, retornando true en ese caso. https://developer.mozilla.org/es/docs/Web/JavaScript/Reference/Global_Objects/Array/some
- `Array.prototype.includes()`: determina si el *array* contiene un elemento específico, facilitando la búsqueda directa de valores.

https://developer.mozilla.org/es/docs/Web/JavaScript/Reference/G
lobal_Objects/Array/includes

3.15.3. Filtrado

Los *arrays* pueden contener estructuras complejas, incluyendo objetos anidados, lo que los hace poderosos a la hora de almacenar datos detallados. Para manejar esta complejidad, disponemos de varias técnicas de filtrado, cada una adecuada para diferentes necesidades.

Por ejemplo, si necesitamos un nuevo *array* solo con elementos que pasen cierta prueba, usamos `Array.prototype.filter()`. Este método es ideal para situaciones donde queremos extraer un subconjunto de elementos basándonos en condiciones específicas y manteniendo la estructura original del *array* intacta. Veamos un ejemplo:

```
const numbers = [1, 2, 3, 4, 5]
const filteredNums = numbers.filter(el => el <= 3)
console.log(filteredNums) // [1, 2, 3]
```

Hay varios métodos relevantes en esta categoría:

- `Array.prototype.slice()`: devuelve la copia de una porción del *array*.
  https://developer.mozilla.org/es/docs/Web/JavaScript/Reference/G
  lobal_Objects/Array/slice
- `Array.prototype.find()`: devuelve el valor del primer elemento en el *array* que satisface los criterios proporcionados.
  https://developer.mozilla.org/es/docs/Web/JavaScript/Reference/G
  lobal_Objects/Array/find
- `Array.prototype.findIndex()`: devuelve el índice del primer elemento en el *array* que satisface los criterios.

https://developer.mozilla.org/es/docs/Web/JavaScript/Reference/G
lobal_Objects/Array/findIndex

3.15.3.1. Utilidades

Para simplificar el manejo de *arrays* como las matrices, el método
`Array.prototype.flat()` es esencial. Este método aplanará una
estructura anidada en un único nivel, facilitando la manipulación de sus
elementos.

```javascript
const data = [1, [2, 3], [4, 5]];
const flatData = data.flat();
console.log(flatData); // [1, 2, 3, 4, 5]
```

El método `Array.prototype.join()` permite convertir todos los
elementos de un *array* en una única cadena de texto, y permite especificar un
separador que se insertará entre los elementos al unirlos. Si no se especifica
un separador, por defecto se utiliza una coma. Veamos un ejemplo:

```javascript
const people = ['Joe', 'Jane', 'John', 'Jack'];
console.log(people.join()); // Joe,Jane,John,Jack
console.log(people.join(' + ')); // Joe + Jane + John 
+ Jack
```

Esto es especialmente útil en la creación de listas en formatos como *HTML*,
XML, y *Markdown*. Facilita la conversión de elementos de *array* en una cadena
cohesiva, y permite especificar un separador para intercalar entre los
elementos, lo que resulta esencial para formatear correctamente las listas en
estos lenguajes de marcado.

```javascript
const people = ['Joe', 'Jane', 'John', 'Jack'];
const    structuredPeople    =    people.map(person    =>
`<li>${person}</li>\n`);
```

```
console.log(`

    <ul>

        ${structuredPeople.join('')}

    </ul>

`)

// <ul>

//      <li>Joe</li>

//      ...

// </ul>
```

Mientras se trabaja con datos, es muy común que necesitemos ordenar los elementos en el *array*. Esto se puede hacer con `array.sort()`. En general, es mejor si proporcionamos una función que especifique cómo ordenar correctamente los elementos para evitar resultados inesperados. Veamos un ejemplo:

```
const numbers = [7, 1,10, 3,15,20]

console.log(numbers.sort())

// [1, 10, 15, 20, 3, 7]

console.log(numbers.sort((a, b) => a - b))

// [1, 3, 7, 10, 15, 20]
```

Hay varios métodos que son bastante útiles y que utilizará con mucha frecuencia:

- `Array.prototype.reverse()`: invierte el orden de los elementos de un *array*, modificando el *array* original.
  https://developer.mozilla.org/es/docs/Web/JavaScript/Reference/Global_Objects/Array/reverse

- `Array.prototype.concat()`: combina dos o más *arrays* en uno solo, sin alterar los *arrays* originales.
  https://developer.mozilla.org/es/docs/Web/JavaScript/Reference/Global_Objects/Array/concat
- `Array.prototype.fill()`: rellena todos los elementos de un *array* desde un índice de inicio hasta un índice final con un valor estático.
  https://developer.mozilla.org/es/docs/Web/JavaScript/Reference/Global_Objects/Array/fill
- `Array.prototype.reduce()`: ejecuta una función reductora sobre cada elemento del *array*, de lo que resulta un único valor de salida.
  https://developer.mozilla.org/es/docs/Web/JavaScript/Reference/Global_Objects/Array/reduce

3.15.4. Desestructuración

La desestructuración en ES6 simplifica la extracción de valores de *arrays* y objetos. Permite asignar valores a variables en una sola línea, mejorando la legibilidad y la eficiencia del código. Además, la desestructuración soporta valores por defecto, lo que facilita el manejo de valores faltantes sin recurrir a lógicas adicionales.

El siguiente ejemplo muestra cómo se puede aplicar un *fail-soft* usando || para asignar un valor predeterminado cuando un elemento específico del *array* no existe.

```
const list = [1, 2];

const a = list[0] || 0; // 1

const b = list[1] // 2

const c = list[2] || 4; // 4
```

La desestructuración en ECMAScript 6 mejora la legibilidad y la eficiencia del código al permitir la asignación directa y la definición de valores predeterminados en una sola línea. Este sería el mismo ejemplo utilizando la desestructuración:

```
const list = [1, 2];
const [ a = 0, b, c = 4 ] = list;
```

Como se puede observar, `list` se desestructura en variables `a`, `b`, y `c`, con `a` y `c` recibiendo valores predeterminados si `list` no los proporciona. Este enfoque mejora la legibilidad y eficiencia del código al permitir la asignación directa y la definición de valores predeterminados en una sola línea.

3.15.5. Set

ES6 introduce `Set`, una estructura de datos que almacena valores únicos, sin duplicados. A diferencia de los *arrays*, los `Set` no están indexados, lo que significa que no se accede a sus elementos mediante índices. Esta característica los hace ideales para crear colecciones de elementos únicos y es comúnmente utilizada para eliminar duplicados de *arrays* de manera eficiente, como se muestra en el ejemplo.

```
let arr = [1,2,2,3,1,4,5,4,5]
let set = new Set(arr)
let uniques = Array.from(set)
console.log(uniques) // [1,2,3,4,5]
```

Puede encontrar más información sobre los métodos específicos de `Set` en https://developer.mozilla.org/es/docs/Web/JavaScript/Reference/Global_Objects/Set.

En la siguiente sección, aprenderemos cómo usar objetos, una de las estructuras de datos más poderosas en JavaScript.

3.16. Uso de objetos en JavaScript

Los objetos funcionan como contenedores de datos estructurados, compuestos por pares de clave-valor *(key-value)*. Las claves son cadenas de texto únicas dentro de cada objeto, que actúan como identificadores para los valores asociados. Estos valores pueden ser de cualquier tipo, desde primitivos (como números o cadenas de texto) hasta estructuras más complejas (como otros objetos), lo cual permite la creación de estructuras de datos anidadas.

3.16.1. Operaciones básicas

Los objetos son la estructura más versátil en JavaScript. En esta sección, aprenderemos cómo crear objetos, cómo acceder y modificar sus propiedades, y cómo iterar sobre las propiedades de un objeto.

3.16.1.1. Creando un objeto

Puede crear un objeto utilizando la sintaxis literal de objeto, es decir, utilizando llaves { }:

```
const person = {}
```

También se puede crear un objeto y agregar propiedades directamente:

```
const person = {
    name: 'Jane',

}
```

Usted puede almacenar cualquier tipo de valor en un objeto, incluyendo otros objetos o funciones. Cuando una función se almacena como un valor dentro de un objeto, se denomina método. Esta característica permite que los objetos, además de almacenar datos, también encapsulen comportamientos, haciendo posible la creación de estructuras de datos ricas y funcionales:

```
const person = {
    name: 'Jane',
    id: 1,
    favoriteColors: ['blue', 'green'],
    address: {
        street: 'Main St',
        number: 1,
    },
    fullName: function() {
        return `${this.name} Doe`
    },
    sayHi: function() {
        console.log('Hello!')
    }
}
console.log(person.fullName()) // Jane Doe
person.sayHi() // Hello!
console.log(person.address.street) // Main St
console.log(person.id) // 1
console.log(person.favoriteColors[0]) // blue
```

3.16.1.2. Creando y accediendo a las propiedades

Se puede crear una nueva propiedad o sobrescribir las existentes en un objeto asignando un valor:

```
const person = {
    id: 12
}
person.name = 'Jane'
console.log(person.name) // Jane
person.id = 1
console.log(person.id) // 1
```

También puede acceder a las propiedades de un objeto utilizando la notación de corchetes `object["prop"]`, lo cual es útil cuando se utiliza acceso programático o cuando se utilizan claves con caracteres especiales o espacios en blanco:

```
const person = {
    id: 12
}
console.log(person['id']) // 12
const specialKey = 'first name with spaces'
person[specialKey] = 'Jane'
console.log(person[specialKey]) // Jane
```

3.16.1.3. Eliminando propiedades

Para eliminar una propiedad de un objeto en JavaScript, se puede emplear el operador `delete`, que elimina completamente la propiedad.

Alternativamente, asignar el valor `undefined` a una propiedad no la elimina, pero sí «vacía» su valor, lo que puede ser útil en contextos donde se desea mantener la estructura del objeto intacta.

```
const person = {
    id: 12,
    name: 'Jane'
}
delete person.id
person.name = undefined
console.log(person.id) // undefined
console.log(person.name) // undefined
```

3.16.2. Iteración

Veamos cómo iterar sobre las propiedades de un objeto, y cómo obtener un *array* con las claves y los valores de un objeto.

Este es nuestro objeto base:

```
const users = {
    admin: 'Jane',
    moderator: 'Joe',
    user: 'Billy',
}
```

Usted puede iterar sobre las propiedades de un objeto utilizando el bucle `for...in`:

```
for (let role in users) {
```

```
console.log(`${users[role]} is the ${role}`)}
// Jane is the admin
// Joe is the moderator
// Billy is the user
```

También puede utilizar el método `Object.keys()` para obtener un *array* con las claves de un objeto, de modo que pueda utilizar métodos específicos de *array* para gestionar la iteración, como `array.prototype.forEach()`:

```
const roles = Object.keys(users)
console.log(roles) // ['admin', 'moderator', 'user']
roles.forEach(role => {
    console.log(role) // admin
    console.log(users[role]) // Jane
})
```

También puede utilizar métodos adicionales introducidos recientemente en el lenguaje:

- `Object.values()`: retorna en un *array* los valores de todas las propiedades numerables del objeto.
  https://developer.mozilla.org/es/docs/Web/JavaScript/Reference/Global_Objects/Object/values
- `Object.entries()`: retorna una matriz `[[clave, valor]...]` con las propiedades numerables del objeto.
  https://developer.mozilla.org/es/docs/Web/JavaScript/Reference/Global_Objects/Object/entries

3.16.3. Shallow copy versus deep copy

JavaScript tiene un comportamiento peculiar al copiar variables, que puede resultar confuso. Veamos un ejemplo para ilustrar esto:

```
const name = "Jane"
const number = 1
const array = [1, 2, 3]
const object = { id: 1, name: 'Jane' }
// Copy
let nameCopy = name
let numberCopy = number
const arrayCopy = array
const objectCopy = object
// Modify the copy
nameCopy = 'Joe'
numberCopy = 2
arrayCopy.push("additional item")
objectCopy.name = 'Joe'
// Check the original
console.log(name) // Jane
console.log(nameCopy) // Joe
console.log(number) // 1
console.log(numberCopy) // 2
console.log(array) // [1, 2, 3, "additional item"]
console.log(arrayCopy) // [1, 2, 3, "additional item"]
```

```
console.log(object) // { id: 1, name: 'Joe' }
console.log(objectCopy) // { id: 1, name: 'Joe' }
```

Este ejemplo muestra cómo las variables primitivas (cadenas de texto, números, etc.) se copian por valor, y resultan en copias independientes. Sin embargo, objetos y *arrays* se copian por referencia, lo que significa que «copiar» estos tipos no crea una nueva instancia, sino una referencia al objeto original. Por eso, modificar la «copia» de un objeto o *array* altera el original.

La diferencia clave aquí se observa entre copia por referencia *(shallow copy)* o copia profunda *(deep copy)*. La copia superficial duplica solo la referencia y no el contenido, por lo que al modificar la copia afectamos al original. La copia profunda, por otro lado, clona completamente el objeto, lo que permite modificaciones sin alterar el original.

Este comportamiento es crucial para entender cómo JavaScript maneja la asignación y modificación de datos, especialmente al trabajar con estructuras de datos complejas y para evitar efectos secundarios no deseados.

Las copias superficiales son más rápidas y menos costosas en términos de memoria, y nos permiten hacer algunas cosas interesantes, como crear *shortcuts* para referenciar partes de objetos muy anidados:

```
const data = {item: {detail: { reference: {id: '123'}
}}}
// make a shortcut reference
const ref = data.item.detail.reference
ref.name = 'Jane'
// check the original
```

```
console.log(data.item.detail.reference) // {id: '123',
name: 'Jane'}
```

Pero, como puede ver, esta forma puede implicar cambios en el objeto original. Este puede ser un comportamiento inesperado si no tenemos claro cómo se copió la estructura original. Puede ser más difícil de detectar si se están utilizando estructuras anidadas.

Si desea obtener una copia profunda de un objeto simple, puede usar `Object.assign()` o el operador de propagación *(rest operator)*, ...:

```
const array = [1, 2, 3]

const object = { id: 1, name: 'Jane' }

// Copy

const arrayCopy = [...array]

const objectCopy = Object.assign({}, object)

// Modify the copy

arrayCopy.push("additional item")

objectCopy.name = 'Joe'

// Check the original

console.log(array) // [1, 2, 3]

console.log(arrayCopy) // [1, 2, 3, "additional item"]

console.log(object) // { id: 1, name: 'Jane' }

console.log(objectCopy) // { id: 1, name: 'Joe' }
```

Pero los objetos anidados se copiarán por referencia, por lo que obtendrá el mismo comportamiento que antes:

```
const data = [{ 'a': 1 }, { 'b': 2 }];
```

```
const shallowCopy = [...data];
shallowCopy[0].a = 3;
console.log(data[0].a); // 3
console.log(shallowCopy[0].a); // 3
```

Una alternativa es utilizar una librería especializada como *Lodash* (https://lodash.com/docs/4.17.15#cloneDeep) o transformarlo en *JSON* y digerir la estructura, pero esto tiene algunas limitaciones, como no poder copiar funciones o elementos que no están definidos en las especificaciones de *JSON* (https://datatracker.ietf.org/doc/html/rfc7159).

3.16.4. Fusionando objetos

La fusión de dos objetos se puede hacer con `Object.assign`, pero necesitamos entender dos cosas:

- El orden es importante, por lo que el primer elemento será sobrescrito por el siguiente elemento cuando compartan propiedades comunes.
- Si los objetos son estructuras de datos complejas como objetos anidados o *arrays*, entonces el objeto final copiará esas partes por referencias *(shallow copy)*.

Veamos un ejemplo:

```
const dst  = { quux: 0 }
const src1 = { foo: 1, bar: 2 }
const src2 = { foo: 3, baz: 4 }
Object.assign(dst, src1, src2)
console.log(dst) // {quux: 0, foo: 3, bar: 2, baz: 4}
```

3.16.5. Desestructuración

La asignación por desestructuración, introducida en ES6, es una característica que simplifica la extracción de propiedades de objetos y su asignación a variables. Veamos un ejemplo partiendo de un objeto simple:

```
const name = "Jane";

const age = 25;

const data = { item: "Lorem Ipsum", status: "OK" };
```

Sin desestructuración, la asignación de propiedades a un nuevo objeto y la extracción de valores requiere más código:

```
const user = {

  name: name,

  age: age,

  data: data,

};

const item = data.item;

const status = data.status;
```

Con la desestructuración, el código es más directo y legible:

```
const user = { name, age, data };

const { item, status } = data;
```

3.16.6. Encadenamiento opcional (?.)

El operador de encadenamiento opcional (?.), introducido en ES2020, simplifica el acceso a propiedades anidadas dentro de objetos en JavaScript. Antes de su introducción, acceder a una propiedad anidada requería verificar manualmente cada nivel para evitar errores en caso de que alguna parte de la cadena fuera `undefined` o `null`. El operador `?.` permite leer propiedades anidadas sin tener que realizar estas comprobaciones, devolviendo `undefined` si alguna parte de la cadena no existe, en lugar de lanzar un error. Esto hace que el código sea más limpio y menos propenso a errores. Veamos un ejemplo práctico:

```javascript
const user = {
  name: "John",
  address: {
    street: "Main Street",
  },
};
const otherUser = {
  name: "Jane",
};
console.log(user.address?.street); // Main Street
console.log(otherUser.address?.street); // undefined
// without optional chaining:
console.log(user.address.street); // Main Street
console.log(otherUser.address.street);  // TypeError:
Cannot read

properties of undefined (reading 'street')
```

Ahora que estamos familiarizados con la mayoría de las estructuras de datos, es hora de explorar las funciones en la siguiente sección.

3.17. Explorando las funciones

Las funciones en JavaScript son fundamentales y poseen características únicas que las distinguen en el mundo de la programación. Al ser tratadas como ciudadanos de primera clase *(first-class citizens)*, las funciones pueden asignarse a variables, pasarse como argumentos a otras funciones o incluso retornarse desde otras funciones.

3.17.1. Los fundamentos

Antes de adentrarnos en conceptos más avanzados, es crucial entender los fundamentos de las funciones. Comenzaremos explorando cómo declarar, ejecutar y trabajar con argumentos en funciones, utilizando tanto la palabra clave `function` como las funciones flecha *(arrow functions)* y los *closures*.

3.17.1.1. Declaración

En esencia, una función es un bloque de código diseñado para ejecutarse cuando se invoca. En JavaScript, la declaración de funciones se realiza utilizando la palabra clave `function`. La sintaxis básica es la siguiente:

```
function myFunction() {
  console.log("This is a function body")
  // code to be executed
}
```

3.17.1.2. Ejecución de funciones

Las funciones solamente se ejecutan al ser invocadas. Para llamar a una función, se utiliza su nombre seguido de paréntesis. Por ejemplo:

```
const myFunction = function() {
  console.log("This is a function body")
```

```
    // code to be executed

}

myFunction() // This is a function body
```

Funciones anónimas

Las funciones también pueden declararse como expresiones de función (function expression), conocidas como funciones anónimas *(anonymous functions)*. Un uso común es pasarlas como argumentos a otras funciones, como en el caso de `setTimeout` en el siguiente ejemplo:

```
setTimeout(function() {

    console.log('1 second later')

}, 1000);
```

Valores de retorno

Las funciones pueden devolver valores usando la palabra clave `return`. Estos valores pueden asignarse a variables o utilizarse en otras funciones. Considere el siguiente ejemplo:

```
function isEven(number) {

  return number % 2 === 0

}

const result = isEven(2)

const otherResult = isEven(3)

console.log(result) // true

console.log(otherResult) // false
```

Argumentos

Las funciones pueden recibir argumentos que se pasan al momento de invocarlas. Veamos el siguiente ejemplo:

```
function sayHi (name) {

  console.log(`Hi ${name}!`);

};

sayHi('John'); // Hi John!
```

Para funciones con un número indeterminado de argumentos, se puede utilizar el operador de propagación (. . .). En este ejemplo, sumaremos todos los números pasados a la función:

```
function sum (...numbers) {

  console.log("First Number:", numbers[0])

  console.log("Last Number:", numbers[numbers.length -
1])

  let total = 0

  for (let number of numbers) {

    total += number

  }

  console.log("Total (SUM):", total)

}

const result = sum(1, 2, 3, 4, 5)

// First Number: 1

// Last Number: 5

// Total (SUM): 15
```

3.17.2. Funciones flecha *(arrow functions)*

Una de las características más importantes introducidas en ES6 son las funciones flecha *(arrow functions)*. Son una nueva sintaxis para escribir funciones en JavaScript, pero también introducen ciertos cambios que es importante tener en cuenta:

- Introducen una nueva sintaxis para escribir funciones.
- Son siempre anónimas.
- Tienen un retorno implícito.
- No tienen su propio `this` ni la propiedad `prototype`.
- No pueden ser utilizadas como constructores.

3.17.2.1. Sintaxis

Desde el comienzo de JavaScript, declaramos funciones usando la palabra clave `function`, como en el siguiente ejemplo:

```
const sampleFunction = function () { }
const sayHelloNow = function (name) {
  const now = new Date()
  console.log(`Hello ${name}, at ${now}!`)
}
```

La nueva sintaxis para escribir funciones flecha utiliza => y no utiliza la palabra clave `function`. El siguiente ejemplo es el mismo que el anterior pero con la nueva sintaxis:

```
const sampleFunction = () => {}
const sayHelloNow = name => {
  const now = new Date()
  console.log(`Hello ${name}, at ${now}!`)
}
```

La nueva sintaxis tiene un retorno implícito, por lo que si desea devolver un valor, puede hacerlo sin usar la palabra clave `return`:

```
const alwaysTrue = () => true
const getData = (name, age) => ({ name: "John", age: 25
})
```

El ejemplo anterior puede ser traducido a la otra sintaxis de la siguiente manera:

```
const alwaysTrue = function () { return true }
const getData = function (name, age) {
   return { name: "John", age: 25 }
}
```

Las funciones flecha pueden recibir argumentos, pero si desea recibir más de un argumento, necesita usar paréntesis:

```
const sum = function (a, b) { return a + b }
// Arrow function translation
const sum = (a, b) => a + b
```

3.17.2.2. Cambios de comportamiento

Como JavaScript tiene retrocompatibilidad con versiones anteriores, las funciones flecha introducen ciertos cambios en el comportamiento de las funciones. El más importante está relacionado con la palabra clave `this`.

Por otro lado, las funciones flecha no tienen una propiedad `prototype`, lo que significa que no pueden ser utilizadas como constructores.

El manejo de `this` en JavaScript puede ser un poco confuso y es bastante avanzado para los objetivos de este libro. Si desea aprender más al respecto, puede leer la documentación de MDN: https://developer.mozilla.org/es/docs/Web/JavaScript/Referencia/Opera dores/this.

3.17.3. Closures

Los *closures* representan un concepto fundamental en JavaScript, conocido por su potencial y complejidad. Aunque puede ser desafiante al principio, entender los *closures* es crucial para dominar este lenguaje.

3.17.3.1. Entonces, ¿qué es un *closure*?

Un *closure* es, esencialmente, una función que tiene acceso al ámbito de una función exterior, incluso después de que la función exterior haya terminado de ejecutarse. Esto permite a la función interna recordar y acceder a variables y argumentos de su función envolvente, aun cuando se ejecute en otro contexto. Aquí tenemos un ejemplo:

```
const outerFunction = function () {

  console.log("This is the outer function")

  const innerFunction = function () {

    console.log("This is the inner function")

  }

  return innerFunction

}
```

Simplificando, un *closure* es una función que es retornada por otra función, lo que nos permite acceder a las variables de la función anterior desde dentro de la función interna. En este caso, `innerFunction` es un *closure* que puede acceder a las variables de `outerFunction` incluso después de que `outerFunction` haya terminado de ejecutarse, como se muestra en el siguiente ejemplo al invocar ambas funciones:

```
const innerFunction = outerFunction() // This is the
outer function
innerFunction() // This is the inner function
```

Para simplificar, podemos ejecutar ambas funciones en una sola línea, lo que permite observar la esencia de los *closures*:

```
outerFunction()()
```

3.17.3.2. ¿Por qué esto es útil?

Básicamente porque nos permite crear funciones con memoria. A través de los *closures*, podemos crear funciones que mantienen acceso a variables locales de una función padre, incluso después de que esta haya finalizado su ejecución. Resulta especialmente útil para encapsular y preservar estados de manera privada, permitiendo operaciones sobre estos sin exponer los detalles de implementación. Para lograr esto en otros lenguajes, necesitaríamos utilizar clases y métodos privados, pero, en JavaScript, los *closures* nos permiten lograrlo de manera más sencilla. Para ilustrar la utilidad de los *closures*, consideremos el caso de un contador personalizable:

```
const createCounter = (initialValue = 0) => {
  let counter = initialValue
  return (incrementalValue) => {
    counter += incrementalValue
    console.log(counter)
  }
}
```

Este patrón es útil porque permite crear múltiples contadores, cada uno con su propio estado independiente, sin exponer directamente la variable `counter` al entorno global. Esto se logra gracias a que el *closure* tiene acceso al ámbito interno de `createCounter`. Veamos cómo utilizar esta función para crear y manipular un contador:

```
const addToCounter = createCounter(10)

addToCounter(12) // 22

addToCounter(1)  // 23
```

En este ejemplo, `addToCounter` es un *closure* que mantiene acceso a la variable `counter` de `createCounter`. Aunque `createCounter` haya terminado de ejecutarse, `addToCounter` puede seguir accediendo y modificando `counter`, demostrando el poder y la utilidad de los *closures* para crear funciones con estados persistentes y privados.

Utilizaremos esta estructura en los siguientes capítulos cuando usemos MongoDB y Express.

En la siguiente sección, aprenderemos cómo crear y administrar clases, y veremos cómo funciona la herencia prototípica en JavaScript.

3.18. Creando y administrando clases

Las clases se introdujeron en ES6. Son azúcar sintáctico sobre la herencia basada en prototipos. Históricamente, JavaScript no tenía clases formales, como podemos esperar de los lenguajes típicos de programación orientada a objetos (POO).

En esta sección, aprenderemos cómo crear clases y cómo usarlas con ES6. Además, exploraremos cómo la herencia prototípica es una característica clave para mantener la retrocompatibilidad y extender las características principales de JavaScript.

3.18.1. Creando una clase

Para crear una clase, necesitamos usar la palabra clave `class` y, luego, podemos definir las propiedades predeterminadas de la clase utilizando el método `constructor`:

```
class Human{

  constructor(name, age) {

    this.name = name;

    this.age = age;

  }

}

const jane = new Human ("Jane", 30);

console.log(jane.name); // Jane

console.log(jane.age); // 30
```

En este ejemplo, creamos una clase llamada `Human` y, luego, creamos una instancia de la clase llamada `jane`. Podemos acceder a las propiedades de la clase utilizando la notación de punto.

3.18.2. Métodos de clase

Para definir un método en una clase, necesitamos usar una sintaxis similar a la que usamos para definir métodos en objetos:

```
class Human {

  constructor(name, age) {
```

```
    this.name = name;

    this.age = age;

  }

  sayHello() {

    console.log(`Hello, my name is ${this.name}!`);

  }

}

const jane = new Human ("Jane", 30);

jane.sayHello(); // Hello, my name is Jane!
```

En este ejemplo, definimos un método llamado `sayHello` en la clase Human, luego creamos una instancia de la clase y llamamos al método.

3.18.3. Extendiendo clases

Podemos extender clases utilizando la palabra clave `extends`. Esto nos permitirá heredar las propiedades y los métodos de la clase padre:

```
class Colleague extends Human {

  constructor(name, age, stack) {

    super(name, age);

    this.stack = stack;

    this.canCode = true;

  }

  code() {

    console.log(`I can code in ${this.stack}!`);

  }
```

```
}

const jane = new Colleague ("Jane", 30, ['JavaScript',
'React',

'MongoDB']);

console.log(jane.name); // Jane

console.log(jane.canCode); // true

jane.sayHello(); // Hello, my name is Jane!

jane.code(); // I can code in JavaScript, React and
MongoDB!
```

En este ejemplo, creamos una clase llamada `Colleague` que extiende la clase `Human`, luego creamos una instancia de la clase y llamamos a los métodos y propiedades heredados de ambas clases.

3.18.4. Métodos estáticos

Los métodos estáticos son métodos que pueden ser llamados sin instanciar la clase. Se definen utilizando la palabra clave `static`:

```
class Car {

  constructor(brand) {

    this.brand = brand;

  }

  move() {

    console.log(`The ${this.brand} is moving!`);

  }

  static speedLimits() {
```

```
    console.log("The speed limit is 120 km/h for new
cars");
  }
}
```

Ahora, podemos llamar al método `speedLimits` sin instanciar la clase:

```
Car.speedLimits(); // The speed limit is 120 km/h for
new cars
```

3.18.5. Getters y setters

Como en otros lenguajes que soportan la programación orientada a objetos, puede definir *getters* y *setters* utilizando las palabras clave `get` y `set`, respectivamente. Esto le permitirá acceder y modificar las propiedades de la instancia de una manera más clásica:

```
class Rectangle {
    constructor (width, height) {
        this._width  = width
        this._height = height
    }
    set width  (width)  { this._width = width }
    get width  ()       { return this._width }
    set height (height) { this._height = height }
    get height ()       { return this._height }
    get area   ()       { return this._width * this._h
eight }
}
```

```
const shape = new Rectangle(5, 2)
console.log(shape.area) // 10
console.log(shape.height) // 2
console.log(shape.width) // 5
shape.height = 10
shape.width = 10
console.log(shape.area) // 100
console.log(shape.height) // 10
console.log(shape.width) // 10
```

3.19. Resumen

En este capítulo, hemos explorado la historia y el estado actual de JavaScript. Hemos aprendido sobre las diferentes versiones del lenguaje y cómo ha evolucionado con el tiempo. También hemos aprendido cómo se agregan las nuevas características al lenguaje.

Además, hemos dispuesto de la mejor documentación sobre el lenguaje y hemos visto cómo usarla para aprender más a fondo sobre dicho lenguaje.

Adicionalmente, hemos explorado en detalle cómo usar números, fechas, declaraciones condicionales, bucles, cadenas, matrices, objetos y funciones, entre otros...

También hemos aprendido sobre las clases y la herencia basada en prototipos y cómo es una característica clave para mantener la retrocompatibilidad y extender las características principales de JavaScript.

En el próximo capítulo, aprenderemos sobre la programación asíncrona con JavaScript. Se aplicará todo el conocimiento aprendido en este capítulo para manejar código asíncrono utilizando diferentes enfoques, como *callbacks*, promesas y `async/await`.

3.19.1. Lectura adicional

- *Ulises Gascón (live coding) | Issue 3: Repaso a JavaScript y seguimos con Firebase: (https://github.com/UlisesGascon/livecoding-en-Twitch?tab=readme-ov-file#issue-3-repaso-a-javascript-y-seguimos-con-firebase)*
- *The Weird History of JavaScript: https://www.youtube.com/watch?v=Sh6lK57Cuk4*
- *A Brief History of JavaScript, talk by Brendan Eich (creator of JavaScript): https://www.youtube.com/watch?v=qKJP93dWn4O*
- *TC39 Demystified, by Ujjwal Sharma: https://www.youtube.com/watch?v=YLHhRpaPly8*
- *Documenting the Web Platform, by Florian Scholz: https://www.youtube.com/watch?v=f_MOvQcKiW4*
- *TC39: From the Proposal to ECMAScript, Step by Step, by Romulo Cintra: https://www.youtube.com/watch?v=h5pUuz2qqVQ*

CAPÍTULO 4
Programación asíncrona

Este capítulo explicará en detalle cómo utilizar todos los mecanismos asíncronos que JavaScript ofrece actualmente, incluyendo cómo convertir *callbacks* a promesas y cómo realizar operaciones asíncronas por lotes *(bulk operations)*.

Obtendrá una comprensión profunda de todas las herramientas que tiene a su disposición para manejar tanto actividades asíncronas simples como complejas. Comenzaremos con *callbacks*, siguiendo las convenciones dentro del core de Node.js, y luego avanzaremos al manejo eficaz de las operaciones asíncronas utilizando promesas y `async/await`. Finalmente, emplearemos el patrón *Immediately Invoked Function Expression (IIFE)*, también conocido popularmente como **funciones autoejecutables**, para ejecutar código asíncrono.

Además, proporcionaremos una visión general completa de cómo pasar de promesas a *callbacks* y viceversa. También exploraremos cómo manejar errores en operaciones asíncronas y cómo evitar el infierno de los *callbacks* *(callback hell)*.

Estos son los principales temas que veremos en este capítulo:

- Programación asíncrona en JavaScript.
- Entender los *callbacks* y cómo evitar el infierno de los *callbacks*.
- Dominar las promesas.
- Usar `async` y `await` para manejar código asíncrono.

4.1. Requisitos técnicos

Vea el código en acción en el vídeo para este capítulo en https://youtu.be/FHzqWr4dK7s

4.2. Programación asíncrona en JavaScript

En JavaScript, la programación asíncrona es una parte fundamental del lenguaje. Es el mecanismo que nos permite realizar operaciones en segundo plano, sin bloquear la ejecución del hilo principal. Esto es especialmente importante en el navegador, donde el hilo principal es responsable de actualizar la interfaz de usuario y responder a las acciones del usuario.

En general, la programación asíncrona es un tema complejo que requiere mucha práctica para llegar a dominarlo; pero, en mi opinión, requiere principalmente un cambio en su mentalidad. Usted necesitará empezar a considerar cómo descomponer su código en pequeños fragmentos que pueden ser ejecutados en segundo plano, y cómo juntarlos posteriormente para lograr el resultado deseado. Se encontrará con la programación asíncrona constantemente mientras programa en JavaScript, por lo que es importante que se sienta cómodo con ella. La mayoría de las operaciones que involucran interacciones con recursos externos, tales como enviar y recibir datos de un servidor, pedir información a una base de datos o leer el contenido de un archivo requerirán el uso de la programación asíncrona.

En el Capítulo 1 se introdujo el concepto de *event loop*, que es el mecanismo que permite a JavaScript ser asíncrono. En este capítulo, veremos cómo usar este mecanismo en nuestro beneficio.

En el Capítulo 3, aprendimos cómo usar JavaScript en detalle; este capítulo requiere un sólido conocimiento de manejo de funciones y *arrays*.

Comencemos explorando cómo la programación asíncrona difiere de la programación convencional y cómo necesitamos afrontarla con una mentalidad diferente.

En este capítulo se usan fragmentos de JavaScript isomórfico, por lo que el código puede ejecutarse en Node.js o en el entorno del navegador web.

4.2.1. La mentalidad asíncrona

La clave para entender la programación asíncrona radica en cambiar nuestra perspectiva sobre cómo se ejecuta el código. Tradicionalmente, podríamos pensar en nuestro código como en una serie de pasos que se ejecutan uno tras otro, en un orden específico. Sin embargo, la programación asíncrona nos desafía a pensar de manera diferente.

En lugar de ver nuestro código como una secuencia lineal de pasos, la programación asíncrona nos invita a pensar en términos de eventos y en cómo estos se relacionan entre sí. Es decir, en lugar de preocuparnos por el orden exacto de ejecución, nos enfocamos en qué debería suceder después de que ciertos eventos ocurran.

En el Capítulo 3, aprendimos que una función es simplemente un bloque de código que se puede ejecutar en cualquier momento. Ahora, en el contexto de la programación asíncrona, extendemos este concepto al conectar nuestras funciones a eventos específicos. Esto significa que una función puede ser invocada no solo de manera directa, sino también como respuesta a algún evento que haya ocurrido anteriormente o que esperamos que ocurra en el futuro; por ejemplo, cuando un usuario hace *click* en un enlace.

Esta visión nos permite crear aplicaciones más dinámicas y reactivas, donde la lógica de nuestra aplicación se adapta y responde a las acciones del usuario y a otros eventos en tiempo real.

4.2.2. Métodos asíncronos en JavaScript

JavaScript ofrece múltiples enfoques para manejar la asincronía, cada uno con sus propias ventajas. En este capítulo nos centraremos en las técnicas más utilizadas:

- *Callbacks*: son funciones que se pasan como argumentos a otras funciones y se ejecutan tras un evento específico. Representan el método más elemental para operaciones asíncronas en JavaScript, y sirven de cimiento para técnicas más avanzadas.
- **Promesas:** introducidas en ES6, las promesas representan el resultado eventual (ya sea éxito o fracaso) de una operación asíncrona. Con estados como *pending* (pendiente), *fulfilled* (cumplida), o *rejected* (rechazada), las promesas ofrecen una forma más estructurada y poderosa de manejar asincronía en comparación con los *callbacks*, ya que ofrecen una interfaz basada en el patrón de máquina de estados *(state machine)*.
- *Async/await*: esta sintaxis, que se basa en promesas, permite escribir código asíncrono que se lee de manera más sincrónica. `Async` marca una función como asíncrona, mientras que `await` pausa la ejecución

de la función hasta que una promesa se resuelve, simplificando significativamente el flujo de trabajo con operaciones asíncronas.

La sección siguiente profundizará en cómo utilizar los *callbacks* de manera efectiva, abordando el patrón de *error first* y otras prácticas recomendadas. Posteriormente, abordaremos cómo convertir *callbacks* en promesas para una gestión más limpia y estructurada de la asincronía.

4.3. Entendiendo los *callbacks*

Los *callbacks* son una técnica que hace uso de dos capacidades que tienen las funciones en JavaScript:

- **Funciones como argumentos:** las funciones pueden ser pasadas como argumentos a otras funciones. Esto es lo que permite el patrón de *callback*, donde una función *callback* se pasa a otra función para ser llamada (o devuelta) más tarde.
- **Ejecución posterior:** el *callback* no se ejecuta inmediatamente, sino que su ejecución se reserva para un momento posterior, generalmente tras completar una tarea específica en la primera función.

Para ilustrar estos conceptos, veamos un ejemplo sencillo:

1. Definiremos una función (`doSomething`) que espera una función como argumento (`cb`) y que la ejecutará al final de su propio proceso, después de imprimir un mensaje en la consola:

```
const doSomething = (cb) => {
  console.log('Doing something...');
  cb();
};
```

2. Veamos cómo podemos usar esta función creando una función (`nextStep`) que pasaremos como argumento a `doSomething`:

```
const nextStep = () => {

  console.log('Callback called');

};

doSomething(nextStep);
```

3. Una vez que la función se ejecute, la salida esperada será la siguiente:

```
Doing something...

Callback called
```

Cuando `doSomething` se ejecute, imprimirá `Doing something...`, y luego ejecutará la función que se pasó como argumento, que imprimirá `Callback called` como último paso.

Es importante remarcar que la función que se pasa como argumento no se ejecuta inmediatamente (`nextStep()`), sino que se pasa como referencia `nextStep` (sin paréntesis), ya que solo queremos que se ejecute cuando `doSomething` haya terminado.

Si optamos por hacer una ejecución inmediata, produciremos un resultado diferente al esperado y, además, generaremos un error:

```
doSomething(nextStep())

// Callback called

// Doing something...

// Error: cb is not a function
```

También podemos pasar una función anónima como argumento. Esta es la forma más común de usar *callbacks*, ya que no necesitamos definir las funciones previamente. En la mayoría de los casos, no reutilizamos esas funciones, por lo que tiene sentido usarlas de esta manera:

```
doSomething(() => {

    console.log('Callback called');

});
```

También es posible pasar una función que recibe argumentos:

```
const calculateNameLength = (name, cb) => {

  const length = name.length;

  cb(length);

};

calculateNameLength('John', (length) => {

  console.log(`The name length is ${length}`); // The
name length is 4

});
```

Como se puede ver, la técnica de *callback* es muy simple, pero aún no hemos visto ninguna operación asíncrona. Hasta ahora hemos asumido que un *callback* es, literalmente, un «llámame de vuelta cuando hayas terminado». A continuación, veremos cómo se puede usar esto para manejar operaciones asíncronas con temporizadores e intervalos.

4.3.1. Temporizadores e intervalos

Hay dos funciones que se utilizan comúnmente para retrasar la ejecución de una función: `setTimeout` y `setInterval`. Ambas funciones reciben un *callback* como argumento y lo ejecutan después de cierto tiempo. Ahora, definamos y usemos estas funciones con ejemplos. La función `setTimeout` se emplea para diferir la ejecución de una función por una cantidad especificada de tiempo. Veamos cómo funciona con un ejemplo simple:

```
console.log('Before setTimeout');
const secondInMilliseconds = 1000;
setTimeout(() => {
  console.log('A second has passed');
}, secondInMilliseconds);
console.log('after setTimeout');
```

Si ejecutamos este código, veremos la siguiente salida:

```
Before setTimeout
after setTimeout
A second has passed
```

Como puede ver, el *callback* se ejecuta después del resto del código, aunque se definió antes. Esto ocurre porque el *callback* se ejecuta de forma asíncrona, lo que significa que se ejecuta en segundo plano y el resto del código se ejecuta en el hilo principal.

La función `setTimeout` recibe dos argumentos. El primero es el *callback* y el segundo es la cantidad de tiempo que se debe retrasar el *callback*. La cantidad de tiempo se expresa en milisegundos, por lo que, en este caso, estamos retrasando la ejecución del *callback* 1000 milisegundos, que es 1 segundo.

La función `setInterval` es similar a `setTimeout`, pero en lugar de ejecutar el *callback* una sola vez después de un retraso, lo ejecuta repetidamente en intervalos especificados. Veamos cómo funciona con un ejemplo simple:

```
const secondInMilliseconds = 1000;
```

```
let totalExecutions = 0

console.log('Before setInterval');

setInterval(() => {

    totalExecutions++;

    console.log(`A  second  has  passed,  this  is  the
${totalExecutions}

execution`);

}, secondInMilliseconds);

console.log('After setInterval');
```

Si ejecutamos este código, veremos la siguiente salida:

```
Before setInterval

After setInterval

A second has passed, this is the 1 execution

...

A second has passed, this is the 50 execution
```

Como puede ver, el *callback* se ejecuta cada segundo, y se ejecuta en segundo plano, por lo que el resto del código se ejecuta en el hilo principal.

La función `setInterval` también recibe dos argumentos. El primero es el *callback* y el segundo es la cantidad de tiempo que se debe retrasar el *callback*, que también se expresa en milisegundos.

4.3.2. Error first en *callbacks*

En los ejemplos de las secciones anteriores, vimos cómo usar *callbacks* para manejar operaciones asíncronas, pero no vimos cómo manejar errores. En esta sección, veremos cómo manejar los errores en detalle.

La forma más común de manejar errores en *callbacks* es usar el patrón de *Error first* (error primero). Este patrón consiste en pasar un error como el primer argumento del *callback* y el resultado como el segundo argumento. Veamos cómo funciona con un ejemplo simple:

```javascript
const doSomething = (cb) => {

  const error = new Error('Something went wrong');

  cb(error, null);

};

doSomething((error, result) => {

  if (error) {

    console.log('There was an error');

    return;

  }

  console.log('Everything went well');

});
```

La salida de este código será la siguiente:

```
There was an error
```

En este ejemplo, tenemos una función llamada doSomething que recibe un *callback* como argumento. Este *callback* recibe dos argumentos: el primero es un error y el segundo es el resultado. En este caso, estamos pasando un error como primer argumento y null como segundo argumento, porque simulamos que ocurrió un error. Cuando se ejecuta el *callback*, verificamos que el primer argumento es un error y, por lo tanto, imprimimos `There was an error`.

Veamos cómo funciona esto cuando todo va bien y no tenemos errores:

```
const doSomething = (cb) => {
  const result = 'It worked!';
  cb(null, result);
};
doSomething((error, result) => {
  if (error) {
    console.log('There was an error');
    return;
  }
  console.log(result);
  console.log('Everything went well');
});
```

La salida de este código será la siguiente:

```
It worked!

Everything went well
```

En este caso, estamos pasando `null` como primer argumento, ya que no hay ningún error, y el resultado como segundo argumento. Cuando se ejecuta el *callback*, verificamos que el primer argumento no es un error e imprimimos el resultado `Everything went well`.

4.3.3. Infierno de *callbacks*

Anteriormente, vimos cómo usar *callbacks* para manejar operaciones asíncronas y cómo manejar errores con el patrón de *error first*.

El problema con los *callbacks* es que no son muy fáciles de leer cuando tenemos muchos *callbacks* anidados.

Esto se conoce popularmente como *callback hell*, o infierno de *callbacks*, y es un problema muy común al usar *callbacks* en aplicaciones de JavaScript.

En el siguiente ejemplo de pseudocódigo, se puede ver cómo se generan las funciones en una pirámide inclinada por todos *callbacks* anidados que tenemos, haciendo que el código sea realmente difícil de seguir y comprender, especialmente si tenemos en cuenta que esto es una versión simplificada.

```
readFile("docs.md", (err, mdContent) => {
    convertMarkdownToHTML(mdContent,                    (err,
htmlContent) => {
        addCssStyles(htmlContent, (err, docs) => {
            saveFile(docs,  "docs.html",(err,   result)
=> {
                ftp.sync((err, result) => {
                    // ...
                })
            })
        })
```

```
    })

})
```

Como hemos dicho, el código es muy difícil de leer, y es muy fácil cometer errores. Es por eso que necesitamos una manera mejor de manejar operaciones asíncronas. Existen algunas formas de prevenir el mal uso de los *callbacks*, como evitar encadenar muchas funciones anónimas; pero, sin duda, la forma más común de evitar el *callback hell* es usar promesas.

Las promesas son una gran solución cuando necesita encadenar operaciones asíncronas. Exploraremos esto en la siguiente sección.

4.4. Dominando las promesas

Una promesa funciona como una máquina de estados, simbolizando el éxito eventual o el fracaso de una operación asíncrona, junto con su valor resultante. Puede existir en tres estados: *pending* (pendiente), *fulfilled* (cumplida) o *rejected* (rechazada).

Cuando se crea una promesa, está en el estado *pending*. Cuando una promesa se cumple, está en el estado *fulfilled*. Cuando una promesa es rechazada, está en el estado *rejected*.

El siguiente diagrama muestra los diversos estados de una promesa y las conexiones entre ellos:

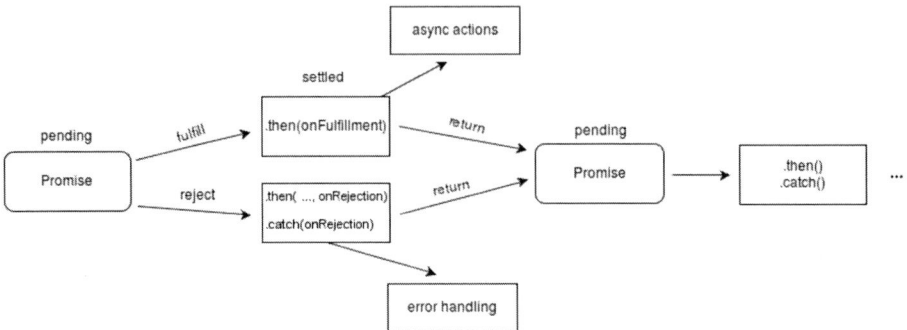

Figura 4.1 Diversos estados de una promesa y sus conexiones. Atribuciones y licencia de derechos de autor por los colaboradores de Mozilla, que está licenciado bajo CC-BY-SA 2.5. https://developer.mozilla.org/en-US/docs/MDN/Writing_guidelines/Attrib_copyright_license

Después de que una promesa pase al estado *fulfilled* o *rejected*, se vuelve inmutable. Para continuar ejecutando código una vez que una promesa está en estado de *fulfilled*, se emplea el método `then`, mientras que el método `catch` se utiliza para abordar la continuidad cuando el estado es *rejected*.

Ahora que está claro qué son las promesas y cómo se relacionan los estados entre sí, es hora de observarlas en acción. En la siguiente sección, exploraremos cómo usarlas y aprenderemos a controlar cualquier flujo asíncrono sin esfuerzo en JavaScript.

4.4.1. Uso de promesas

Veamos cómo funciona esto con un ejemplo simple usando `fetch` para hacer una solicitud a una **API (interfaz de programación de aplicaciones)** externa. Este ejemplo utilizará mi proyecto *simple-api* (https://github.com/UlisesGascon/simple-api), que está disponible en https://api.demo.foo/__/docs/ y es una **REST (Representational State Transfer) API** diseñada para hacer pruebas y prototipos rápidos.

En el siguiente ejemplo de código, realizaremos una solicitud de red y traeremos datos a nuestra aplicación usando Internet. Como esta operación requiere E/S de red, es asíncrona, por lo que necesitaremos usar promesas:

```
fetch('https://api.demo.foo/v1/todo')
  .then(response => response.json())
  .then(json => console.log(json))
  .catch(error => console.log(error));
```

La salida de este código será la siguiente:

```
[{
  "id": "fc3f31b9-8d98-42e9-aab3-1586f2273c3a",
  "title": "We need to input the digital DNS capacitor!",
  "completed": true  }
...
]
```

En este ejemplo, estamos utilizando la función `fetch` para hacer una solicitud a la API. La función devuelve una promesa, lo que nos permite emplear el método `then` para manejar el escenario satisfactorio, mientras que usamos el método `catch` para manejar posibles errores. Estamos utilizando el método `then` dos veces: la primera vez para extraer los datos en formato *JSON* de la respuesta y la segunda vez para imprimir el resultado en la consola. También estamos utilizando el método `catch` para imprimir cualquier error que tengamos en la consola.

4.4.2. Creando promesas

Puede crear una promesa utilizando el constructor `Promise`, que recibe un *callback* como argumento. Este *callback* recibe dos argumentos: `resolve` y `reject`. La función `resolve` se utiliza para resolver satisfactoriamente la promesa, y la función `reject` se utiliza para rechazar la promesa. Veamos cómo funciona este mecanismo con un ejemplo simple:

```
const setTimeoutPromise = (time) => {

  return new Promise((resolve, reject) => {

    setTimeout(() => {

      resolve();

    }, time);

  });

};

console.log('Before setTimeoutPromise');

setTimeoutPromise(1000).then(()  =>  console.log('one
second later'))

console.log('After setTimeoutPromise');
```

La salida de este código será la siguiente:

```
Before setTimeoutPromise

After setTimeoutPromise

one second later
```

En este ejemplo, la función `setTimeoutPromise` recibe un tiempo en milisegundos como argumento y devuelve una nueva promesa. Dentro de esta promesa, se utiliza `setTimeout` para resolver la promesa después del tiempo especificado, sin rechazarla (no se manejan errores en este caso, ya que `setTimeout` no falla, así que no requiere un `reject`).

Al ejecutar el código, primero se imprime `Before setTimeoutPromise` en la consola. Luego, se llama a `setTimeoutPromise` con un argumento de `1000` milisegundos (1 segundo). Sin embargo, el flujo del programa continúa sin esperar que se resuelva la promesa, imprimiendo `After setTimeoutPromise` inmediatamente después. Finalmente, una vez que transcurre el segundo, la promesa se resuelve, y el mensaje `one second later` se imprime en la consola como resultado del `.then()` adjunto a la llamada de `setTimeoutPromise`.

4.4.3. Infierno de los *callbacks* con promesas

Las promesas son una excelente manera de lidiar con las limitaciones que los *callbacks* introducen cuando necesitamos realizar múltiples operaciones asíncronas que deben ejecutarse en un orden consecutivo.

De este modo, las promesas manejan los errores más fácilmente, por lo que la legibilidad del código debería ser más clara y fácil de mantener a largo plazo.

En la sección anterior, vimos que el *callback hell* es algo muy real en JavaScript. El siguiente ejemplo es el mismo pseudocódigo de la sección anterior:

```
readFile("docs.md", (err, mdContent) => {

    convertMarkdownToHTML(mdContent,                  (err,
htmlContent) => {

        addCssStyles(htmlContent, (err, docs) => {

            saveFile(docs,  "docs.html",(err,  result)
=> {

                ftp.sync((err, result) => {
```

```
                        // ...
                })
            })
        })
    })
})
```

Ahora veamos cómo podemos resolver este problema usando promesas:

```
readFile("docs.md")
  .then(convertMarkdownToHTML)
  //    shortcut    for    .then(mdContent    =>
convertMarkdownToHTML(mdContent))
  .then(addCssStyles)
  .then(docs => saveFile(docs, "docs.html"))
  .then(ftp.sync)
  .then(result => {
    // ... other things
  })
  .catch(error => console.log(error));
```

Como puede ver, el código es mucho más fácil de leer y de modificar. Esta es una de las principales ventajas de usar promesas. Ahora los errores de todas las promesas se manejan en el último método `catch`, por lo que no necesitamos manejar los errores en cada promesa de forma individual, lo que hace que el código sea mucho más limpio.

4.4.4. Promesas en paralelo

Otra ventaja de usar promesas es que podemos ejecutar varias en paralelo. Básicamente, proporcionamos un *array* de promesas y elegimos una estrategia para manejar los resultados (`Promise.race()` o `Promise.all()`). Esta es una excelente manera de reducir el tiempo de ejecución, ya que estamos utilizando las habilidades de JavaScript para manejar operaciones de E/S de forma asíncrona.

En los siguientes ejemplos, utilizaremos esta función para generar promesas que se resuelven después de un tiempo aleatorio:

```
const randomTimeOutPromise = () => {
  return new Promise((resolve, reject) => {
    const time = Math.floor(Math.random() * 100);
    setTimeout(() => {
      console.log(`Promise resolved after ${time}ms`);
      resolve(time);
    }, time);
  });
};
```

La función `randomTimeOutPromise` devuelve una promesa. Esta promesa se resuelve de manera asíncrona después de un tiempo aleatorio, determinado por `Math.floor(Math.random() * 100)`, que genera un número entero entre 0 y 99 milisegundos.

Dentro de la promesa, se utiliza `setTimeout` para simular una operación asíncrona que tarda un tiempo aleatorio en completarse. Una vez que el tiempo especificado ha transcurrido, se ejecuta el *callback* de `setTimeout`, que realiza dos acciones: primero, imprime un mensaje en la consola indicando después de cuántos milisegundos se resolvió la promesa; y, segundo, llama a `resolve` con el tiempo como argumento indicando que la promesa se ha completado con éxito.

Ahora que tenemos una función asíncrona, podemos emplear varias estrategias para agrupar diversas solicitudes según nuestras necesidades específicas. En este caso, nuestro objetivo es iniciar varias solicitudes en paralelo y esperar su resolución.

`Promise.all()`: el método `all` retorna una promesa que se resuelve una vez que todas las promesas en el *array* que le hemos pasado se han resuelto. La promesa devuelta se resolverá con un *array* de los resultados de todas las promesas en el orden en que las definimos, no en el orden en que se han resuelto. Veamos cómo funciona esto con un ejemplo:

```
Promise.all([
    randomTimeOutPromise(),
    randomTimeOutPromise(),
    randomTimeOutPromise(),
    randomTimeOutPromise(),
    randomTimeOutPromise(),
]).then((results) => {
    console.log("results:", results);
});
```

La salida del código será algo así cuando todas las promesas se resuelvan con éxito:

```
Promise resolved after 0ms

Promise resolved after 26ms

Promise resolved after 31ms

Promise resolved after 37ms

Promise resolved after 62ms

results: [37, 31, 26, 62, 0]
```

Como puede ver, el método `then` se invocó cuando todas las promesas se resolvieron, y recibió un *array* con los resultados de cada promesa en el orden en que se agregan en el *array* de promesas inicialmente, no en el orden en que se resolvieron.

En el ejemplo anterior, todas las promesas se resolvieron con éxito, ya que se basan en `setTimeout`. Pero cuando confiamos en las promesas para acceder a recursos externos como archivos en nuestro sistema o para obtener datos de Internet, necesitamos tener en cuenta que estos recursos podrían no estar siempre disponibles. Por ejemplo, si Internet está caído, entonces una o varias promesas pueden fallar y esto hará que nuestra aplicación se bloquee. Obviamente, esta situación de bloqueo se puede evitar si manejamos los errores usando una declaración `catch`, pero incluso en ese caso hay que recordar que, si una sola promesa genera un error, las resueltas satisfactoriamente se ignorarán igual que si usamos una sola promesa.

`Promise.race()`: el método `race` devuelve una única promesa que se cumple o se rechaza tan pronto como una de las promesas termine satisfactoriamente o sea rechazada. Esto puede llevar a resultados inesperados si no se maneja cuidadosamente, ya que las promesas no dejarán de ejecutarse incluso si una de las promesas ya fue rechazada o completada con éxito:

```
Promise.race([
  randomTimeOutPromise(),
  randomTimeOutPromise(),
  randomTimeOutPromise(),
  randomTimeOutPromise(),
  randomTimeOutPromise(),
]).then((result) => {
  console.log("result:", result);
});
```

La salida de este código será algo así:

```
Promise resolved after 30ms
results: 30
Promise resolved after 33ms
Promise resolved after 60ms
Promise resolved after 79ms
Promise resolved after 83ms
```

Como puede ver, el método `then` se llamará cuando se resuelva la primera promesa, y recibirá el resultado de la primera promesa que se resuelva. Las otras promesas continuarán ejecutándose, pero el método `then` no se llamará de nuevo.

4.4.5. Manejo de errores

En los ejemplos anteriores, vimos la forma de manejar errores usando el método `catch`, pero hay otra forma de manejar errores: utilizando la función `reject`. Veamos cómo funciona esto con este ejemplo:

```
const generatePromise = shouldFail => {

  return new Promise((resolve, reject) => {

    if (shouldFail) {

      return reject(new Error("Rejected!"));

    }

    resolve("Success!");

  });

};

generatePromise(true).catch(error                  =>
console.log("Error message:",

error));

// Error message: Error: Rejected!

// ...
```

Es importante observar que la función `reject` no detendrá la ejecución del código, por lo que, en este caso, necesitamos añadir `return` antes de llamar a la función `reject`.

Debemos recordar que los rechazos de promesas no manejados correctamente pueden llevar a errores en tiempo de ejecución, que harán que su aplicación se bloquee. Aprenderemos más sobre esto en el Capítulo 15.

`Promise.finally()`: a veces, no nos importa si la promesa se resuelve o se rechaza; solo queremos saber cuándo ha sido resuelta o rechazada. Para este caso, podemos usar el método `finally`:

```
generatePromise(true)

  .then(result => console.log("Result:", result))
```

```
.catch(error => console.log("Error message:", error))
.finally(() => console.log("Promise settled"));
```

4.4.6. Encadenamiento de promesas

También podemos encadenar promesas; podemos retornar una nueva promesa en el método `then`, y esta promesa será resuelta antes de llamar al siguiente método `then`. El método `catch` se llamará si alguna de las promesas en la cadena falla. Veamos un ejemplo:

```
generatePromise()
  .then(generatePromise)
  .then(result => {
    return generatePromise(true);
  })
  .then(() => console.log("This will not be called"))
  .catch(error   =>   console.log("Error   message:",
error));
```

Cuando se llama a la tercera `generatePromise`, devolverá una promesa que será rechazada, por lo que el método `catch` se llamará y luego el último `then` no se ejecutará.

Hemos estado utilizando promesas durante algún tiempo, y la sintaxis puede ser bastante verbosa, ya que requiere el uso de palabras clave como `then` y `catch` constantemente. Una sintaxis más avanzada y estéticamente agradable implica usar `async` y `await`. Profundizaremos en este enfoque en la siguiente sección.

4.5. Uso de async y await para manejar código asíncrono

ES2017 introdujo una nueva forma de manejar código asíncrono: las palabras clave `async` y `await`. Estas palabras clave son azúcar sintáctico *(syntactic sugar)* para las promesas; no son una nueva forma de manejar código asíncrono, pero hacen que el código sea mucho más fácil de leer y escribir.

La palabra clave `async` se emplea para definir una función asíncrona, mientras que `await` se usa para pausar y esperar la resolución de una promesa dentro de ámbito *(scope)*. Usar la palabra `async` no convertirá su código en asíncrono; esto solo ocurrirá cuando realmente tenga un código asíncrono (una promesa). Para simplificarlo, podemos decir que para usar `await` necesitamos definir el bloque de código usando `async`. Vamos a explorar más en detalle cómo podemos usar `async`.

4.5.1. Async

Cuando una función se define con la palabra clave `async`, siempre devolverá una promesa que puede ser manejada como cualquier promesa regular. Veamos un ejemplo:

```
const asyncFun = async (generateError) => {
    if (generateError) {
        throw new Error("Error generated");
    }
    return 1;
};
asyncFun().then((result) => console.log(result));
asyncFun(true).catch((error) => console.log(error));
```

Como esto es azúcar sintáctico para promesas, podemos construir una función similar usando promesas:

```
const      asyncFun    =    (generateError)     =>      new
Promise((resolve, reject) =>
{
    if (generateError) {
        reject(new Error("Error generated"));
    }
    resolve(1);
});
asyncFun().then((result) => console.log(result));
asyncFun(true).catch((error) => console.log(error));
```

Ahora, nos vamos a familiarizar con `await`; podremos combinar ambas palabras clave sin problemas y eliminar la necesidad de usar `then` o `catch`.

4.5.2. Await

Veamos cómo podemos usar la palabra clave `await` para esperar promesas:

```
// Promises
fetch(' https://api.demo.foo/v1/todo')
   .then(response => response.json())
   .then(json => console.log(json))
   .catch(error => console.log(error));
// Async/Await
const fetchData = async () => {
```

```
try {

  const              response              =              await
fetch('https://api.demo.foo/v1/todo');

  const json = await response.json();

  console.log(json);

} catch (error) {

    console.log(error);

  }

}

fetchData(); // [{userId: 1, id: 1, title: 'delectus
aut autem', completed: false}]
```

Como puede ver, el código es mucho más fácil de leer y escribir usando
`async` y `await`. La palabra clave `await` solo puede ser utilizada dentro de
una función `async`. Necesitamos usar el bloque `try/catch` para manejar
los errores.

`Try/catch` es un mecanismo proporcionado por JavaScript que nos permite
encapsular cierto código dentro del bloque `try` y manejar cualquier posible
error con el bloque `catch`. En el ejemplo anterior, observamos que, como
estamos haciendo una solicitud HTTP, dependemos de factores externos,
como la conectividad a Internet o la capacidad del servidor externo para
devolver la información que estamos solicitando en nuestra petición. En este
caso específico, estamos «fallando silenciosamente» *(silently failing)* este
error, porque en el bloque `catch` solo imprimimos la información sobre el
error, pero en otros escenarios podríamos mostrar un mensaje de alerta en la
UI o activar una estrategia de reintento para realizar esta solicitud HTTP
nuevamente. Es importante recordar que, si no manejamos los errores

correctamente, nuestra aplicación podría bloquearse. Exploraremos este tema en detalle en el Capítulo 15.

Ahora, veremos cómo podemos combinar **Expresiones de Función Invocadas Inmediatamente (IIFE)** con `async` para emplear este azúcar sintáctico incluso en versiones antiguas de Node.js.

4.6. Funciones autoejecutables (IIFE)

En algunos casos, queremos usar la palabra clave `await` fuera de una función `async`; por ejemplo, cuando estamos usando la palabra clave `await` en el nivel superior de un módulo. En este caso, podemos usar una *Immediately Invoked Function Expression (IIFE)* para envolver la palabra clave `await` dentro de una función `async`. Una IIFE, o función autoejecutable, es una función que se ejecuta inmediatamente después de que se ha creado. Es un patrón de diseño que se utiliza para evitar contaminar el alcance global *(global scope)* con variables y funciones. En el siguiente ejemplo, podemos observar su sintaxis básica:

```
(function () {

  // ... some code here

})();
```

La idea es crear una función anónima y ejecutarla inmediatamente después de que se crea. Para lograr esto, necesitamos envolver la función entre paréntesis y, luego, agregar otro par de paréntesis para ejecutar la función: `(...)()`.

Podemos usar `async` y `await` dentro de una función autoejecutable fácilmente:

```
(async () => {
    const     response     =      await      fetch('
https://api.demo.foo/v1/todo ');
    const json = await response.json();
    console.log(json);
})()
```

Esto garantiza que el código se ejecutará inmediatamente después de que se cree, y podemos usar la palabra clave `await` dentro de la IIFE.

4.7. Resumen

En este capítulo, hemos aprendido sobre la programación asíncrona en JavaScript. Hemos explorado API asíncronas como `setTimeout` y `fetch`, y hemos aprendido a manejar código asíncrono usando *callbacks*, promesas y `async/await`. Además, hemos analizado la conveniencia de usar el patrón *error first* en los *callbacks* y cómo prevenir el *callback hell* usando promesas. Finalmente, hemos aprendido a manejar promesas, realizar operaciones por lotes usando los métodos `Promise.all` y `Promise.race`, y usar las palabras clave `async` y `await` para manejar código asíncrono de una manera más limpia.

En el próximo capítulo, aprenderemos sobre HTTP y sobre cómo funciona la web moderna usando REST API.

4.7.1. Lectura adicional

La programación asíncrona en JavaScript es un tema muy amplio que requiere mucho tiempo para dominarlo y comprenderlo completamente.

En los siguientes enlaces, descubrirá recursos valiosos que le ayudarán a profundizar en los temas cubiertos en este capítulo:

- *Ulises Gascón (live coding) | Issue 4: Historia de la asincronía en JavaScript y child processes con Nodejs y Firebase: https://github.com/UlisesGascon/livecoding-en-Twitch?tab=readme-ov-file#issue-4-histor%C3%ADa-de-la-asincron%C3%ADa-en-javascript-y-child-processes-con-nodejs-y-firebase*
- *JavaScript Promise in 100 Seconds: https://www.youtube.com/watch?v=RvYYCGs45L4*
- *Asynchrony: Under the Hood – Shelley Vohr – JSConf EU: https://www.youtube.com/watch?v=SrNQS8J67zc*
- *async/await in JavaScript – What, Why and How – Fun Fun Function: https://www.youtube.com/watch?v=568g8hxJJp4*
- *Refactoring Guru | State Pattern: https://refactoring.guru/es/design-patterns/state*

PARTE 2
Ecosistema y arquitectura de Node.js

En la Parte 2, aprenderá cómo usar las librerías principales de Node.js y las librerías de terceros utilizando el vasto ecosistema *npm*. Además, aprenderá a usar e implementar arquitecturas orientadas a eventos, y entenderá cómo usar *testing* e incluir pruebas unitarias *(unit testing)* en sus proyectos.

Esta parte incluye los siguientes capítulos:

- Capítulo 5, Librerías del *core* de Node.js
- Capítulo 6, Librerías de terceros y *npm*
- Capítulo 7, Arquitectura orientada a eventos
- Capítulo 8, *Testing* en Node.js

CAPÍTULO 5
Librerías del core de Node.js

En este capítulo, profundizaremos en las librerías del *core* de Node.js y exploraremos las técnicas para modularizar su código. JavaScript ha recorrido un largo camino superando las limitaciones de los navegadores, y Node.js nos ha ofrecido nuevas formas de estructurar nuestro código. Comenzaremos entendiendo las limitaciones históricas de organizar código en el navegador y cómo estas llevaron al desarrollo de varios sistemas de módulos. Nos centraremos en dos sistemas de módulos, **CommonJS (CJS)** y **Módulos ECMAScript (ESM)**, y discutiremos su uso y la forma de gestionar la importación y exportación de módulos. Lograr la interoperabilidad entre estos dos sistemas es crucial, y exploraremos estrategias para hacer que funcione sin problemas.

Entender cómo están estructuradas las librerías del *core* en Node.js es clave. Examinaremos más de cerca las librerías principales, incluyendo `fs` y `http`, que se ocupan de las operaciones sobre el sistema de ficheros, y estudiaremos el uso de *callbacks*, funciones síncronas y promesas para operaciones de E/S de naturaleza asíncrona.

Además, se discutirán temas más avanzados relacionados con la extensión de la funcionalidad de Node.js con *C++ addons* y la ejecución de comandos externos utilizando la librería `child_process`. También revisaremos las *command-line options* que ofrece Node.js y que permiten habilitar características experimentales o controlar la asignación de memoria RAM, entre otras. Finalmente, analizaremos cómo usar las variables de entorno que nos permiten personalizar el comportamiento de Node.js.

Estos son los principales temas que veremos en este capítulo:

- Cómo crear y consumir módulos utilizando los enfoques ESM y CJS.
- Cómo interoperar entre módulos ESM y CJS.
- Cómo están estructuradas las interfaces de las librerías del *core* de Node.js.
- Cuáles son las librerías del *core* de Node.js más relevantes al comenzar con Node.js.
- Cómo extender la funcionalidad de Node.js utilizando opciones de línea de comandos y la variable de entorno `NODE_OPTIONS`.

5.1. Requisitos técnicos

Vea el código en acción en el vídeo para este capítulo en https://youtu.be/WQzdXAFxdsc.

5.2. Modularizando su código (ESM versus CJS)

Durante muchos años, JavaScript estuvo limitado al *runtime* que ofrecían los navegadores, y la única forma de organizar nuestro código era usando archivos de *script* que se cargaban siguiendo un orden concreto definido en un archivo HTML. Esto se lograba incluyendo referencias específicas a los recursos que queríamos importar en los archivos HTML. Veamos un ejemplo:

```
<!-- External Sources -->
<script src="https://code.jquery.com/jquery-
3.7.0.min.js"></script>
<!-- Other files -->
<script src="script1.js"></script>
<!-- Direct Scripts -->
<script>
console.log("Hello world");
</script>
```

Este enfoque no era escalable, y era muy fácil contaminar el alcance global *(global scope)*. Para resolver este problema, históricamente usamos el patrón IIFE y el patrón de módulo. A medida que la adopción de JavaScript comenzó a crecer y la cantidad de JavaScript requerido para un sitio web moderno aumentaba considerablemente, la comunidad comenzó a crear librerías y *frameworks* para resolver estos problemas. Este proceso evolutivo generó librerías como *RequireJS* (https://requirejs.org/).

Durante muchos años, tuvimos cuatro formas diferentes de organizar nuestro código:

- CommonJS (CJS)
- ECMAScript Modules (ESM)
- Asynchronous Module Definition (AMD)
- Universal Module Definition (UMD)

En este libro, nos centraremos en los dos primeros enfoques: CJS y ESM. Actualmente, CJS es el sistema de módulos predeterminado en Node.js, pero desde la versión 12 de Node.js, ESM está disponible. En esta sección, exploraremos cómo crear y consumir módulos utilizando ambos enfoques.

Actualmente, en el entorno del navegador es muy común consolidar nuestro código utilizando un empaquetador de módulos *(module bundler)* como *webpack* o *Rollup*. Sin embargo, en Node.js seguimos utilizando CJS o ESM directamente. En esta sección, exploraremos cómo crear y consumir módulos utilizando ambos enfoques.

5.2.1. CommonJS (CJS)

CommonJS es el sistema de módulos que Node.js utiliza por defecto. Este sistema es síncrono, y se basa en las funciones `require` y `module.exports`. Es importante saber que este sistema de módulos no forma parte de la especificación ECMAScript, pero es el sistema de módulos más utilizado en el ecosistema de Node.js, especialmente si está buscando documentación o tutoriales.

Hay dos aspectos del uso de CJS que necesitamos entender: la importación y la exportación. Comencemos con la importación.

5.2.1.1.   Importación

Tenemos dos archivos en nuestro proyecto: `utils.js` e `index.js`. En este ejemplo, estamos importando la función `sayHello` del archivo `utils.js` en el archivo `index.js`, de la siguiente manera:

```
const sayHello = require('./utils.js');

sayHello();
```

La función `require` es una función global que está disponible en Node.js y se utiliza para importar módulos. La función `require` recibe una cadena como parámetro, y esta cadena es la ruta al módulo que queremos importar. En este caso, estamos utilizando una ruta relativa, pero también podemos usar rutas absolutas o incluso el nombre de un módulo que está instalado en la carpeta `node_modules`.

5.2.1.2. Exportación

En el siguiente ejemplo, estamos exportando la función `sayHello` en el archivo `utils.js`:

```
function sayHello() {
  console.log('Hello world');
}
module.exports = sayHello;
```

`Module.exports` es un objeto global que está disponible en Node.js, y se utiliza para exportar módulos. En este caso, estamos exportando la función `sayHello`, pero podemos exportar cualquier tipo de valor.

Si ejecuta el archivo `index.js`, verá la siguiente salida:

```
node index.js

# Hello world
```

Pero si ejecutamos el archivo `utils.js`, no veremos nada. Incluso si el archivo se ejecuta, la función `sayHello` no se ejecuta, porque solamente se define y se exporta:

```
node utils.js
```

5.2.1.3. Exportar estructuras de objetos

La estructura más popular para usar al exportar módulos es la estructura de objeto, ya que es muy flexible y nos permite exportar múltiples valores. Veamos cómo podemos usar el objeto `exports` en este contexto:

```
// You can export directly
exports.sayHello = () => {
  console.log('Hello world');
}
function sayGoodbye() {
  console.log('Goodbye world');
}
// You can also export using references
exports.sayGoodbye = sayGoodbye;
```

Pero también podemos exportar un objeto directamente utilizando module.exports = {}:

```
const sayHello = () => {
  console.log('Hello world');
}
function sayGoodbye() {
  console.log('Goodbye world');
}
module.exports = {
  sayHello,
  sayGoodbye
}
```

Recomiendo la opción anterior, ya que es más legible, al trabajar con archivos más grandes. Para importar los valores exportados, podemos usar la sintaxis de desestructuración que vimos en el Capítulo 3:

```
const { sayHello, sayGoodbye } = require('./utils.js');
sayHello();
sayGoodbye();
```

5.2.1.4. Soporte para *JSON*

Se pueden importar archivos *JSON* directamente a su proyecto en Node.js y no necesita usar ninguna librería externa ni parsear el contenido con `JSON.parse()`:

```
{
  "name": "John",
  "lastName": "Doe"
}
```

Ahora podemos importar el contenido del archivo directamente:

```
const user = require('./user.json');
console.log(user);
// { name: 'John', lastName: 'Doe' }
```

El sistema de módulos imita el patrón *Immediately Invoked Function Expression (IIFE)*, lo que significa que cuando un módulo es importado, su código se ejecuta inmediatamente y luego se almacena en la caché del sistema. De esta forma, si el mismo módulo es solicitado nuevamente, Node.js lo servirá desde la caché en lugar de ejecutar de nuevo su código. Esto convierte a cada módulo en un *singleton*, garantizando que se ejecute solo una vez y mejorando el rendimiento, independientemente de cuántas veces sea importado en diferentes partes de la aplicación.

Esta implementación tiene implicaciones importantes para el manejo de datos dinámicos. Por ejemplo, si importamos un archivo *JSON* como un módulo y luego modificamos el archivo *JSON* original, esos cambios no se reflejarán en las importaciones subsiguientes del módulo. Esto se debe a que, después de la primera importación y ejecución, el contenido del módulo ya ha sido leído y almacenado en la caché, y todas las importaciones futuras recuperarán el módulo directamente de esta caché, ignorando cualquier cambio realizado en el archivo fuente después de la primera lectura.

5.2.2. ECMAScript Modules (ESM)

Node.js 12 introdujo el soporte para ECMAScript Modules (ESM). ESM es el sistema de módulos que forma parte de la especificación ECMAScript. Este sistema de módulos admite módulos asíncronos (dinámicos) y se basa en las palabras clave `import` y `export`.

Para usar módulos con Node.js 20.11.0, necesitará crear un archivo `package.json` y agregar la siguiente configuración:

```
{

  "type": "module"

}
```

En el Capítulo 6, exploraremos en profundidad cómo crear un archivo `package.json` y cómo configurarlo.

5.2.2.1.   Uso básico

En el siguiente ejemplo, estamos exportando la función `sayHello` en el archivo `utils.js`:

```
export default function sayHello() {

  console.log('Hello world');

}
```

La palabra clave `export` se utiliza para exportar módulos. En este caso, estamos exportando la función `sayHello`, pero podemos exportar cualquier tipo de valor. Observe que estamos utilizando la palabra clave `default`; esto es porque estamos exportando un solo valor. Si queremos exportar múltiples valores, podemos usar la palabra clave `export` sin la palabra clave `default`.

En el siguiente ejemplo, importamos la función `sayHello` del archivo `utils.js`:

```
import sayHello from './utils.js';

sayHello();
```

5.2.2.2.   Exportar estructuras de objetos

La estructura más popular al exportar módulos es la estructura de objeto, ya que es muy flexible y nos permite exportar múltiples valores. Si queremos exportar múltiples valores, podemos usar la palabra clave `export`:

```
const sayHello = () => {

  console.log('Hello world');

}
function sayGoodbye() {

  console.log('Goodbye world');

}
export { sayGoodbye, sayHello };
```

En el siguiente ejemplo, importamos las funciones `sayHello` y `sayGoodbye` del archivo `utils.js` de varias maneras:

```
// Import values directly
import { sayHello, sayGoodbye } from './utils.js';
// Use wildcards to import all the exported values
import * as utils from './utils.js';
sayHello();
utils.sayHello();
```

5.2.2.3. Soporte para archivos *JSON*

Al usar ESM, no es posible importar archivos *JSON* directamente como lo hicimos para CJS. Si intentamos importar un archivo *JSON*, obtendremos el siguiente error:

```
TypeError [ERR_IMPORT_ASSERTION_TYPE_MISSING]: Module
"file:///
{REDACTED}/user.json" needs an import assertion of type
"json"
```

En el futuro, será posible importar archivos *JSON* directamente; hay una propuesta (https://github.com/tc39/proposal-import-attributes) que nos permitirá usar atributos de importación, como `import json from "./foo.json" with { type: "json" };`. Pero, por ahora, necesitamos usar una solución alternativa para importar archivos *JSON*. Podemos solucionar este error entendiendo cómo funciona la interoperabilidad entre ESM y CJS.

5.2.3. Entendiendo cómo funciona la interoperabilidad

Aunque ESM es el futuro, hay muchas librerías y *frameworks* que todavía soportan exclusivamente CJS. La buena noticia es que Node.js admite ambos sistemas de módulos, y es posible usar ambos en el mismo proyecto sin ningún problema, pero hay algunas consideraciones que debemos tener en cuenta para hacerlo funcionar.

> La interoperabilidad ha sido un tema muy controvertido en la comunidad de Node.js, y hay muchas discusiones técnicas al respecto. Si desea saber más, le recomiendo que lea este artículo de Gil Tayar: https://medium.com/@giltayar/native-es-modules-in-nodejs-status-and-future-directions-part-i-ee5ea3001f71.

5.2.3.1.   Archivos *JSON* en ESM

La limitación de no poder importar archivos *JSON* en módulos ESM puede superarse con la librería `module` incorporada en Node.js. Esta librería ofrece el método `createRequire`, que nos permite generar una función `require` compatible con el sistema de módulos CJS. Al utilizar esta función `require` generada, podemos importar archivos *JSON* de manera similar a como se haría en un entorno CJS, lo que nos permite acceder a sus contenidos como si fueran módulos:

```
import { createRequire } from "module";
const require = createRequire(import.meta.url);
const user = require("./user.json");
console.log(user);
// { name: 'John', lastName: 'Doe' }
```

Este enfoque nos brinda una solución práctica para integrar archivos *JSON* en aplicaciones que utilizan módulos ESM, manteniendo la compatibilidad y aprovechando las ventajas de ambos sistemas de módulos en Node.js. Aunque, en la práctica, para casos como este se recomienda usar directamente la librería `fs` de Node.js para leer archivos de datos en general.

5.2.3.2. Extensiones de archivo (.cjs y .mjs)

Para usar ambos sistemas de módulos en el mismo proyecto, necesitamos usar diferentes extensiones de archivo en nuestros archivos. La extensión `.mjs` se utiliza para módulos ESM y la extensión `.cjs` se utiliza para módulos CJS.

> Si está utilizando la extensión `.js` para sus archivos, Node.js intentará usar el sistema de módulos CJS por defecto, como si estuviera usando la extensión `.cjs`.

Esta sería la estructura de archivos de un proyecto que utiliza ambos sistemas de módulos:

```
├── index.cjs
├── index.mjs
├── utils.cjs
└── utils.mjs
```

El archivo `utils.cjs` es un módulo CJS:

```
const sayGoodbye = () => {
  console.log('Goodbye world');
}

module.exports = { sayGoodbye }
```

El archivo `utils.mjs` es un módulo ESM:

```
const sayHello = () => {

  console.log('Hello world');

}

export { sayHello }
```

El archivo `index.mjs` es un módulo ESM. Podemos combinar ambos sistemas de módulos en el mismo archivo, pero debemos usar diferentes extensiones de archivo:

```
import { sayHello } from './utils.mjs';

import { sayGoodbye } from './utils.cjs';

sayHello();

sayGoodbye();
```

El archivo `index.cjs` es un módulo CJS. En este caso, los módulos ESM no pueden ser importados directamente porque `require` fue diseñado como una función síncrona, y los módulos ESM son asíncronos. Pero podemos usar la función `import` para importar módulos ESM de forma asíncrona:

```
const { sayGoodbye } = require('./utils.cjs');

import("./utils.mjs").then(({ sayHello }) => {

    sayHello();

    sayGoodbye();

});
```

> Esta forma de importar módulos es parte del estándar, y se llama importación dinámica *(dynamic import)* (https://developer.mozilla.org/en-US/docs/Web/JavaScript/Reference/Statements/import#importaciones_dinámicas).

En este libro, utilizamos módulos ESM por defecto, pero utilizaremos módulos CJS cuando necesitemos usar interoperabilidad con otras librerías y *frameworks*.

Ahora que tenemos una idea más clara de cómo crear módulos en los diferentes formatos, exploremos en la siguiente sección cómo las API del *core* de Node.js utilizan un enfoque similar para exponer un gran número de funcionalidades que utilizaremos muy a menudo en nuestros proyectos.

5.3. Funcionamiento de las *core libraries*

A lo largo de los años, Node.js ha crecido mucho, y las librerías que componen el *core* también. Hay muchas librerías disponibles que podemos usar y es importante saber cómo están estructuradas para poder utilizarlas correctamente.

La mayoría de las librerías del *core* son bastante simples de usar y están estructuradas de manera muy similar. Una vez que sabemos usar una de ellas, podremos usar el resto sin ningún problema.

Además, podrá crear sus propias librerías y publicarlas en *npm*; de este modo, otros desarrolladores podrán utilizarlas fácilmente. Hablaremos de esto en el próximo capítulo.

5.3.1. La estructura de la librería

Veamos la librería `fs` como ejemplo. La librería `fs` se utiliza para trabajar con el sistema de archivos, y es una de las librerías más utilizadas en Node.js.

Cualquier librería que realiza operaciones de E/S es asíncrona por naturaleza. Históricamente, Node.js ha ofrecido dos formas de manejar operaciones de E/S: *callbacks* o funciones síncronas. Aunque los *callbacks* todavía son compatibles, Node.js actualmente ofrece la misma funcionalidad proporcionando una interfaz de promesa.

En este ejemplo, utilizaremos la función `readFile` para leer un archivo de forma asíncrona. La función recibe la ruta del archivo a leer y una función *callback* que será llamada cuando el archivo sea leído. La función *callback* recibe dos argumentos: un objeto de error y el contenido del archivo:

```
import { readFile } from 'node:fs';

readFile('hello.txt', (err, content) => {

  if (err)  {

    console.error("OMG, there is an error:", err);

    return;

  }

  console.log(`File content: ${content}`);

  // File content: Hello world

});
```

Cuando se ejecute el ejemplo anterior, se producirá un error, ya que el archivo `hello.txt` no existe. Sin embargo, manejamos el error utilizando el patrón de *error first* en el *callback*. Puede ver el mensaje de error `OMG, there is an error`.

Ahora, si se crea el archivo `hello.txt` con el contenido `Hello world` y se ejecuta de nuevo el script, se verá el contenido impreso como se esperaba.

En el siguiente ejemplo, utilizaremos la función `readFileSync` para leer un archivo de forma sincrónica. Esta función recibe la ruta del archivo a leer y devuelve el contenido del archivo:

```
import { readFileSync } from 'node:fs';
try {
  const content = readFileSync('hello.txt');
  console.log(`File content: ${content}`);
  // File content: Hello world
} catch (err) {
  console.error("OMG, there is an error:", err);
};
```

Finalmente, en este ejemplo, utilizaremos la función `readFile` en formato de promesa para leer un archivo de forma asíncrona. Esta función recibe la ruta del archivo a leer y devuelve una promesa que se resolverá cuando el archivo sea leído. La promesa se resolverá con el contenido del archivo:

```
import { readFile } from 'node:fs/promises';
readFile('hello.txt')
  .then(content    =>    console.log(`File    content:
${content}`))
  .catch(err   =>   console.error("OMG,   there   is   an
error:", err))
```

Es importante remarcar que, al usar métodos sincrónicos, el hilo principal de Node.js se bloqueará hasta que la operación de E/S se complete; esto se debe a la arquitectura mono hilo *(single threaded)* de Node.js, que vimos en detalle en el Capítulo 1.

Esto puede ser un problema en aplicaciones que necesitan manejar múltiples solicitudes simultáneamente. Por esta razón, se recomienda utilizar métodos asíncronos siempre que sea posible; pero en algunos casos, como en aplicaciones *command-line Interface (CLI)* o *scripting*, pueden ser muy útiles.

5.3.1.1. Librerías del *core* sin prefijo

Históricamente, Node.js ha proporcionado las librerías del *core* sin el prefijo `node:*`, como `const { readFile } from 'fs'`. Esto se mantiene principalmente por retrocompatibilidad en el tiempo, pero se recomienda usar la nueva sintaxis con el prefijo `node:*`.

En Internet encontrará muchos ejemplos que usan la sintaxis antigua. Puede encontrar más información en https://nodejs.org/api/modules.html.

5.3.1.2. Soporte CJS

Todas las librerías del *core* están disponibles como módulos CJS, por lo que puede usarlas en sus proyectos sin ningún problema y, por tanto, puede usar la función `require` para importarlas.

En la siguiente tabla, se muestra cómo importar las funciones `readFile` y `readFileSync` de la librería `fs` en formato CJS y ESM:

CJS	ESM
`const { readFile } = require('node:fs')`	`import { readFile } from 'node:fs'`
`const { readFileSync } = require('node:fs')`	`import { readFileSync } from 'node:fs'`
`const { readFile } = require('node:fs/promises')`	`import { readFile } from 'node:fs/promises'`
`const { readFile } = require('node:fs')`	`import { readFile } from 'node:fs'`
`const { readFileSync } = require('node:fs')`	`import { readFileSync } from 'node:fs'`

5.3.1.3.   Interfaces adicionales

Otras librerías del *core* que utilizará con frecuencia, como `http` o `https`, están estructuradas de manera similar y proporcionan, además, una interfaz para trabajar con eventos. Cubriremos este tema en profundidad en el Capítulo 7.

5.3.2. Índice de estabilidad

El índice de estabilidad *(stability index)* es un número que indica la estabilidad de las librerías del *core*. Es un número entre 0 y 3, donde 0 significa *deprecated*, 1 significa *experimental*, 2 significa *stable* y 3 significa *legacy*.

Puede encontrar el índice de estabilidad de cada librería en la documentación oficial, junto a información adicional sobre el índice de estabilidad en https://nodejs.org/dist/latest-v20.x/docs/api/documentation.html#stability-index.

Si está comenzando con Node.js, debe usar las librerías con índice de estabilidad 2 o 3. Las que tienen un índice de estabilidad de 0 o 1 no se recomiendan para entornos de producción.

Veamos algunos ejemplos de Node.js 20:

- *Permission Model* (https://nodejs.org/docs/latest-v20.x/api/permissions.html#permission-model): esta es una API que nos permite restringir el acceso a los recursos del sistema como la red o los archivos. Actualmente, está en desarrollo activo (`stability=1`), por lo que puede experimentar con ella, pero aún no está lo suficientemente madura como para usarla en el desarrollo de sistemas de producción, ya que la API podría cambiar en el futuro o tener comportamientos inesperados.
- `http` (https://nodejs.org/docs/latest-v20.x/api/http.html#http): Eesta es la API utilizada desde el comienzo de Node.js para construir aplicaciones de servidor web y hacer solicitudes HTTP a recursos externos. Actualmente, es estable (`stability=2`), pero algunos métodos son considerados *legacy* (`stability=3`). Esta librería es perfecta para usar en sistemas de producción.

5.3.3. Otras librerías del *core*

La librería `fs` es solo un ejemplo; en este libro, cubriremos las librerías más importantes, pero puede encontrar la documentación de todas las librerías de Node.js en https://nodejs.org/docs/latest-v20.x/api/index.html.

En mi opinión, estas son las librerías del *core* más importantes cuando está comenzando a usar Node.js, en orden alfabético:

- `buffer` maneja datos binarios de manera eficiente en memoria, y es comúnmente utilizado para tareas como operaciones con archivos y comunicación de red.
- `crypto` proporciona funcionalidades criptográficas básicas como cifrado, *hashing* y firmas digitales.
- `events` nos permite crear, emitir y escuchar eventos dentro de nuestras aplicaciones.
- `fs` proporciona una interfaz sólida para hacer operaciones *CRUD* con el sistema de archivos (archivos, carpetas, etc).
- `http` nos permite crear servidores HTTP y realizar peticiones HTTP.
- `os` ofrece varias utilidades para obtener información sobre la arquitectura del sistema, plataforma, CPU, memoria, interfaces de red y mucho más.
- `path` proporciona utilidades para trabajar con rutas de archivos y directorios.
- `process` proporciona información y control sobre aspectos del proceso actual de Node.js, incluyendo variables de entorno, eventos de ciclo de vida y más.
- `stream` proporciona flujos legibles y escribibles, así como flujos de transformación para modificar datos a medida que la información está siendo transferida. Este módulo es esencial para construir aplicaciones escalables y eficientes en memoria que trabajan con grandes volúmenes de datos en Node.js.
- `timers` incluye funciones como `setTimeout()`, `setInterval()`, y `setImmediate()`.

Hay otras librerías del *core* que son muy importantes para extender la funcionalidad de Node.js, pero no son tan relevantes cuando está comenzando con Node.js.

Por ejemplo, la librería `child_process` es esencial para ejecutar comandos externos como `ls` y `cat` desde Node.js, aplicaciones complejas como `ffmpeg` e `imagemagick`, e incluso directamente ejecutar *scripts* de Python.

Los C++ Addons (https://nodejs.org/dist/latest-v20.x/docs/api/addons.html) son muy importantes para extender la funcionalidad de Node.js con código C++. Esto es muy útil cuando necesita usar una librería de C++ en su aplicación de Node.js.

5.3.4. Command-line options

Node.js proporciona muchas opciones de línea de comandos *(command-line options)* y variables de entorno que pueden usarse para personalizar el comportamiento de Node.js. Puede encontrar la lista completa de opciones de línea de comandos en la documentación oficial en https://nodejs.org/dist/latest-v20.x/docs/api/cli.html#cli_command_line_options.

Por ejemplo, puede usar la opción de línea de comandos `--experimental-json-modules` para habilitar los módulos *JSON* en ESM, como `node --experimental-json-modules index.js`.

El código del archivo `index.js` es el siguiente:

```
import data from './data.json' assert { type: 'json' };
console.log(data);
```

La salida del terminal indicará que los módulos *JSON* son experimentales:

```
(node:21490) ExperimentalWarning: Import assertions are not a stable
```

feature of the JavaScript language. Avoid relying on their current

behavior and syntax as those might change in a future version of Node.

js.

(Use `node --trace-warnings ...` to show where the warning was

created)

(node:21490) ExperimentalWarning: Importing JSON modules is an

experimental feature and might change at any time

Además de habilitar características experimentales, puede usar la opción de línea de comandos `--max-old-space-size` para aumentar el límite de uso de RAM de Node.js. Esto es muy útil cuando está trabajando con archivos grandes, tiene muchos datos en memoria o está depurando un *memory leak* (fuga de memoria) complicado.

Por ejemplo, puede usar la opción de línea de comandos `--max-old-space-size=4096` para aumentar el límite de RAM a 4GB: `node --max-old-space-size=4096 index.js`.

No puede usar toda la RAM de su computadora, porque el sistema operativo y otras aplicaciones también necesitan algo de RAM para funcionar correctamente.

5.3.4.1. Variables de entorno

Puede usar variables de entorno para personalizar el comportamiento de Node.js. La lista completa de variables de entorno está disponible en la documentación https://nodejs.org/dist/latest-v20.x/docs/api/cli.html#cli_environmental_variables.

A veces es más conveniente usar variables de entorno en lugar de opciones de línea de comandos directamente, como cuando se usan sistemas basados en UNIX:

```
# Define the environmental variable

export   NODE_OPTIONS='--experimental-json-modules,--max-old-space-size=4096'

# Run the Node.js application as usual

node index.js
```

El código anterior le permite usar la variable de entorno `NODE_OPTIONS` para establecer las opciones de línea de comandos que desea utilizar. Esto es muy práctico cuando utilizamos una herramienta como `nodemon` o `pm2` para ejecutar su aplicación Node.js. Usaremos muchas variables de entorno a partir del Capítulo 12.

5.4. Resumen

En este capítulo, hemos analizado cómo funcionan los módulos en Node.js, las diferencias entre CJS y ESM, y cómo interoperar entre ellos.

Además, hemos visto las librerías *core* de Node.js, cómo usarlas, su estructura y el índice de estabilidad. Hemos enumerado las librerías más importantes al comenzar con Node.js y otras librerías que se vuelven esenciales en proyectos más avanzados.

Finalmente, hemos aprendido a usar las opciones de línea de comandos *(command-line options)* y las variables de entorno *(environmental variables)* para modificar el comportamiento de Node.js.

En el próximo capítulo, aprenderemos a usar el **node.js package manager (npm)**, o gestor de paquetes de node.js, en profundidad. Publicaremos nuestro primer paquete y veremos cómo podemos integrar el enorme ecosistema de módulos disponible en nuestros proyectos de Node.js.

5.4.1. Lectura adicional

- *Ulises Gascón (live coding) | Issue 5: Child processes con Nodejs y Firebase: https://github.com/UlisesGascon/livecoding-en-Twitch?tab=readme-ov-file#issue-5-child-processes-con-nodejs-y-firebase*
- *Node.js documentation: https://nodejs.org/dist/latest-v20.x/docs/api/documentation.html#documentation_stability_index*
- *Keeping the Node.js core small: https://medium.com/the-node-js-collection/keeping-the-node-js-core-small-137f83d18152*
- *Moz://a Hacks | ES6 In Depth: Modules: https://hacks.mozilla.org/2015/08/es6-in-depth-modules*
- *Promises API in Node.js Core: Part "Do", the Update! - Joe Sepi, IBM: https://www.youtube.com/watch?v=f7YSsYQmNSI*

CAPÍTULO 6
Librerías de terceros y npm

Node Package Manager (npm) es uno de los gestores de paquetería
(package manager) de *software* más populares en el mundo. Hay más de dos
millones de paquetes disponibles que se pueden usar. En este capítulo,
exploraremos cómo usar los comandos *npm* y *npx*. Además, aprenderemos
qué son las librerías isomórficas y cómo elegir las dependencias correctas
para nuestro proyecto, para que podamos minimizar los riesgos. Como
práctica final, publicará su primer paquete en *npm*.

En este capítulo, también exploraremos cómo usar paquetes de terceros en
nuestros proyectos. Esto nos permitirá reutilizar código de otras personas y
ahorrar tiempo y esfuerzo. Exploraremos juntos el vasto ecosistema de
paquetes de Node.js y aprenderemos a elegir las librerías correctas para
nuestros proyectos.

Estos son los principales temas que veremos en este capítulo:

- Administrar cualquier aplicación usando el fichero `package.json`.
- Elegir las dependencias correctas para su proyecto.

- Instalación y eliminación de dependencias.
- Entender el fichero `package-lock.json`.
- Administración de versiones de dependencias.
- Construir código JavaScript isomórfico.
- Uso de *scripts* en *npm*.
- Ejecución de paquetes directamente con *npx*.
- Alternativas a *npm*.
- Publicando su primer paquete en *npm*.

6.1. Requisitos técnicos

Vea el código en acción en el vídeo para este capítulo en https://youtu.be/B-7vZyAfi2U

6.2. Administrando su aplicación con el *package.json*

Cuando instala Node.js, *npm* se instala también. *Npm* es el gestor de paquetes de Node.js por defecto y se utiliza para instalar, actualizar y eliminar dependencias de nuestros proyectos; además, nos permite publicar nuestros propios paquetes.

Un paquete es una librería de JavaScript que podemos usar en nuestras aplicaciones para acelerar el proceso de desarrollo de nuestros propios proyectos. Cuando instalamos un paquete, *npm* descarga el paquete y todas sus dependencias y las guarda en la carpeta `node_modules` de nuestro proyecto; cada uno de ellos será una dependencia de nuestro proyecto.

Hay muchos tipos diferentes de paquetes, desde muy simples, como una función que puede decirnos si un número es impar o no (https://www.npmjs.com/package/is-odd), hasta librerías muy complejas que pueden ayudarnos a usar Firebase (https://firebase.google.com/?hl=es) para almacenar información de nuestros usuarios en una base de datos (https://www.npmjs.com/package/firebase). Es bastante común usar muchas librerías en un solo proyecto, y algunas empresas crean sus propias librerías privadas para distribuir utilidades, configuraciones y muchas más cosas a través de sus múltiples bases de código.

El archivo `package.json` es el manifiesto de nuestro proyecto, ya que contiene los metadatos más relevantes (como el nombre, la versión, la descripción, el autor y la licencia). También detalla las dependencias de nuestro proyecto y sus versiones, tanto las dependencias de tiempo de ejecución *(production dependencies)* como las dependencias de desarrollo *(development dependencies)*, y contiene los *scripts* que podemos ejecutar directamente con *npm*.

Para crear un archivo `package.json`, podemos ejecutar el siguiente comando:

```
npm init
```

Este comando nos hará algunas preguntas, y luego creará el archivo `package.json`. Para una creación aún más rápida, puede usar `npm init -y` para crear automáticamente el archivo con los valores sugeridos por defecto.

También podemos crear el archivo `package.json` manualmente, pero se recomienda usar el comando `npm init`.

El archivo `package.json` puede ser muy simple, como este:

```json
{
  "name": "my-project",
  "version": "1.0.0",
  "description": "My project",
  "main": "index.js",
  "scripts": {
    "test": "echo \"Error: no test specified\" && exit 1"
  },
  "author": "John Doe",
  "license": "MIT"
}
```

Pero también puede ser un archivo muy grande con muchas dependencias, *scripts* y metadatos adicionales. Actualmente, no existe un estándar oficial para el archivo `package.json`, pero hay esfuerzos para crearlo en el Standards Working Group de la OpenJS Foundation (https://github.com/openjs-foundation/standards/issues/233).

Actualmente, podemos consultar la documentación de *npm* para saber qué campos podemos usar en el archivo `package.json`. La documentación está disponible en https://docs.npmjs.com/cli/v7/configuring-npm/package-json.

En las siguientes secciones, veremos algunos de los campos más importantes en el archivo `package.json` y cómo usarlos en nuestros proyectos.

6.3. Elegir las dependencias correctas para su proyecto

Es cierto que el ecosistema de *npm* es muy sólido y crece cada día. Pero también es verdad que muchos paquetes ya no se mantienen, o que incluyen vulnerabilidades de seguridad y problemas de rendimiento.

La comunidad es consciente de esto y hay muchas bromas y memes sobre este tema. Por ejemplo, la siguiente imagen:

Figura 6.1 «Npm delivery», por MonkeyUser, un meme clásico que muestra cuántas dependencias tendemos a incluir en nuestros proyectos (https://www.monkeyuser.com/2017/npm-delivery/).

Aunque esto es una broma basada en el enorme número de dependencias y subdependencias que instalamos en un proyecto promedio, es cierto que debemos tener cuidado al elegir las dependencias para nuestros proyectos. En esta sección, veremos cómo elegir las dependencias correctas.

La mayoría de los paquetes dependen de otros paquetes, y esos paquetes dependen de otros paquetes, y así sucesivamente. Esto se llama el **árbol de dependencias** *(dependency tree)*. Cuando instalamos un módulo, estamos instalando todas las dependencias de ese paquete, y todas las dependencias de sus dependencias, y así sucesivamente. Por eso es importante elegir las dependencias correctas para nuestros proyectos.

Antes de elegirlas, debemos hacernos las siguientes preguntas:

- ¿Cuáles son los riesgos asociados a la elección de una mala dependencia?
- ¿Cuáles son los criterios que debo usar para elegir una dependencia?

¡Veamos las respuestas a estas preguntas!

6.3.1. Riesgos

Actualmente, estamos acostumbrados a usar dependencias. Sería muy difícil, o directamente imposible, construir aplicaciones web modernas sin usar dependencias.

Cuando elegimos una dependencia, estamos asumiendo un riesgo. Veamos cuáles son los principales riesgos asociados con la elección de una mala dependencia:

- **Vulnerabilidades de seguridad:** una dependencia puede tener vulnerabilidades de seguridad o incluso ser un código malicioso.
- **Problemas de rendimiento:** una dependencia puede tener problemas de rendimiento y generar fugas de memoria *(memory leaks)* que pueden afectar el rendimiento de nuestra aplicación e incluso hacerla fallar por completo.
- **Problemas de mantenimiento:** una dependencia puede dejar de ser mantenida, y puede ser deprecada *(deprecated)* en el futuro. Esto puede hacer que nuestra aplicación deje de funcionar en el futuro o nos impida actualizar otras dependencias o incluso la versión de Node.js por problemas de compatibilidad.

En 2020, publiqué una controvertida entrada de blog titulada «*What is a backdoor? Let's build one with Node.js*» (¿*Qué es una puerta trasera? Construyamos una con Node.js*) (https://snyk.io/blog/what-is-a-backdoor/). En esa entrada de blog, expliqué que una puerta trasera o *backdoor* es un fragmento de código que nos permite acceder a un sistema sin pasar por el proceso de autenticación. También expliqué cómo construir una puerta trasera con Node.js usando unas pocas líneas de código y demostré lo fácil que era publicar y distribuir un paquete malicioso.

Sé que la seguridad es un tema muy sensible, especialmente si está comenzando su viaje en el desarrollo web. El Capítulo 15 de este libro está dedicado a la seguridad, y allí exploraremos esta cuestión en profundidad.

Para minimizar los riesgos, necesitamos elegir las dependencias correctas para nuestros proyectos. Veamos cómo hacer eso.

6.3.2. Buenos criterios

Hay muchos criterios que podemos usar para elegir las dependencias correctas para nuestros proyectos. En esta sección, veremos algunos de los más importantes.

6.3.2.1. ¿Qué estamos tratando de evitar?

Intentamos evitar lo siguiente:

- Paquetes que ya no estén mantenidos o que estén deprecados *(deprecated)*.
- Paquetes que tienen vulnerabilidades de seguridad conocidas y que no están parcheados.
- Paquetes que tienen muchas dependencias o dependencias de baja calidad.
- Paquetes que no son populares o son de baja calidad.
- Paquetes con problemas de licencia.

6.3.2.2. ¿Qué evidencia tenemos?

Vamos a hacer un poco de OSINT básico antes de instalar cualquier paquete, y vamos a revisar dos fuentes de datos en detalle: el sitio web de *npm* y el repositorio de código o su repositorio GitHub.

> *Inteligencia de fuentes abiertas, Open Source Intelligence (OSINT), hace referencia al conocimiento recopilado a partir de fuentes de acceso público. El proceso incluye la búsqueda, selección y adquisición de la información, así como un posterior procesado y análisis de la misma con el fin de obtener conocimiento útil y aplicable en distintos ámbitos (Asier Martínez, en INCIBE).*
> *https://www.incibe.es/incibe-cert/blog/osint-la-informacion-es-poder)*

6.3.2.3. Ejemplo real

En este libro, vamos a usar la librería *Express*. *Express* es una librería muy popular para Node.js, y se utiliza para construir aplicaciones web y API. En esta imagen, podemos ver en detalle cómo la librería *Express* se muestra en el sitio web de *npm*:

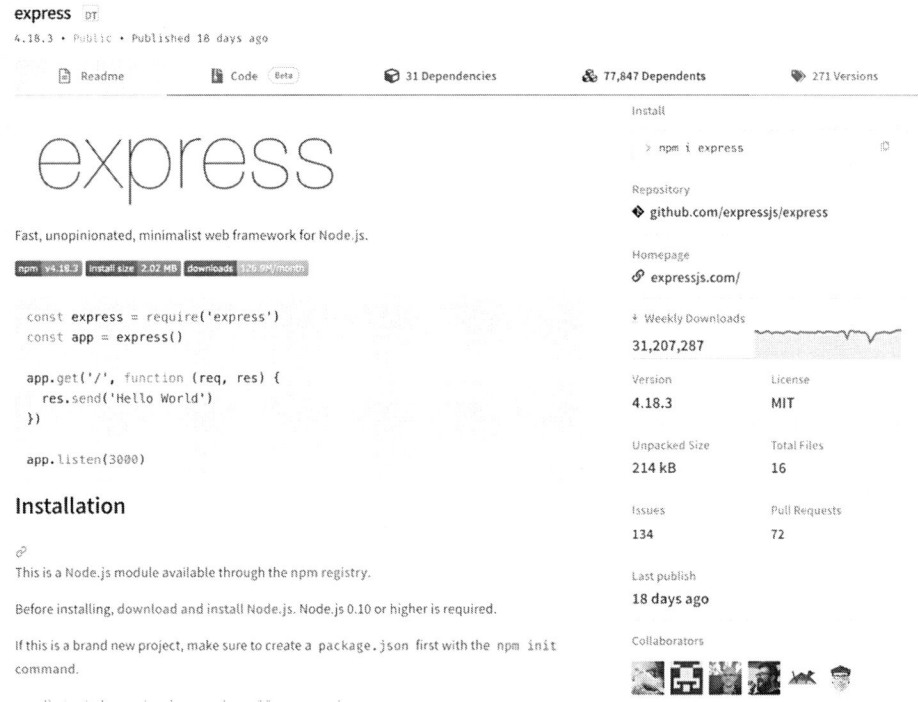

Figura 6.2 Paquete de la librería Express *en* npm *(https://www.npmjs.com/package/express).*

Desde el sitio web de *npm*, podemos ver la siguiente información:

- Tiene 31 *dependencies*, la mayoría de las cuales son muy populares y están bien mantenidas por los mismos mantenedores de *Express*.

- Tiene 77.847 *dependents*, lo que significa que muchos otros autores de paquetes están usando *Express* en sus librerías.
- Se han publicado 271 versiones.
- Tiene más de 31 millones de descargas semanales, lo que significa que *Express* es un paquete muy popular para la comunidad de Node.js.
- Una licencia MIT, que es una licencia permisiva y válida como código abierto.
- Documentación clara y sólida.
- Fue publicado por última vez hace unos días, lo que significa que el paquete se mantiene y se actualiza regularmente.

Desde *npm*, podemos acceder al repositorio de GitHub del paquete. En la siguiente imagen, podemos ver en detalle cómo se muestra la librería *Express* en el sitio web de GitHub:

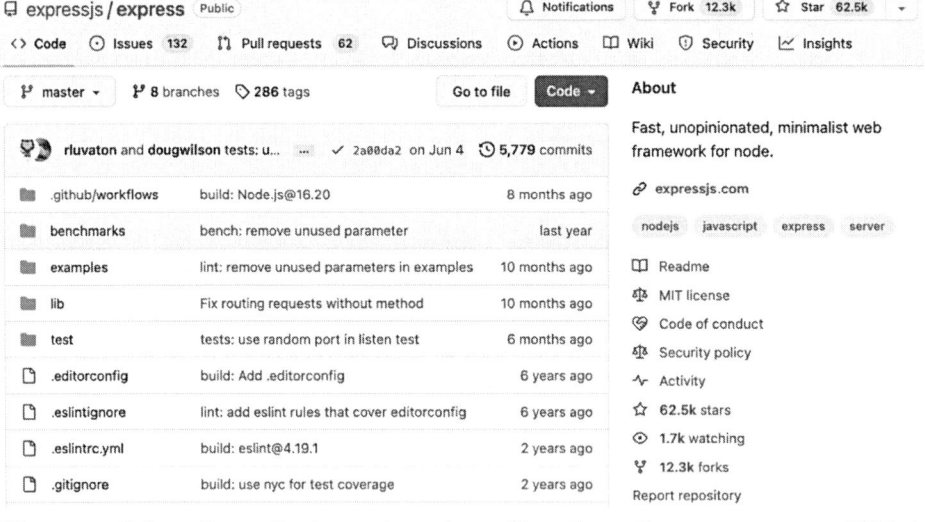

Figura 6.3 Repositorio de la librería Express *en GitHub (https://github.com/expressjs/express).*

Desde el sitio web de GitHub, podemos ver la siguiente información:

- Tiene más de 12.300 *forks,* lo que significa que muchas personas están contribuyendo al proyecto.
- Tiene más de 60.000 *estrellas*, lo que significa que el proyecto es popular en la comunidad.
- Tiene más de 5.000 *commits*, lo que significa que el proyecto tiene una larga historia.
- Tiene más de 3.000 *issues* cerrados, más de 130 *issues* abiertos, más de 1.000 *pull requests* cerradas y más de 60 *pull requests* abiertas, lo que significa que el proyecto está activo.
- Tiene casi 300 contribuyentes *(contributors),* lo que significa que muchas personas están contribuyendo al proyecto y lo están haciendo evolucionar.

Como podemos ver, tenemos mucha información entre el sitio web de *npm* y el repositorio de GitHub, al menos para tomar una primera decisión, especialmente si queremos comparar varios paquetes. La oferta es enorme y a veces es difícil elegir el paquete correcto.

6.3.2.4. Excepciones a las reglas

Necesitamos ser bastante flexibles con las reglas que hemos visto antes porque muy a menudo podemos encontrar excepciones a las reglas.

Por ejemplo, *johnny-five* o *J5* (https://www.npmjs.com/package/johnny-five) es una gran librería para usar cuando se trabaja con *Arduino* y *Raspberry Pi* en Node.js. Pero las descargas totales por semana son muy bajas. En este caso, necesitamos considerar que, proporcionalmente, hay muchas menos personas trabajando con *Arduino* y *Raspberry Pi* que desarrollando aplicaciones web con *Express*, por ejemplo.

Otro ejemplo es *Lodash* (https://www.npmjs.com/package/lodash), que es una librería muy popular y es usada por muchas otras librerías. Pero la última versión fue publicada hace tres años. En este caso, necesitamos considerar que el proyecto está en una fase de maduración muy alta, y no está evolucionando más, ya que solo sacan nuevas versiones cuando es necesario.

6.3.2.5. Avisos de deprecación

A veces, podemos encontrar un paquete que está deprecado *(deprecated)*. En este caso, deberíamos evitar usarlo. Podemos encontrar un aviso de deprecación en el sitio web de *npm*, en el repositorio de GitHub, o cuando instalamos el paquete.

This package has been deprecated

Author message:

```
Package no longer supported. Use at your own risk.
```

Figura 6.4 Imagen de la documentación de npm *que muestra cómo son los avisos de deprecación en* npm *(https://docs.npmjs.com/packages-and-modules/updating-and-managing-your-published-packages/deprecate-package.png).*

Muy a menudo, en el aviso de deprecación, podemos encontrar una recomendación para usar otro paquete. En este caso, deberíamos seguir la recomendación siempre que nos sea posible.

6.3.2.6. Herramientas

En el análisis OSINT anterior, respondimos a la mayoría de nuestras preguntas, pero no respondimos a las preguntas sobre vulnerabilidades conocidas. Hoy en día, recomiendo utilizar dos herramientas para comprobar las vulnerabilidades conocidas: *Snyk* (https://snyk.io/) y *socket.dev* (https://socket.dev/).

En el Capítulo 15, veremos en detalle cómo utilizar correctamente estas herramientas; necesitará entender cómo funciona el árbol de dependencias y cómo se clasifican las vulnerabilidades. De lo contrario, estas herramientas pueden ser muy confusas para los principiantes.

En la siguiente sección, aprenderemos cómo instalar las dependencias en nuestros proyectos.

6.4. Instalación de dependencias

Ahora que sabemos cómo elegir las dependencias correctas para nuestros proyectos, y ya tenemos un `package.json`, podemos empezar a instalar nuestras dependencias.

6.4.1. Local o global

Podemos instalar las dependencias de dos maneras, local o globalmente:

- **Local:** son dependencias que se instalan en la carpeta `node_modules` de nuestro proyecto. Por ejemplo, *express* es una dependencia local de nuestra aplicación.
- **Global:** son dependencias que se instalan en una carpeta global de nuestro sistema, por lo que están disponibles desde cualquier lugar de nuestro sistema, como el binario de Node.js, disponible cuando abrimos la terminal.

Priorizaremos instalar las dependencias localmente porque es más fácil gestionar las dependencias de nuestro proyecto y evitar conflictos entre diferentes proyectos. Instalaremos dependencias globalmente solo cuando sea estrictamente necesario.

Un ejemplo de una dependencia que instalaremos globalmente es *yeoman*, una herramienta de *scaffolding*, que utilizaremos para generar un nuevo proyecto.

6.4.2. Dependencia o dependencia de desarrollo

Podemos instalar las dependencias del proyecto de dos maneras, como una dependencia o como una dependencia de desarrollo:

- **Dependencia:** son esenciales para el funcionamiento de la aplicación. Se instalan porque el código de la aplicación las necesita para ejecutarse correctamente en el entorno de producción. Un ejemplo clásico es *express* en aplicaciones web Node.js. Estas dependencias se listan en el archivo `package.json` en la sección `dependencies`.

- **Dependencia de desarrollo:** son importantes solo durante el desarrollo y la fase de prueba de la aplicación. No se necesitan en producción, ya que su propósito es asistir en tareas como el *linting* (por ejemplo, *eslint*) o el *testing* (por ejemplo, *jest*). Estas herramientas ayudan a mejorar la calidad del código y automatizan procesos de desarrollo, pero no son necesarias para que la aplicación funcione después de ser desplegada. Estas dependencias se listan en el archivo `package.json` en la sección `devDependencies`.

Existe un modo adicional para instalar dependencias: **Peer Dependencies**. No cubriremos este modo en este libro, pero puede encontrar más información y casos de uso en este *post* del blog: https://nodejs.org/en/blog/npm/peer-dependencies.

Esta distinción ayuda a mantener ligero el entorno de producción, al evitar la instalación de paquetes innecesarios, lo que puede mejorar el tiempo de inicio, la eficiencia de la aplicación y su seguridad.

6.4.3. Añadiendo una nueva dependencia

Si queremos instalar el paquete *express*, podemos usar el siguiente comando:

```
# npm install <package-name>

npm install express
```

Podemos instalar el paquete *standard* como una dependencia de desarrollo. Las dependencias de desarrollo son aquellas que necesitamos cuando estamos realmente desarrollando el proyecto, pero no se utilizan cuando el proyecto se está desplegado o está distribuido como una librería. Como *standard* es una herramienta de *linting*, la utilizaremos solo cuando añadamos o modifiquemos código, pero no la utilizaremos mientras la aplicación esté en ejecución. Esta segmentación de las dependencias tiene muchos beneficios, ya que nuestras aplicaciones finales serán más pequeñas (ignorando las dependencias de desarrollo) y más seguras, al tener menos código externo. Podemos usar el argumento -D o --save-dev para instalar dependencias de desarrollo:

```
# npm install --save-dev <package-name>

# npm install  -D <package-name>

npm install --save-dev standard
```

Veremos que el archivo `package.json` ha sido actualizado con las nuevas dependencias en dos secciones diferentes: `dependencies` y `devDependencies`:

```
{

  "dependencies": {

    "express": "^4.18.3"

  },

  "devDependencies": {

    "standard": "^17.1.0"

  }

}
```

También se ha añadido un nuevo archivo, `package-lock.json`, y se ha creado la carpeta `node_modules` con el código fuente de nuestras nuevas dependencias estructuradas en carpetas.

En la próxima sección exploraremos cómo funciona el archivo `package-lock.json`.

La carpeta `node_modules` no debe incluirse con el repositorio del proyecto si está utilizando Git o cualquier otro sistema de control de versiones para gestionar su código fuente, ya que es una carpeta que ocupa mucho espacio en disco y puede contener miles de archivos. En su lugar, debe incluir el archivo `package.json` y el archivo `package-lock.json` en el repositorio, y esperar que se instalen las dependencias de forma local con el comando `npm install`.

Es una buena práctica incluir la carpeta `node_modules` en el archivo `.gitignore` para evitar incluirla en el repositorio. Si necesita un archivo `.gitignore` sólido para Node.js, puede generar uno (https://www.toptal.com/developers/gitignore/api/node).

Las dependencias globales se instalan con el argumento `-g` o `--global`:

```
# npm install --global <package-name>

# npm install -g <package-name>

# Install yeoman globally

npm install --global yo
```

Puede ver la lista de dependencias globales con el comando `list` o `ls`:

```
# npm list --global

# npm ls --global

npm list --global
```

La salida de este comando será algo así:

```
/Users/ulises/.nvm/versions/node/v20.11.0/lib

├── corepack@0.23.0

├── npm@10.2.4

└── yo@5.0.0
```

6.4.4. Instalando todas las dependencias

Si queremos instalar todas las dependencias que están listadas en el archivo `package.json`, podemos usar el comando `install` o `i` sin ningún argumento:

```
npm install
```

También podemos usar el argumento `--omit` para instalar solo las dependencias de producción y omitir las dependencias de desarrollo:

```
npm install --omit=dev
```

En la siguiente sección, explicamos cómo eliminar correctamente las dependencias de nuestros proyectos.

6.4.5. Eliminando dependencias

Se puede eliminar una dependencia utilizando el comando `uninstall`:

```
# npm uninstall <package-name>
npm uninstall express
```

Este comando eliminará la dependencia de los archivos `package.json` y `package-lock.json` y de la carpeta `node_modules`.

Las dependencias globales se eliminan con el argumento `-g` o `--global`:

```
# npm uninstall --global <package-name>
# npm uninstall -g <package-name>
# Remove yeoman globally
npm uninstall --global yo
```

En la próxima sección veremos cómo el archivo `package-lock.json` puede ayudarnos a gestionar nuestras dependencias.

6.5. Entendiendo el package-lock.json

Históricamente, el archivo `package.json` era el único archivo que necesitábamos para gestionar las dependencias de nuestro proyecto. Pero este archivo tiene un problema: no contiene la versión exacta de cada subdependencia (dependencias de dependencias) que hemos instalado en nuestro proyecto y también es bastante lento a la hora de instalar las dependencias, ya que tiene que construir un árbol de dependencias *(dependency tree)* cada vez que hacemos cambios.

Además, por defecto, cuando agreguemos una dependencia a nuestro proyecto, notaremos que la versión de la dependencia viene precedida por un signo de intercalación *(caret)* ^; por ejemplo, `"express": "^4.18.3"`. Este símbolo tiene un propósito específico: indica que, al instalar o actualizar las dependencias, *npm* puede instalar cualquier versión *minor* o de *patch* más reciente que sea compatible con la versión *major* especificada. En este caso, *npm* permitirá la instalación de cualquier versión de `express` que sea `4.x.x`, siempre y cuando no sea menor a `4.18.3`.

No tener la versión exacta de cada subdependencia puede ser un problema porque, si instalamos la misma dependencia en dos entornos diferentes, podemos terminar con versiones diferentes de la misma dependencia. La falta de inmutabilidad en nuestras dependencias puede llevar a errores inesperados que son bastante complicados de depurar.

El archivo `package-lock.json` es un archivo que se genera automáticamente cuando instalamos una nueva dependencia y también acelera la instalación de las dependencias porque contiene la versión exacta de cada una y la fuente de donde proviene.

El archivo puede ser enorme, pero la estructura por cada una de las distintas dependencias es bastante simple:

```
{

    "node_modules/express/node_modules/debug": {

        "version": "2.6.9",

        "resolved":
"https://registry.npmjs.org/debug/-/debug-

2.6.9.tgz",

        "integrity":                         "sha512-
bC7ElrdJaJnPbAP+1EotYvqZsb3ecl5wi6Bfi6BJTUcNowp6cvspg0

jXznRTKDjm/E7AdgFBVeAPVMNcKGsHMA==",

        "dependencies": {

            "ms": "2.0.0"

        }

    }

}
```

Como puede ver, se incluye la versión exacta, así como las propiedades resolved e integrity, que se utilizan para validar el origen de la dependencia y para evitar manipulaciones con los datos en tránsito, ya que la propiedad integrity proporciona un *checksum*. También se incluye la propiedad dependencies para listar las subdependencias con la versión exacta.

> El package-lock.json debe distribuirse con el código fuente del proyecto y debe ser incluido en el repositorio; básicamente, debe ser tratado como package.json en términos de distribución.

Ahora que sabemos cómo clasificar y organizar las dependencias en nuestros proyectos, es hora de explorar cómo instalar versiones específicas y cómo detectar dependencias desactualizadas.

6.6. Gestionando versiones de las dependencias

Si queremos instalar una versión específica de un paquete, podemos usar el símbolo @. Puede ser tan específico como quiera:

```
# npm install <package-name>@<version>
npm install express@4
npm install express@4.17
npm install express@4.17.1
```

6.6.1. Dependencias desactualizadas

Eventualmente, las dependencias que hemos instalado en nuestro proyecto estarán desactualizadas, y necesitaremos actualizarlas. Para verificar si tenemos alguna dependencia desactualizada, podemos usar el comando `outdated`:

```
npm outdated
```

Este comando enumerará todas las dependencias desactualizadas, e incluirá la versión actual, la versión deseada y la última versión disponible:

```
Package  Current  Wanted  Latest  Location
  Depended by

express   3.21.2  3.21.2  4.18.3  node_modules/express
  my-project
```

Ahora que tenemos claro cómo manejar las dependencias desactualizadas, es hora de explorar, en la siguiente sección, cómo crear código JavaScript isomórfico que se puede ejecutar en todos los entornos de ejecución (navegadores y Node.js)

6.7. Construyendo JavaScript isomórfico

JavaScript isomórfico es un término que se utiliza para describir el código JavaScript que puede funcionar tanto en el navegador como en Node.js. En otras palabras, es una librería que se puede utilizar indistintamente en ambos entornos y de forma transparente para nosotros. Para hacerlo, se limitará a las características que están disponibles en ambos entornos.

Por ejemplo, no puede usar el módulo `fs` en el navegador, y tampoco puede usar el objeto `window` en Node.js.

A veces, instalamos dependencias en nuestros proyectos que están diseñadas para ser utilizadas en el navegador e intentamos usarlas en Node.js, y viceversa. Este es un error común que necesitamos evitar.

La mayoría de los proyectos especificarán para qué entorno están diseñados. Aquí hay un ejemplo de *Lodash* (https://lodash.com/):

```
Installation
In a browser:

<script src="lodash.js"></script>

Using npm:

$ npm i -g npm
$ npm i --save lodash

In Node.js:

// Load the full build.
var _ = require('lodash');
// Load the core build.
var _ = require('lodash/core');
// Load the FP build for immutable auto-curried iteratee-first data-last methods.
var fp = require('lodash/fp');
```

Figura 6.5 Imagen de la documentación de Lodash *que explica en detalle cómo instalar la librería en ambos entornos (https://lodash.com/).*

Sin duda, *Lodash* está diseñado para ser utilizado en Node.js y en el navegador, y podemos ver cómo se instala en ambos entornos en la documentación oficial.

En la siguiente sección, aprenderemos cómo usar los *scripts* de *npm (npm scripts)* para mejorar nuestra experiencia de desarrollo mientras construimos proyectos de Node.js.

6.8. Usando *scripts* de *npm*

Los *scripts* de *npm* son comandos que podemos definir en el archivo `package.json`. Estos comandos pueden ser ejecutados usando el comando run:

```
# npm run <script-name>

npm run lint
```

Esto es muy útil porque podemos definir nuestros propios comandos y podemos usarlos para automatizar tareas. Por ejemplo, podemos definir un comando para ejecutar el *linter* en nuestro proyecto:

```
{
    "scripts": {
        "lint": "standard",
        "lint:fix": "standard --fix"
    },
    "devDependencies": {
        "standard": "^12.0.1"
    }
}
```

Luego, podemos ejecutar el siguiente comando:

```
npm run lint
npm run lint:fix
```

Los *scripts* de *npm* son, básicamente, atajos para ejecutar comandos de terminal que podríamos ejecutar de forma manual en la terminal. Por lo tanto, puede construir cosas bastante complejas, como iniciar/detener un servidor, ejecutar *tests* unitarios, preparar la infraestructura del proyecto o incluso desplegar su aplicación en Internet.

Esta es una característica muy poderosa que podemos usar para automatizar tareas en nuestros proyectos, especialmente cuando estamos trabajando en un equipo y queremos asegurarnos de que todos están ejecutando los mismos comandos, o cuando estamos trabajando con herramientas de integración continua *(continuous integration)*.

Usaremos *scripts* de *npm* en los próximos capítulos para automatizar tareas en nuestros proyectos.

6.9.   Ejecutando paquetes directamente con *npx*

Desde la versión 5.2.0, *npm* incluye una nueva herramienta llamada `npx`, que nos permite ejecutar paquetes sin instalarlos globalmente. Esto es muy útil para usar librerías que solo se ejecutan una vez. Veamos un ejemplo para profundizar en su funcionamiento.

Digamos que tenemos un proyecto con dependencias desactualizadas y queremos actualizarlas:

```
{
  "dependencies": {
    "express": "^3.21.2",
    "lodash": "^1.3.1"
  },
  "devDependencies": {
    "standard": "^17.1.0"
  }
}
```

Como vimos en la sección anterior, podemos usar el comando `outdated` de *npm* para verificar qué dependencias están desactualizadas, pero el proceso de actualización es un poco más complejo, ya que necesitamos actualizar cada dependencia manualmente o modificar el `package.json` directamente.

Afortunadamente, existe un paquete llamado *npm-check-updates* (https://www.npmjs.com/package/npm-check-updates), que nos permite actualizar todas las dependencias en nuestro proyecto. Aprendamos cómo usarlo:

```
npx npm-check-updates
```

Este comando enumerará todas las dependencias desactualizadas y mostrará la nueva versión que está disponible:

```
express   ^3.21.2   →   ^4.18.3

lodash    ^1.3.1    →   ^4.17.21
```

Luego, podemos usar la bandera -u para actualizar todas las dependencias:

```
npx npm-check-updates -u
```

El paquete `npm-check-updates` ofrece muchas opciones para personalizar el proceso de actualización. Puede consultar la documentación en https://www.npmjs.com/package/npm-check-updates para obtener más información.

Las dependencias se han actualizado en `package.json`, y solo necesitamos ejecutar `npm install` para que los cambios surtan efecto:

```
{

  "dependencies": {

    "express": "^4.18.3",

    "lodash": "^4.17.21"

  },

  "devDependencies": {
```

```
    "standard": "^17.1.0"

  }

}
```

Ahora, podemos avanzar un paso más y automatizar este proceso usando *scripts* de *npm*, por lo que, en el futuro, aceleraremos este proceso. Hacemos esto simplemente agregando los siguientes *scripts* a su archivo `package.json`:

```
{

    "scripts": {

        "deps:check": "npx npm-check-updates",

        "deps:upgrade": "npx npm-check-updates -u &&
npm install"

    }

}
```

Este fue un gran ejemplo de cómo puede combinar los *scripts* de *npm* y *npx* para automatizar tareas en sus proyectos y mejorar la experiencia del desarrollador para otros colaboradores, ya que pueden ejecutar el mismo comando para actualizar las dependencias cuando sea necesario.

Además, esta combinación es excelente para las herramientas de integración continua, ya que puede ejecutar los mismos comandos en su *pipeline*.

Pero lo más importante es que no necesitamos instalar ningún paquete global o local, por lo que mantiene sus dependencias al mínimo.

En la siguiente sección vamos a aprender más sobre las alternativas actuales a *npm*.

6.10. Alternativas a *npm*

Con los años, *npm* se ha convertido en el administrador de paquetes estándar para JavaScript, pero hay otras alternativas que puede usar en sus proyectos.

La mayoría de las alternativas son compatibles con el registro de *npm*, por lo que puede usar los mismos paquetes que usaba con *npm* y puede cambiar entre gestores de paquetería sin mayor problema.

Cada alternativa tiene sus propias ventajas y desventajas, por lo que necesita evaluar cuál es la mejor para su proyecto. La mayoría de las veces, *npm* será la mejor opción, pero es bueno saber que hay otras alternativas diseñadas para resolver escenarios muy específicos.

Presentemos algunas de ellas.

6.10.1. Yarn

Yarn (https://yarnpkg.com/) es un administrador de paquetes creado por Facebook y lanzado en 2016. Fue creado para resolver algunos problemas específicos que *npm* tenía en ese momento, pero, con los años, *npm* ha mejorado mucho y ha resuelto la mayoría de los problemas que Yarn resolvió originalmente.

6.10.2. PNPM

PNPM (https://pnpm.js.org/) es un administrador de paquetes que utiliza un enfoque diferente para instalar dependencias. En lugar de instalar las dependencias en la carpeta `node_modules`, crea una sola carpeta para todas las dependencias del proyecto. Este enfoque tiene algunas ventajas, como el uso de espacio en disco y el uso de la red.

6.10.3. Verdaccio

Verdaccio (https://verdaccio.org/) es un registro privado de *npm* que puede usar para alojar sus propios paquetes. Esto es excelente si quiere tener un registro privado para su empresa o si quiere tener un *mirror* del registro de *npm*.

> Verdaccio es una estupenda herramienta si tiene problemas de conectividad o si quiere experimentar con el registro de *npm* antes de publicar paquetes.

En la siguiente sección aprenderemos a publicar y distribuir nuestros propios paquetes para que podamos reutilizar nuestro código en diferentes proyectos. Con su uso, ofreceremos la posibilidad a otras personas de usar las librerías que hemos construido en nuestros proyectos.

6.11. Publicando nuestro primer paquete

Hemos visto cómo instalar paquetes desde el registro de *npm*, pero también podemos publicar nuestros propios paquetes y distribuirlos. Esto es muy bueno si queremos compartir nuestro código con otras personas o si queremos reutilizar nuestro código en otros proyectos.

Veamos cómo publicar nuestro primer paquete en el registro de *npm*.

6.11.1. Registros

Antes de comenzar, necesitamos entender cómo funciona el registro de *npm*. El registro de *npm* es un repositorio público donde se almacenan todos los paquetes. Este es el registro predeterminado que usa *npm*, pero también puede usar otros registros disponibles, como Verdaccio (https://verdaccio.org/) o GitHub Packages (https://github.com/features/packages).

Usaremos el registro de *npm* en este capítulo, pero el proceso es muy similar para otros registros. Algunas personas, por comodidad, prefieren publicar sus paquetes en varios registros de forma simultánea.

Si quiere publicar un paquete privado, es más común usar un registro privado como Verdaccio o GitHub Packages; pero si quiere publicar un paquete público, el registro de *npm* es la mejor opción.

6.11.2. Cuenta de *npm*

Antes de poder publicar nuestros paquetes, necesitamos crear una cuenta en el registro de *npm*. Puede crear una cuenta en el sitio web de *npm* (https://www.npmjs.com/signup) siguiendo los pasos en la siguiente sección (https://docs.npmjs.com/creating-a-new-npm-user-account).

6.11.3. Preparar el paquete

Comencemos creando una nueva carpeta para nuestro paquete con el nombre `my-first-package`.

Crearemos un archivo `package.json` con el siguiente contenido:

```json
{
  "name": "@USERNAME/demo-package",
  "version": "1.0.0",
  "description": "Sample package: Node.js for beginners",
  "main": "index.mjs",
  "scripts": {
    "test": "echo \"Error: no test specified\" && exit 1"
  },
  "author": "YOUR NAME",
  "license": "MIT"
}
```

Necesitará reemplazar `@USERNAME` con su nombre de usuario de *npm*, que en mi caso es `@ulisesgascon`, y también cambiar la propiedad `author` por su nombre.

Luego, crearemos un archivo `index.mjs` con el siguiente contenido:

```javascript
function sum(a, b) {
  return a + b
}
export { sum }
```

El último paso es incluir un archivo `README.md` con alguna información sobre el paquete:

```
# Sample package: Node.js for beginners

This is a sample package to learn how to publish
packages in npm.

## Installation

```bash
npm install @USERNAME/demo-package
```

Usage
```js
import { sum } from '@USERNAME/demo-package'
console.log(sum(1, 2))
```
```

Reemplace @USERNAME con su nombre de usuario de *npm*, como hicimos anteriormente con el `package.json`.

Este es un paquete muy simple, pero es suficiente para mostrar cómo publicar un paquete en el registro de *npm*.

6.11.4. Revisando el paquete

Ahora que tenemos nuestro paquete listo, podemos publicarlo en el registro de *npm*. Para hacer eso, necesitamos ejecutar el siguiente comando en la terminal:

```
npm publish --dry-run
```

El flag `--dry-run` es opcional, pero es una buena idea usarlo la primera vez para entender mejor lo que va a suceder. Este comando le mostrará los archivos que se van a publicar y alguna información adicional sobre el paquete.

```
npm notice

npm notice 📦   @ulisesgascon/demo-package@1.0.0

npm notice === Tarball Contents ===

npm notice 188B .vscode/settings.json

npm notice 267B README.md

npm notice 55B  index.mjs

npm notice 272B package.json

npm notice === Tarball Details ===

npm notice name:          @ulisesgascon/demo-package

npm notice version:       1.0.0

npm notice filename:      ulisesgascon-demo-package-
1.0.0.tgz

npm notice package size:  617 B

npm notice unpacked size: 782 B
```

```
npm                                              notice
shasum:          cb55a05cdfb52f9dbd4b074d4940bfb5ad698d8
f
```

```
npm            notice           integrity:     sha512-
MDdDzLyysuWJS[...]H92x5C6Vvi0iA==
```

```
npm notice total files:    4
```

```
npm notice
```

```
npm notice Publishing to https://registry.npmjs.org/
with tag latest
```

```
and default access (dry-run)
```

```
+ @ulisesgascon/demo-package@1.0.0
```

Como puede ver, hay un archivo que no es necesario: `.vscode/settings.json`. Este archivo es utilizado por Visual Studio Code para configurar el editor, pero no es necesario en el paquete. Podemos eliminarlo agregando un archivo `.npmignore` con el siguiente contenido:

```
.vscode
```

Este archivo le dirá a *npm* que ignore la carpeta `.vscode` al publicar el paquete. Si ejecuta el comando nuevamente, verá que el archivo no está incluido en el paquete:

```
npm notice === Tarball Contents ===
```

```
npm notice 267B README.md
```

```
npm notice 55B  index.mjs
```

```
npm notice 272B package.json
```

```
npm notice === Tarball Details ===
```

6.11.5. Publicar el paquete

Ahora que tenemos nuestro paquete listo, podemos publicarlo en el registro de *npm*. Para hacerlo, necesitamos ejecutar el siguiente comando en la terminal:

```
npm publish --access public
```

El flag `--access public` hace que este paquete esté disponible en abierto para el mundo, por lo que cualquier persona con acceso a Internet podrá descargar su paquete.

Puede ver, en la salida, que el paquete se publica en el registro de *npm*:

```
npm notice

npm notice Publishing to https://registry.npmjs.org/
with tag latest

and public access

+ @ulisesgascon/demo-package@1.0.0
```

Si va al sitio web de *npm* (https://www.npmjs.com/) y busca su paquete, lo verá en los resultados de búsqueda. También puede acceder a la página del paquete directamente utilizando la siguiente URL: https://www.npmjs.com/package/@USERNAME/demo-package (reemplace @USERNAME con su nombre de usuario de *npm*, en mi caso @ulisesgascon).

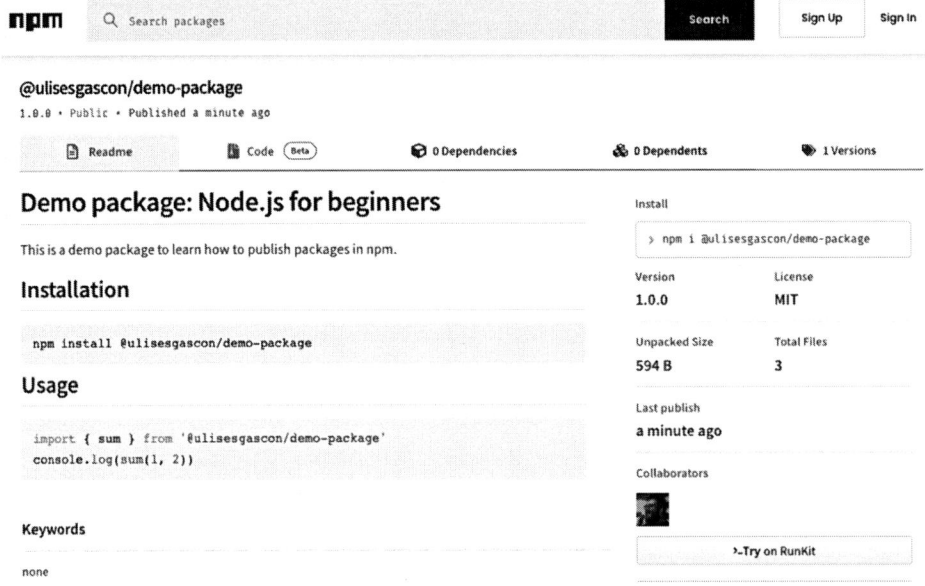

Figura 6.6 El paquete publicado en el registro de npm.

6.11.6. Nombres de paquetes

La gestión de nombres en el registro de *npm* puede ser un desafío, debido a la vasta cantidad de paquetes ya existentes. Publicar un paquete sin un *scope* (alcance) es factible, pero encontrar un nombre único que no esté ya ocupado es complicado. Por ello, se recomienda utilizar el *scope* asociado a su cuenta de *npm*, como `@USERNAME/demo-package`, lo que no solo facilita la distinción de tus paquetes sino que también evita conflictos de nombres con paquetes de otros usuarios.

A pesar de esto, si decide publicar un paquete sin *scope*, como `my-great-demo-package`, y el nombre está disponible, es importante recordar que el nombre del paquete queda fijado una vez publicado. Cambiar el nombre de un paquete ya publicado no es posible; la única opción sería publicar un nuevo paquete con un nuevo nombre y deprecar el anterior.

> Esta práctica asegura claridad y mantiene la integridad del ecosistema de paquetes, pero también destaca la importancia de elegir cuidadosamente el nombre desde el principio.

6.11.7. Lanzar nuevas versiones

Hagamos algunos cambios para mejorar nuestro paquete. Añadiremos una nueva función `multiply` al archivo `index.mjs`:

```
function sum(a, b) {

    return a + b

}

function multiply(a, b) {

    return a * b

}

export { sum, multiply }
```

También lo reflejaremos en la documentación del proyecto, en este caso en el archivo `README.md`:

```
## Usage

```js

import { sum, multiply } from '@ulisesgascon/demo-package'

console.log(sum(1, 2))

console.log(multiply(5, 2))

```
```

Ahora, ya estamos listos para publicar nuevamente el paquete usando `npm publish --access public`, pero, si ejecutamos el comando, veremos que se ha generado un error:

```
npm notice Publishing to https://registry.npmjs.org/
npm ERR! code E403
npm     ERR!     403     403     Forbidden     -     PUT
https://registry.npmjs.  org/@ulisesgascon  %2fdemo-
package - You cannot publish over the previously
published versions: 1.0.0.
```

Esto se debe a que olvidamos cambiar el número de versión en el archivo `package.json`, por lo que necesitamos hacerlo antes de publicar el paquete de nuevo. Siempre debemos seguir el versionamiento semántico *(SemVer)* (https://semver.org/), por lo que en este caso cambiaremos el número de versión a `1.1.0`. Como es un cambio *minor*, podemos hacer este cambio usando el comando `npm version minor` y, como resultado, veremos que `package.json` ha sido actualizado como se esperaba:

```
{
  "version": "1.1.0",
}
```

Ahora, podemos publicar el paquete de nuevo y veremos un mensaje exitoso en la terminal:

```
npm notice
npm notice Publishing to https://registry.npmjs.org/
+ @ulisesgascon/demo-package @1.1.0
```

Si revisamos nuevamente la URL de *npm*, encontraremos la nueva versión disponible y los cambios que hicimos en la documentación:

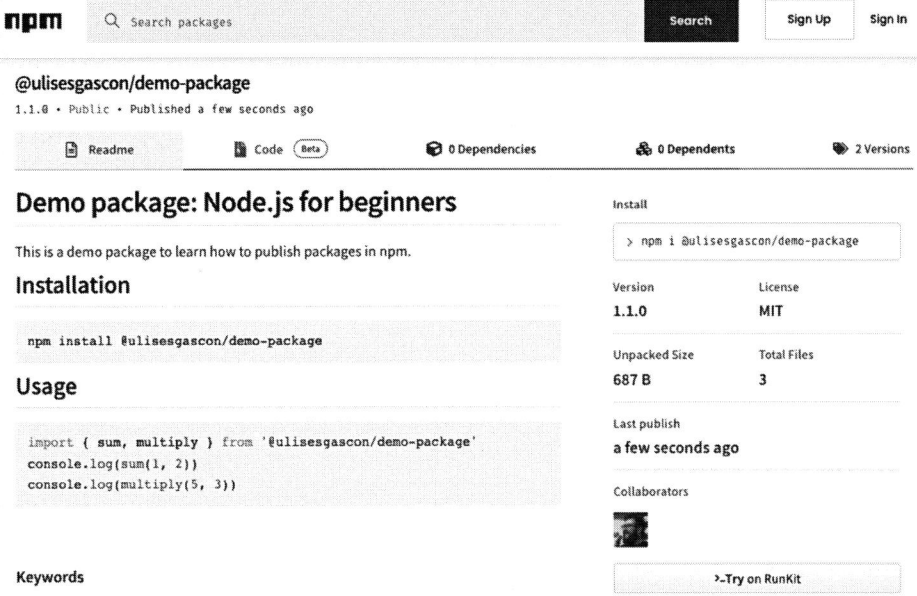

Figura 6.7 El paquete publicado actualizado en npm.

6.11.8. Prevenir la publicación accidental

Aunque no es muy común, es posible publicar un paquete por error, por lo que es buena idea prevenir este caso agregando la propiedad `private` al archivo `package.json` si usted no tiene previsto publicar el paquete:

```
{
  "private": true
}
```

6.11.9. Mejores prácticas

Ahora que sabemos cómo crear y publicar un paquete, es hora de hablar sobre la calidad. Los mejores paquetes tienen un estándar alto y siguen las mejores prácticas.

Algunas de las mejores prácticas son bastante avanzadas, por lo que no las cubriremos en este libro, pero aquí hay dos grandes recursos para aprender más sobre ellas:

- *Best practices for creating a modern npm package with security in mind (https://snyk.io/blog/best-practices-create-modern-npm-package/)*
- *10 npm Security Best Practices (https://snyk.io/blog/ten-npm-security-best-practices/)*

6.12. Resumen

En este capítulo, hemos explorado cómo crear un paquete desde cero, y cómo instalar y mantener nuestras dependencias a lo largo del tiempo. Hemos aprendido a usar el archivo `package.json` para administrar nuestras dependencias, y a usar el archivo `package-lock.json` para bloquear las versiones de las dependencias.

Además, hemos usado los *scripts* de *npm* para automatizar tareas, y hemos analizado estrategias para usar las dependencias globales y *npx* para ejecutar comandos sin instalarlos globalmente.

Finalmente, hemos aprendido a crear nuestros propios paquetes, a publicarlos en el registro de *npm* y a actualizarlos con el tiempo.

En el próximo capítulo, aprenderemos cómo aprovechar la arquitectura orientada a eventos en Node.js para crear nuestros propios eventos y suscribirnos. Profundizaremos en cómo las librerías *core* como `http` usan eventos para notificarnos sobre solicitudes entrantes y mucho más. También construiremos nuestro primer servidor web usando la librería `http`.

6.12.1. Lectura adicional

- *Happy Developers, Healthy Modules - Together We Can Do This - Michael Dawson, IBM (https://www.youtube.com/watch?v=e7tj_IbHEF4)*
- *What is npm, and why do we need it? | Tutorial for beginners (https://www.youtube.com/watch?v=P3aKRdUyr0s)*
- *Package.json vs Package-lock.json (https://www.atatus.com/blog/package-json-vs-package-lock-json/)*
- *Best practices for creating a modern npm package with security in mind (https://snyk.io/blog/best-practices-create-modern-npm-package/)*
- *What is a backdoor? Let's build one with Node.js (https://snyk.io/blog/what-is-a-backdoor/)*
- *Juan Picado @ NodeTLV 22 - Deep dive into Verdaccio, a lightweight Node.js registry (https://www.youtube.com/watch?v=qRMucS3i3kQ&)*
- *Isaac Schlueter: How npm Works (https://www.youtube.com/watch?v=ShRDgdvlZQ8)*
- *Leveling up Monorepos with npm Workspaces - Ruy Adorno, DevOps.js Conference 2022 (https://www.youtube.com/watch?v=A-pWrajferM)*
- *Ashley Williams | You don't know npm (https://www.youtube.com/watch?v=g3_e5Sp9vd4)*

CAPÍTULO 7
Arquitectura orientada a eventos

Los eventos son una de las formas más poderosas de usar JavaScript. Desde el principio, Node.js se diseñó para construir módulos orientados a eventos. Muchas librerías del *core* ofrecen una interfaz de eventos que se puede usar y extender fácilmente. Además, Node.js proporciona una sólida librería de eventos, llamada `node:events`, que permite hacer aplicaciones consistentes con la arquitectura orientada a eventos.

En este capítulo, nos adentramos en los eventos en Node.js. Aprenderemos a usar los eventos de las librerías del *core*, desde el registro de nuevos suscriptores *(event listener)* hasta la emisión de eventos *(event emitter)*, y analizaremos el manejo de múltiples suscriptores para el mismo evento.

Construiremos nuestro primer servidor HTTP usando eventos, y discutiremos la organización de los suscriptores y la limpieza posterior.

Estos son los principales temas que veremos en este capítulo:

- Introducción a los eventos.
- Cómo observar cambios en archivos.

- Cómo usar librería emisora de eventos de Node.js.
- Construir nuestro primer servidor HTTP.
- Cómo agregar una capa de eventos a nuestros módulos.

Al final de este capítulo, sabrá usar los eventos e incluso incluir una interfaz sólida de eventos en sus módulos.

7.1. Requisitos técnicos

Vea el código en acción en el vídeo para este capítulo en https://youtu.be/opZER2MY1Yc

7.2. Introducción a los eventos

En el mundo real, los eventos son sucesos. Por ejemplo, cuando se hace clic en un botón, se dispara un evento de clic. Cuando se recibe un mensaje, se dispara un evento de mensaje recibido. Cuando se guarda un archivo, se dispara un evento de archivo guardado. Los eventos están presentes en todas partes. En Node.js, los eventos también están en todas partes.

Cuando hablamos de eventos en Node.js, estamos hablando del mismo concepto que en el mundo real. Los eventos son sucesos, y los producimos o los consumimos como suscriptores. En algunos casos, una entidad produce el evento y otra lo consume. En otros casos, la misma entidad produce y consume el evento. Esto puede ser muy flexible; incluso es posible que muchas entidades consuman el mismo evento, o que muchas entidades produzcan el mismo evento al mismo tiempo.

Si está familiarizado con el mundo del *frontend*, posiblemente haya implementado *event handlers* cuando se hace clic en un botón; algo similar al siguiente ejemplo:

```
document.getElementById('my-
button').addEventListener('click', () => {
    console.log('Button clicked');
});
```

En este caso, el método `addEventListener` recibe dos argumentos: el nombre del evento al que nos suscribimos y la función de *callback*. La función de *callback* será llamada cuando se dispare el evento. De este modo, el nombre del evento es `click`, pero puede suscribirse a muchos otros eventos, como `mouseover`, `mouseout`, `keydown`, `keyup`, `change` y `submit`.

Si ha trabajado con otros lenguajes de programación, es posible que haya oído hablar de los patrones observador *(observer)*, pub/sub *(publish/subscribe)* y mediador *(mediator)*. En este capítulo, exploraremos cómo usar la librería de eventos de Node.js para construir módulos orientados a eventos y veremos cómo las librerías del *core* están utilizando esta arquitectura.

Una de las mejores formas de familiarizarse con los eventos es utilizando la API del *core* de Node.js para manejar archivos. Nosotros podemos suscribirnos a eventos y reaccionar, por ejemplo, cuando un archivo es modificado. En la siguiente sección, veremos este tema en detalle.

7.3. Observando cambios en los archivos

Como ya estamos familiarizados con la librería `fs` para el manejo del sistema de ficheros con Node.js, vamos a construir un *script* sencillo que observe los cambios en ciertos archivos. Para ello, usaremos el método `fs.watch`, que nos permite observar los cambios que se puedan producir. Este método recibe dos argumentos: la ruta al archivo a observar y una función de *callback* que será invocada cuando el archivo sufra modificaciones. La función de *callback* recibe dos argumentos: el tipo de evento (`eventType`) y el nombre del archivo (`filename`). El tipo de evento puede ser `rename` o `change`. El evento `rename` se dispara cuando el archivo es renombrado o eliminado. El evento `change` se dispara cuando el archivo es modificado.

1. Creamos un archivo llamado `watch.mjs` y agregamos el siguiente código:

```
import { watch } from 'node:fs';
console.log('Watching for file changes...');
watch('./watch.txt', (eventType, filename) => {
    console.log('----------------------------
');
    console.log(`Event type is: ${eventType}`);
    if (filename) {
        console.log(`Filename        provided: ${filename}`);
    }
});
```

2. Creamos un archivo llamado `watch.txt` y lanzamos el *script* con el siguiente comando:

```
node watch.js
```

3. Abrimos el archivo `watch.txt`, agregamos algún texto y guardamos los cambios. El *script* imprimirá la siguiente salida:

```
Watching for file changes...

----------------------------

Event type is: change

Filename provided: watch.txt
```

Como puede ver, se dispara el evento de cambio y se proporciona el nombre del archivo. Ahora, cambie el nombre del archivo y guarde los cambios. Verá que el *script* imprime la siguiente salida:

```
----------------------------

Event type is: rename

Filename provided: watch2.txt
```

En la siguiente sección, aprenderemos a implementar eventos personalizados dentro de nuestra aplicación y cómo podemos emitirlos y consumirlos.

7.4. La librería emisora de eventos de Node.js

Ahora que sabemos cómo observar los cambios en los archivos, exploremos la librería de eventos de Node.js. Esta librería proporciona una clase `EventEmitter` que se puede usar para construir una interfaz simple para registrar y eliminar suscriptores, así como emitir eventos.

Creamos un archivo llamado `event-emitter.mjs` y agregamos el siguiente código:

```
import { EventEmitter } from 'node:events';

const emitter = new EventEmitter();

emitter.on('message', (message) => {
```

```
    console.log(`Message received: ${message}`);
});

emitter.emit('message', 'Hello world!');
```

En este ejemplo, creamos una instancia de la clase `EventEmitter` y registramos un suscriptor para el evento `message`. Luego, emitimos el evento `message` con el mensaje `Hello World!`. Si ejecuta el *script*, verá que el mensaje se imprime en la terminal.

También puede registrar múltiples suscriptores y emisores para el mismo evento; esta es una práctica común cuando desea modularizar el código y/o desea que el mismo evento desencadene múltiples acciones. Digamos que recibe una solicitud entrante y desea almacenar una copia de ese mensaje, y también notificar el contenido al usuario final; utilizando eventos, puede manejar ambas acciones en paralelo. Modifiquemos el ejemplo anterior agregando el siguiente código:

```
setInterval(() => {
    emitter.emit('message',                    `Interval
(${Date.now()})`);
}, 1000);

emitter.on('message', (message) => {
    console.log(`Additional    listener    received:
${message}`);
});

emitter.once('message', (message) => {
    console.log(`Once listener received: ${message}`);
});

setTimeout(() => {
```

```
    emitter.emit('message', 'Timeout says hello!');
}, 2500);
```

Analicemos el código. Primero, usamos el método `setInterval` para emitir un evento `message` cada segundo. Luego, registramos un suscriptor adicional para el evento `message`. Este suscriptor será llamado cada vez que se emita el evento `message`. Posteriormente, registramos un suscriptor usando el método `once`. Este suscriptor será llamado solo una vez; pero, si desea seguir escuchando mensajes, puede usar `on` -, por ejemplo, cuando escuche solicitudes entrantes en una aplicación HTTP. Finalmente, usamos el método `setTimeout` para emitir el evento `message` después de 2.5 segundos. Si ejecuta el *script*, verá que se imprime la siguiente salida:

```
Message received: Hello world!

Message received: Interval (1691771547260)

Additional listener received: Interval (1691771547260)

Once listener received: Interval (1691771547260)

Message received: Interval (1691771548258)

Additional listener received: Interval (1691771548258)

Message received: Timeout says hello!

Additional listener received: Timeout says hello!
```

7.4.1. Previniendo el caos organizando los suscriptores

Una cosa importante a tener en cuenta es que los suscriptores se llaman de forma síncrona. Esto significa que los suscriptores se llaman en el mismo orden en que se registran. Además, recuerde que puede usar más canales para comunicarse entre procesos. En nuestro ejemplo, usamos `message`, pero puede usar cualquier nombre que usted elija, o puede tener múltiples canales para segmentar mejor la comunicación.

En aplicaciones complejas se usan convenciones para nombrar los eventos. Por ejemplo, en una aplicación de chat, puede usar `chat:message` para mensajes de chat, `chat:join` para cuando un usuario se une a un chat, y `chat:leave` para cuando un usuario abandona un chat. Esto le permitirá organizar mejor sus suscriptores y emitir eventos.

7.4.2. Eliminando suscriptores cuando no son necesarios

La clase `EventEmitter` proporciona los métodos `removeListener` y `off`, que se pueden usar para eliminar un suscriptor, así como un método `removeAllListeners`, que se puede usar para eliminar todos los suscriptores para un evento específico. Puede encontrar más información al respecto en la documentación oficial: https://nodejs.org/docs/latest-v20.x/api/events.html.

En la siguiente sección, crearemos nuestro primer servidor HTTP con Node.js, que es una de las formas más comunes de usar eventos mientras se hacen aplicaciones web en Node.js.

7.5. Su primer servidor HTTP

Ahora que sabemos cómo usar la clase `EventEmitter`, construyamos un simple servidor HTTP. Vamos a usar la librería *core* `http` para crear el servidor y la clase `EventEmitter` para manejar las solicitudes. En el Capítulo 9, exploraremos con más detalle cómo construir servidores y clientes HTTP; pero, por ahora, vamos a enfocarnos en construir nuestro primer servidor HTTP.

Crearemos un archivo llamado `server.mjs` y agregaremos el siguiente código:

```
import { createServer } from 'node:http';
const port = 3000;
const server = createServer();
server.on('request', (request, res) => {
  res.writeHead(200, { 'Content-Type': 'text/html' });
  res.end('<h1>This is my first HTTP server in Node.js.
Yay</h1>!');
});
server.listen(port, () => {
  console.log(`Server                running                at
http://localhost:${port}/`);
});
```

En este ejemplo, creamos una instancia de la clase `http.Server` y registramos un suscriptor para el evento `request`. Este suscriptor será llamado cada vez que se reciba una solicitud entrante. Luego, usamos el método `writeHead` para establecer el código de estado y el tipo de contenido de la respuesta en la cabecera HTTP. Finalmente, usamos el método `end` para enviar la respuesta. Si ejecuta el *script*, verá que se imprime la siguiente salida:

```
Server running at http://localhost:3000/
```

Si abre la URL en cualquier navegador, verá su primer servidor HTTP en acción:

This is my first HTTP server in Node.js. Yay!

Figura 7.1 Una captura de pantalla de la aplicación en ejecución.

En la siguiente sección, aprenderemos cómo encapsular los eventos en nuestros módulos y muchos otros componentes para emitir y consumir esos eventos fácilmente. Esta técnica es bastante popular y extensible a muchas librerías.

7.6. Agregando una interfaz de eventos a sus módulos

Ahora que sabemos cómo usar la clase `EventEmitter`, agregaremos una interfaz de eventos a nuestros módulos. En este ejemplo, crearemos un módulo que se utilizará para guardar archivos y emitir un evento cada vez que se guarda un cambio de archivo.

Crearemos un archivo llamado `utils.mjs` y agregaremos el siguiente código:

```
import { writeFile } from 'node:fs/promises';

import { EventEmitter } from 'node:events';

const emitter = new EventEmitter();

const on = emitter.on.bind(emitter);

const save = async (location, data) => {

  await writeFile(location, data);

  emitter.emit('file:saved', { location, data });

};

export { save, on };
```

En este ejemplo, creamos una instancia de la clase `EventEmitter` y exportamos la función `save`. Esta función se utilizará para guardar el archivo y emitir el evento `file:saved`. Luego, exportamos el método `on` de la clase

`EventEmitter`. Este método se utilizará para registrar suscriptores para el evento `file:saved`.

> En el ejemplo, usamos `bind` para asegurar que el valor de `this` es correcto. Puede encontrar más información al respecto en la documentación oficial en https://developer.mozilla.org/en-US/docs/Web/JavaScript/Reference/Global_Objects/Function/bind. El uso de `bind` es bastante avanzado, por lo que de momento puede omitirlo si no está familiarizado con ello.

Ahora, crearemos un archivo llamado `index.mjs` y agregaremos el siguiente código:

```
import { save, on } from './utils.mjs';
on('file:saved', ({ location, data }) => {
  console.log(`File saved at ${location}`);
});
console.log('Saving file...');
save('test.txt', 'Hello world!').catch('Error saving file');
console.log('The file is being saved but is not blocking the execution...');
```

Si ejecuta el *script*, verá que se imprime la siguiente salida:

```
Saving file...
The file is being saved but is not blocking the execution...
File saved at test.txt
```

Como puede ver, el evento `file:saved` se emite después de que se complete la ejecución de la función `save`. Esto significa que la función `save` no bloquea la ejecución del *script*. En ejemplos anteriores en el libro, usamos `then` para manejar el resultado de una promesa; ahora hemos ofrecido una alternativa, usando eventos que le permitirán desacoplar la lógica de su aplicación más fácilmente.

7.7. Resumen

En este capítulo, hemos aprendido a usar eventos en Node.js. Hemos profundizado sobre la clase `EventEmitter` y sobre cómo usarla para emitir y escuchar eventos. También hemos aprendido a usar eventos para desacoplar la lógica de nuestras aplicaciones.

Además, hemos creado un *script* para observar cambios en archivos en nuestro sistema, y hemos creado nuestro primer servidor HTTP. También hemos aprendido a manejar solicitudes usando eventos.

Finalmente, hemos construido una librería simple que exporta una capa de eventos para desacoplar la lógica de nuestras aplicaciones. Esto nos permitirá construir aplicaciones más robustas en futuros capítulos.

En el próximo capítulo, aprenderemos a agregar *testing* a nuestras aplicaciones. Esto nos ayudará a construir más aplicaciones robustas, evitar errores y, en general, consolidar nuestros conocimientos sobre Node.js mientras lo aprendemos.

7.7.1. Lectura adicional

- *Refactoring Guru – the Mediator pattern:*
  https://refactoring.guru/design-patterns/mediator
- *Refactoring Guru – the Observer pattern:*
  https://refactoring.guru/design-patterns/observer
- *NodeConf Remote 2020 - Anna Henningsen - Node.js and the*
  struggles of being an EventTarget:
  https://www.youtube.com/watch?v=SOPC3aLoD4U
- *The Node.js event emitter:*
  https://nodejs.org/en/learn/asynchronous-work/the-nodejs-event-
  emitter

CAPÍTULO 8
Testing en Node.js

El *testing* es una de las prácticas más relevantes en la actualidad; se ha vuelto mucho más popular en las últimas dos décadas. Hoy en día, tendemos a construir proyectos de *software* que son muy complejos, ya que incluyen muchas dependencias y, además, esperamos que nuestro *software* evolucione con el tiempo.

Creo firmemente que el *testing* es clave cuando se está aprendiendo un nuevo lenguaje o herramienta porque le proporcionará una red de seguridad que le permitirá tomar más riesgos y avanzar más rápido sin romper el código anterior.

En este capítulo, profundizaremos en la importancia del *testing* y en cómo elegir el mejor enfoque para su aplicación. Escribirá su primer test y, luego, aprenderemos sobre la creación de *test suites* agrupando test relacionados entre sí. Haremos uso de la librería de *testing* básico de Node.js, la librería *Jest*.

Escribir buenos test no es fácil, pero, al final de este capítulo, tendrá una idea clara de qué principios seguir en cada ocasión y de cómo puede usar una herramienta de cobertura *(testing coverage)* para extender y refactorizar sus test con el tiempo.

Finalmente, introduciremos el **Desarrollo Guiado por Pruebas o *Test-Driven Development (TDD)*** de forma evolutiva.

Estos son los principales temas que veremos en este capítulo:

- ¿Por qué es importante el *testing*?
- Enfoque y filosofía de los test.
- ¿Cómo debo probar mi código?
- Escribir nuestro primer *test suite*.
- Dominar las herramientas de cobertura de código.
- TDD en acción.

8.1. Requisitos técnicos

Vea el código en acción en el vídeo para este capítulo en https://youtu.be/aK572sFboEM

8.2. ¿Por qué es importante el *testing*?

Como vimos en los capítulos anteriores, las aplicaciones modernas son complejas, tienen muchas partes móviles y tendrán dependencias.

En general, podemos decir que el *testing* es importante porque nos ayuda a asegurar que nuestro código está funcionando como se espera y que no estamos introduciendo errores cuando estamos añadiendo nuevas *features* o corrigiendo errores existentes.

8.2.1. El *testing* es una cultura compleja

El *testing* es mucho más que simplemente escribir unas pocas líneas de código para validar que su aplicación funciona como se espera. Es una cultura sólida de principios, forma de trabajo y herramientas... ¿Ha oído hablar de TDD?, ¿BDD?, ¿test unitarios?, ¿test de integración?, ¿test *end to end (E2E)*?, ¿*mocks*?, ¿*stubs*?, ¿*spies*? Hay muchos conceptos para aprender y entender. En este capítulo exploraremos algunos de ellos en detalle.

8.2.2. El *testing* es una actividad de equipo

El *testing* le ayudará a incorporar fácilmente a nuevas personas a su equipo. También le ayudará a unirse a otros equipos para ayudar a construir nuevas *features* o a corregir *bugs* incluso si no conoce en profundidad la base de código.

Me gusta entender el *testing* como documentación para la aplicación o, incluso mejor, como el acuerdo formal con el mundo que establece cómo debería comportarse nuestra aplicación en ciertos escenarios.

El *testing* es un esfuerzo de equipo. No es solo responsabilidad de la persona que escribe los test, de la misma manera que no es solo responsabilidad de una persona escribir código seguro. Todo el equipo debe estar involucrado en el proceso, y el equipo debe tener una cultura de *testing* y ser capaz mantenerla con el tiempo.

Automatizar sus test es esencial. Sin automatización, tendríamos que probar nuestras aplicaciones manualmente, y esto significa que haremos muchas tareas repetitivas que son propensas a errores, y que tendremos que pasar mucho tiempo asegurándonos de que nuestra aplicación está funcionando como se espera.

Con los test, podemos automatizar el proceso y asegurar que nuestra aplicación está funcionando como se espera. Nosotros podemos ejecutar los test en nuestra máquina local o en una máquina remota antes de que se fusione una solicitud de extracción o antes de que despleguemos el *software*. Podemos ejecutar los test en diferentes entornos, y podemos ejecutarlos en paralelo para acelerar el proceso.

8.2.3. Aproveche ahora

Estoy acostumbrado a hacer test en mi trabajo diario, y puedo decir que son una gran herramienta que ha ayudado a mejorar el *software*. Pero, en general, me han ayudado a aprender cosas nuevas y a mejorar mis habilidades.

Cuando deba usar un nuevo lenguaje o herramienta, puede usar test para aprender cómo funciona y explorar las *features*, ya que los test nos permitirán hacer nuestros propios experimentos en un entorno seguro mientras se aprende.

Pero si no estamos acostumbrados a hacer test, puede ser un poco difícil aprender Node.js y *testing* al mismo tiempo. Por lo tanto, le recomiendo que aprenda Node.js primero y, luego, profundice en el *testing*.

En los próximos capítulos, construiremos una aplicación web y usaremos test para asegurar que nuestra aplicación está funcionando como se espera.

Se enfrentará a muchos desafíos al adoptar la cultura del *testing*. Como ocurre con cualquier cambio cultural, no es fácil empezar a hacer test. Es un desafío que tendrá que superar, y tendrá que invertir tiempo para aprender a hacerlo. Pero puedo anticiparle que vale la pena.

Si trabaja con un equipo, para empezar tendrá que convencerlos de hacer test y consolidar la cultura con el tiempo. No es fácil, pero es posible, y el esfuerzo tendrá grandes ventajas.

Siempre puede empezar a hacer test en su propio código y mostrar los beneficios a su equipo. Puede empezar con un proyecto personal o con una prueba de concepto y convencerlos.

Tenga en cuenta que tendrá que invertir tiempo para aprender a hacerlo, e incluso cuando sepa cómo hacerlo, tendrá que invertir tiempo para escribir los test. Ese tiempo siempre será mayor en comparación con el tiempo que necesitará para escribir el mismo código sin test. Pero ahorrará tiempo a largo plazo cuando necesite corregir errores existentes o añadir nuevas *features* y pueda prevenir nuevos errores.

Ahora que tenemos claras las motivaciones y lo que hay detrás del *testing*, es hora de aprender, en la siguiente sección, sobre los diferentes tipos de test que están disponibles para nuestras aplicaciones y cómo otras industrias han construido productos sólidos utilizando diferentes *frameworks* de test.

8.3. Enfoque y filosofía del *testing*

Cuando empezamos a aprender sobre *testing* debemos darnos cuenta de que existen muchos tipos diferentes de test, y cada uno tiene un propósito diferente.

8.3.1. El *testing* es ampliamente utilizado en el mundo

En el mundo real, el *testing* se utiliza en muchas industrias. Por ejemplo, si queremos probar la calidad de un coche que se está fabricando, podemos hacer lo siguiente:

- Probar el motor de forma aislada.
- Probar el coche en un entorno controlado para asegurarnos de que está funcionando como se espera.
- Probar el coche en un entorno real para asegurarnos de que está funcionando como se espera.
- Probar los componentes individuales del coche para asegurar ciertos estándares de calidad.
- Estrellar el coche contra una pared u otros objetos para asegurarnos de que es seguro.
- La industria automotriz tiene uno de los *frameworks* de *testing* más interesantes en términos de ingeniería en el mundo. Los coches que se fabrican actualmente se probaron previamente, incluyendo simulaciones de choques para evaluar los posibles daños. En la siguiente figura, puede ver cómo es uno de estos test.

Figura 8.1 Imagen de Wikimedia https://en.wikipedia.org/wiki/Crash_test#/media/File:Honda_Fit-Impact_Still.jpg.

Los productos de *software* no son diferentes. Solo para darle una idea, podemos probar los componentes de una aplicación web de forma aislada, o podemos probar toda la aplicación desde la perspectiva del usuario final. También existe la opción de, simplemente, probar el rendimiento de nuestra aplicación haciendo muchas solicitudes diferentes a nuestra aplicación y detectando cualquier cuello de botella o ineficiencias. Incluso podemos probar la seguridad de nuestra aplicación realizando *penetration testing* e intentando hackearla.

8.3.2. La pirámide de test

Por lo tanto, podemos decir que hay muchos tipos diferentes de test y cada uno tiene un propósito diferente. Echemos un vistazo a la *test pyramid*:

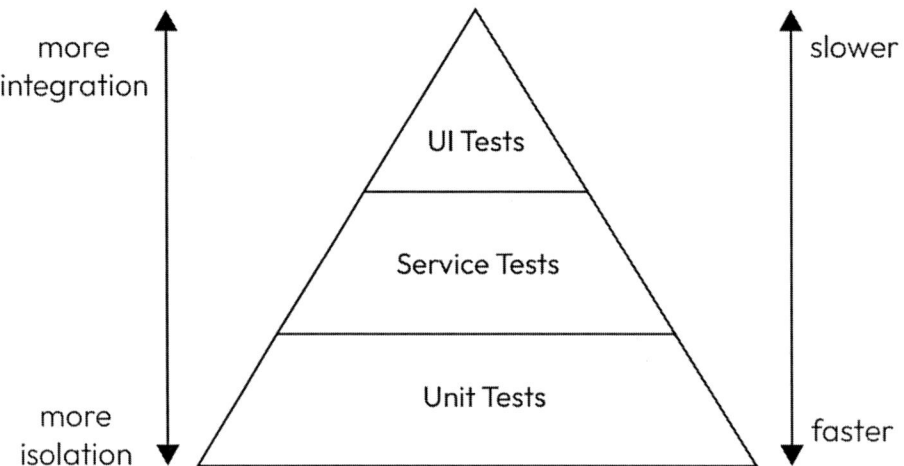

Figura 8.2 Imagen de Martin Fowler en «The practical test pyramid»
https://martinfowler.com/articles/practical-test-pyramid.html.

Como podemos ver, la base de la pirámide son los *unit testing* (pruebas unitarias), que son más aisladas y rápidas de ejecutar. En la cima de la pirámide, tenemos los test de *UI*, que son más costosos (ya que requieren más integración) y son más lentos de ejecutar.

Usando el ejemplo del coche, podemos decir que los test unitarios serían probar el motor de forma aislada, y los test de *UI* serían las pruebas en un entorno controlado pero con el coche completo.

Podemos entender fácilmente que probar el motor de forma aislada es más rápido y barato que probarlo en conjunto con el coche en un entorno real, ya que no necesitamos construir todo el coche para probar el motor, coordinar con las compañías de seguros, o contratar más personal como conductores y mecánicos. Además, probar el coche en un entorno real puede llevar a fallos por factores externos, como el clima, el tráfico o las condiciones de la carretera.

En comparación, podemos construir el motor y probarlo aisladamente dentro de la fábrica con las herramientas y las personas necesarias. Podemos hacerlo de forma más rápida y más barata, pero esta prueba no será capaz de detectar algunos problemas que podemos tener cuando estamos probando el coche en un entorno real.

De la misma manera, podemos decir que los test unitarios son más rápidos y baratos de ejecutar que los test de *UI*, pero los test de *UI* serán capaces de detectar algunos problemas que no podemos detectar con los test unitarios de forma aislada.

En este capítulo, nos centraremos en los test unitarios, pero también echaremos un vistazo a otros tipos de test en los siguientes capítulos, cuando construyamos la aplicación web.

Ahora que tenemos claro los diferentes tipos de test, es hora de ser pragmáticos y explorar cómo construir nuestro primer test utilizando diferentes librerías en la siguiente sección.

8.4. ¿Cómo debo probar mi código?

Debido a la historia de JavaScript, la mayoría de las personas no tenían la cultura de hacer test para su código cuando JavaScript se limitaba al navegador, ya que en aquel momento Javascript se utilizaba casi exclusivamente para construir *scripts* relativamente simples en páginas web con una interacción con el usuario muy limitada.

Sin embargo, con la evolución del lenguaje y su comunidad, ahora tenemos muchas herramientas y *frameworks* para ayudarnos a construir test de una forma ergonómica.

8.4.1. *Frameworks* y librerías

Cuando tiene una idea clara de cómo probar su código, puede migrar fácilmente de una herramienta a otra hasta que encuentre la que mejor se adapte a sus necesidades.

En este capítulo, exploraremos la prometedora librería de test de Node.js y el *framework* de test más popular para el desarrollo web: *Jest*.

> Estamos viviendo en un período de transición en el que las librerías de *testing* incluidas en el *core* de Node.js están evolucionando para proporcionar una mejor experiencia al desarrollador. Por lo tanto, probablemente, en el futuro será la herramienta a utilizar por defecto. Pero, por ahora, si usted es nuevo en el *testing* con JavaScript, le recomiendo que use *Jest* porque hay más tutoriales, publicaciones de blogs disponibles y la API es más estable.

8.4.2. Nuestro primer test

Echemos un vistazo a un test sencillo y, luego, explicaremos las diferentes partes que lo componen:

```
import { describe, it } from 'node:test';
import assert from 'node:assert';
const sum = (a, b) => a + b;
describe('Utils Test Suite', () => {
  it('Should sum two numbers', () => {
    assert.strictEqual(sum(1, 2), 3);
  });
});
```

En este ejemplo, estamos probando la función `sum`. Primero, importamos las funciones `describe` e `it` del módulo `node:test`, y luego importamos la función `assert` del módulo `node:assert`.

La función `describe` se utiliza para agrupar test. En este caso, estamos agrupando todas los test relacionadas con el módulo `utils`.

La función `it` se utiliza para definir un test. En este caso, estamos definiendo un test que debe sumar dos números.

Finalmente, estamos utilizando la función `assert` para comprobar que el resultado de la función `sum` es el esperado.

Podemos decir que un test se compone de tres partes:

- *Arrange* (**preparar**): definimos los datos y preparamos el entorno que necesitamos para poder ejecutar el test de una forma consistente.
- *Act* (**ejecutar**): ejecutamos el código que queremos probar.
- *Assert* (**comprobar**): comprobamos que el resultado del código es el esperado.

8.4.3. Principios y objetivos del *testing*

Hay algunos principios que debemos seguir cuando estamos construyendo test. Para mí, estos principios se pueden resumir en tres: rapidez, fiabilidad y mantenibilidad.

Rapidez

Los test deben ser rápidos de ejecutar y escribir. Ejecutaremos estos test muchas veces, así que si el test es lento de ejecutar, perderemos mucho tiempo esperando a que termine. Pero lo peor es que estaremos tentados a ejecutar los test con menos frecuencia o a escribir menos test.

En ese caso, el *testing* será una experiencia frustrante para usted y para su equipo. Debe tener en cuenta que, en proyectos pequeños, tendrá unas pocas docenas de test, pero, en proyectos grandes, puede tener miles de test.

Si tiene un test que en promedio tarda un segundo en ejecutarse, perderá un segundo cada vez que ejecute la prueba. Si tiene 1000 tests, perderá 1000 segundos, ¡que son más de 16 minutos! En la mayoría de los casos, tendrá la opción de usar concurrencia y ejecutar los test en paralelo, por lo que el tiempo total será mucho menor. Pero requiere un paso extra para configurarlo (https://nodejs.org/api/test.html#runoptions).

Necesitará dedicar tiempo y recursos para refactorizar y mejorar sus test en proyectos grandes para mantenerlos rápidos.

Fiabilidad

Los test deben ser fiables. Si tiene test inestables (es decir, test que fallan aleatoriamente), su equipo estará muy frustrado y perderá la confianza en los test.

Para evitar esta situación, debemos seguir estos principios:

- **Aislados:** necesitamos aislar los test de factores externos como la red, el sistema de archivos, la base de datos, etc.
- **Repetibles y deterministas:** necesitamos poder ejecutar los test muchas veces y obtener los mismos resultados.
- **Autónomas e independientes:** necesitamos poder ejecutar cualquier test de forma aislada y obtener los mismos resultados.

Mantenibilidad

Los test también son código, por lo que necesitamos mantenerlos de la misma manera que mantenemos nuestro código de producción. Deberíamos seguir estos principios:

- **Legibles y explícitos:** deben ser fáciles de leer y entender. Tienen que ser flexibles para poder evolucionar con el código que estamos probando.
- **Enfocados:** un solo test debe probar una sola cosa. Si tenemos un test que está probando más de una cosa, no podremos saber exactamente qué componente de los que estamos probando está fallando.
- **Pequeños y simples:** es mejor tener muchos test pequeños y simples que unos pocos test grandes y complejos.

¡Felicidades! Escribió su primer test y ahora los mecanismos deberían ser un poco más claros. En la siguiente sección, aprenderemos a construir un *test suite* completo para cubrir múltiples casos y a automatizar algunos pasos repetitivos.

8.5. Escribiendo nuestro primer *test suite*

En esta sección, construiremos nuestro primer *test suite*. Incluiremos un *test suite* para el módulo `utils` que creamos y publicamos en el capítulo anterior.

Utilizaremos los módulos `node:test` y `node:assert` para construir nuestro *test suite*, y luego construiremos los mismos test utilizando el *framework Jest*, para poder comparar ambos enfoques y ver las diferencias.

8.5.1. Módulo Utils

Empecemos creando una nueva carpeta e inicializando un nuevo proyecto de Node.js con `npm init`. Luego, crearemos un archivo `utils.js` con el siguiente código:

```
export const sum = (a, b) => a + b

export const multiply = (a, b) => a * b
```

El código es muy simple. La función `sum` sumará dos números y la función `multiply` multiplicará dos números. Entonces los test deberían ser muy simples también.

Básicamente, necesitamos probar que la función `sum` está sumando dos números y que la función `multiply` está multiplicando dos números.

8.5.2. La librería node:test

Recientemente, Node.js ha introducido una nueva librería en su *core* para ayudarnos a construir test. Esta librería se llama `node:test` y es una librería del *core*, por lo que no necesitamos instalarla. Podemos, simplemente, importarla y usarla.

8.5.2.1. Añadiendo los *scripts npm*

Añadimos los siguientes *scripts npm* a nuestro archivo `package.json` y también añadimos `type: "module"`:

```
{
  "type": "module",
  "scripts": {
    "node-test": "node --test node_test/"
  }
}
```

En este caso, hemos elegido `type: "module"` para habilitar la sintaxis ESM por defecto, por lo que podemos usar la palabra clave *import* en los archivos directamente. Puede encontrar más información sobre cómo importar módulos en el Capítulo 6.

8.5.2.2.   Añadiendo el *test suite*

Vamos a crear una nueva carpeta, `node_test`, e incluir un nuevo archivo, `utils.test.js`, dentro de ella con el siguiente código:

```
import { describe, it } from "node:test";
import assert from "node:assert";
import { sum, multiply } from "../utils.js";
describe("Utils Test Suite: sum", () => {
  it("Should sum two numbers", () => {
    assert.strictEqual(sum(1, 2), 3);
  });
});
describe("Utils Test Suite: multiply", () => {
  it("Should multiply two numbers", () => {
    assert.strictEqual(multiply(5, 3), 15);
  });
});
```

Es importante notar que estamos usando `../` para referirnos a los directorios superiores desde el archivo actual. De esa manera, podemos importar archivos desde cualquier lugar del sistema. También es posible usar la ruta absoluta hacia un recurso específico. Puede encontrar más detalles sobre las diferencias en https://www.redhat.com/sysadmin/linux-path-absolute-relative.

8.5.2.3. Ejecutando los test

Podemos ejecutar los test con el siguiente comando:

```
npm run node-test
```

Deberíamos ver la siguiente salida:

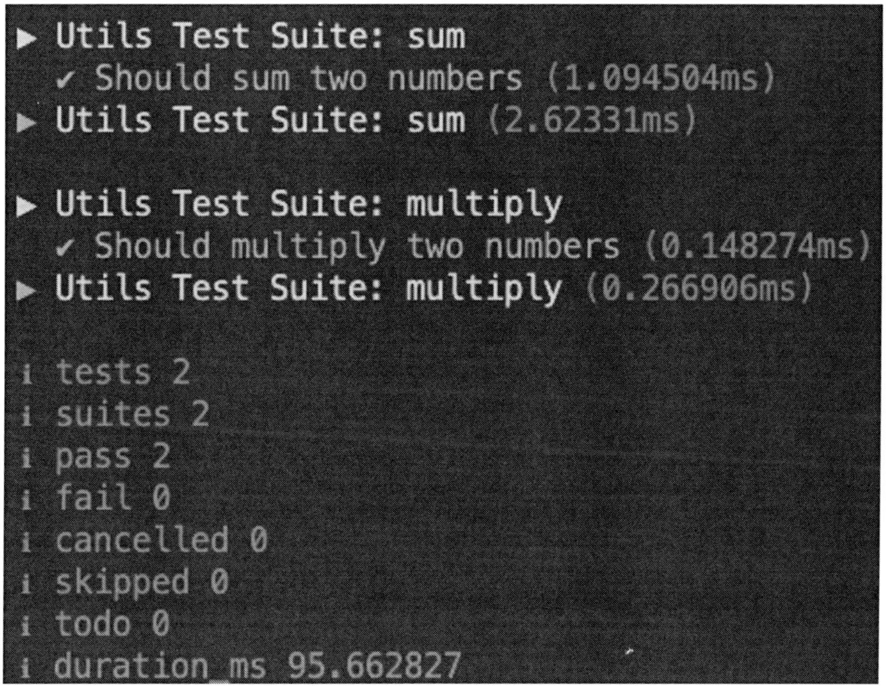

```
▶ Utils Test Suite: sum
  ✔ Should sum two numbers (1.094504ms)
▶ Utils Test Suite: sum (2.62331ms)

▶ Utils Test Suite: multiply
  ✔ Should multiply two numbers (0.148274ms)
▶ Utils Test Suite: multiply (0.266906ms)

ℹ tests 2
ℹ suites 2
ℹ pass 2
ℹ fail 0
ℹ cancelled 0
ℹ skipped 0
ℹ todo 0
ℹ duration_ms 95.662827
```

Figura 8.3 Salida del terminal.

Observe que el terminal usa colores distintos para mostrarnos los resultados de los test. En este caso, tenemos dos test y ambos están pasando. Como puede ver, la salida es muy simple y está utilizando los textos que nosotros definimos en las funciones describe e it.

8.5.3. Usando la librería *Jest*

Jest es un *framework* de *testing* en JavaScript que es muy popular en la comunidad de JavaScript, especialmente para el desarrollo *frontend*, ya que es muy fácil de usar y tiene muchas funcionalidades que nos ayudarán a construir y mantener nuestro *test suite*.

8.5.3.1.   Instalando *Jest*

El primer paso es instalar *Jest* en nuestro proyecto como una dependencia de desarrollo. Podemos hacerlo con el siguiente comando:

```
npm install --save-dev jest@29
```

8.5.3.2.   Configurando *Jest*

Como teníamos los test previamente configurados para la librería *core* de Node.js, necesitaremos usar una configuración personalizada para *Jest*. En un proyecto real, usaremos solo un *framework* de *testing* y, en ese caso, podemos configurar *Jest* usando `npx jest@29 --init`.

El comando `npx` ejecutará el comando `jest` que hemos instalado en nuestro proyecto. El flag `--init` creará un archivo de configuración para nosotros.

Actualizamos el archivo, `jest.config.js`, con el siguiente contenido:

```
export default {
    modulePathIgnorePatterns:  ['<rootDir>/node_test/'
]
}
```

`modulePathIgnorePatterns` ignorará la carpeta `node_test`, por lo que *Jest* ignorará los test que hemos creado con la librería *core* de Node.js.

`<rootDir>` es una referencia a la carpeta donde se encuentra `jest.confg.js` en este caso, por lo que es más fácil referenciar otros recursos.

Como *Jest* aún no soporta módulos ESM, utilizaremos *Babel* (https://babeljs.io/) para transpilar el código. Crearemos un nuevo archivo, `.babelrc`, con el siguiente contenido:

```
{
  "presets": ["@babel/preset-env"]
}
```

Instalaremos las siguientes dependencias:

```
npm i -D @babel/preset-env@7
```

8.5.3.3. Añadiendo los *scripts npm*

Añadamos los siguientes *scripts* a nuestro archivo `package.json`:

```
{
  "scripts": {
    "node-test": "node --test node_test/",
    "jest-test": "jest"
  }
}
```

8.5.3.4. Añadiendo el *test suite*

Vamos a crear una nueva carpeta, `jest_test`, e incluir un nuevo archivo, `utils.test.js`, dentro de ella con el siguiente código:

```
import { sum, multiply } from "../utils.js";
describe("Utils Test Suite: sum", () => {
  it("Should sum two numbers", () => {
    expect(sum(1, 2)).toBe(3);
  });
});
describe("Utils Test Suite: multiply", () => {
  it("Should multiply two numbers", () => {
    expect(multiply(5, 3)).toBe(15);
  });
});
```

Como puede ver, el código es muy similar al que habíamos creado para la librería *core* de Node.js. La única diferencia está en cómo manejamos las aserciones.

> Observe también que no estamos importando las funciones `describe` e `it`. Esto se debe a que *Jest* proporciona estas funciones para nosotros de forma global en el entorno de *testing* y no necesitamos importarlas.

8.5.3.5. Ejecutando los test

Ahora, podemos ejecutar los test con el siguiente comando: `npm run jest-test`.

Deberíamos ver la siguiente salida:

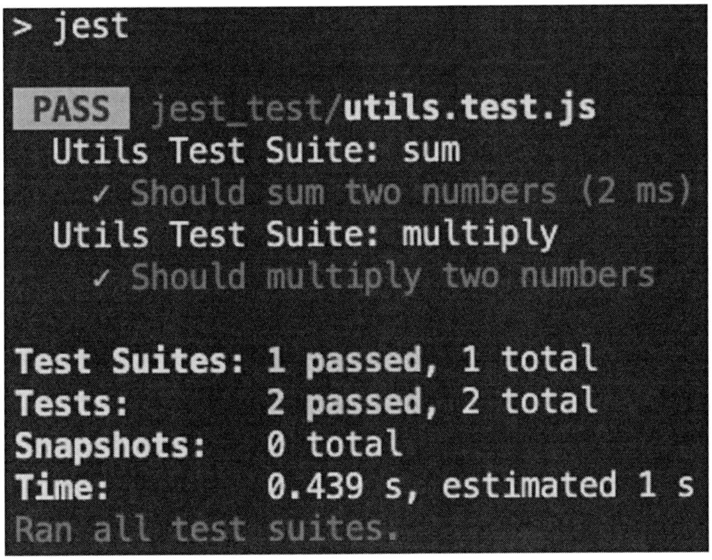

```
> jest

PASS  jest_test/utils.test.js
  Utils Test Suite: sum
    ✓ Should sum two numbers (2 ms)
  Utils Test Suite: multiply
    ✓ Should multiply two numbers

Test Suites: 1 passed, 1 total
Tests:       2 passed, 2 total
Snapshots:   0 total
Time:        0.439 s, estimated 1 s
Ran all test suites.
```

Figura 8.4 Salida del terminal.

Como puede ver, la salida es muy similar a la que ya vimos con la librería *core* de Node.js. La única diferencia es que la salida está usando diferentes colores, y el texto es ligeramente diferente. Pero lo más importante es que tenemos la misma información.

Ahora estamos bastante seguros de nuestros test, pero cuando el código fuente está creciendo cada día, necesita una herramienta adicional que le ayude a saber qué código ha sido cubierto por los test o no. Por lo tanto, en la siguiente sección, aprenderemos en detalle cómo podemos usar el *test coverage* para generar informes que nos ayudarán a mejorar los test en nuestros proyectos.

8.6. Dominando las herramientas de *test coverage*

Cuando estamos construyendo un *test suite*, necesitamos asegurarnos de que estamos cubriendo todo el código que es crítico en los escenarios que tienen sentido para nuestro propósito. Esto se llama **test coverage (cobertura de test)** y es una métrica muy importante para medir la calidad de nuestro *test suite*.

Algunas personas dicen que necesitamos tener una cobertura de código del 100 %, pero esto no siempre es cierto ni práctico. En mi opinión, la cobertura de código es una métrica que nos ayuda a detectar el código que no está cubierto por nuestros test o el código que ha sido sobretesteado.

En general, es una métrica que puede ayudarnos a revisar el código detectando posibles test que necesitamos agregar o eliminar.

8.6.1. Configuración

Históricamente, la cobertura de código era una característica que proporcionaban las librerías de terceros, como *Istanbul* (https://istanbul.js.org/). Pero ahora, Node.js y *Jest* proporcionan esta característica de forma predeterminada, por lo que no necesitamos instalar ninguna librería de terceros por separado.

8.6.1.1. Librería *Jest*

Añadamos el siguiente *script* a nuestro archivo `package.json`:

```
{
  "scripts": {
    "node-test": "node --test node_test/",
```

```
    "jest-test": "jest",

    "jest-test:coverage": "jest --coverage"

  }

}
```

8.6.1.2. Node.js

Node.js tiene una característica experimental que podemos usar para generar el *test coverage* de nuestro proyecto. Necesitamos usar el flag `--experimental-test-coverage` para habilitar esta característica:

```
{

  "scripts": {

    "node-test": "node --test node_test/",

    "jest-test": "jest",

    "jest-test:coverage": "jest --coverage",

    "node-test:coverage": "node --test --experimental-
test-coverage

node_test/"

  }

}
```

8.6.2. Ejecutando los test

Añadamos una nueva función, `substract`, a nuestro archivo `utils.js`:

```
 export const sum = (a, b) => a + b

 export const multiply = (a, b) => a * b

 export const subtract  = (a, b) => a - b
```

Ahora, ejecutemos el *test coverage* tanto para Node.js como para *Jest* para ver los resultados.

8.6.3. Informe de Node.js

Por defecto, Node.js generará una carpeta `coverage` con los resultados. Podemos abrir el archivo `index.html` en nuestro navegador para ver los resultados:

```
npm run node-test:coverage
```

La salida debería ser similar a la siguiente figura:

```
> node --test --experimental-test-coverage node_test/

▶ Utils Test Suite: sum
  ✓ Should sum two numbers (0.438963ms)
▶ Utils Test Suite: sum (2.257185ms)

▶ Utils Test Suite: multiply
  ✓ Should multiply two numbers (0.196629ms)
▶ Utils Test Suite: multiply (0.363519ms)

ℹ tests 2
ℹ suites 2
ℹ pass 2
ℹ fail 0
ℹ cancelled 0
ℹ skipped 0
ℹ todo 0
ℹ duration_ms 114.857746
ℹ start of coverage report
ℹ ─────────────────────────────────────────────────────────────
ℹ file                     | line % | branch % | funcs % | uncovered lines
ℹ ─────────────────────────────────────────────────────────────
ℹ node_test/utils.test.js  | 100.00 |  100.00  | 100.00  |
ℹ utils.js                 | 100.00 |  100.00  |  66.67  |
ℹ ─────────────────────────────────────────────────────────────
ℹ all files                | 100.00 |  100.00  |  85.71  |
ℹ ─────────────────────────────────────────────────────────────
ℹ end of coverage report
```

Figura 8.5 Salida del terminal.

Como puede ver, tenemos una cobertura de código del 66.67 % para las funciones, ya que no tenemos ninguna cobertura para la función `subtract`.

8.6.4. Informe de *Jest*

Ejecutar el *test coverage* con *Jest* es muy similar a Node.js. Ejecutemos el siguiente comando en nuestro terminal:

```
npm run jest-test:coverage
```

La salida debería ser similar a la siguiente figura:

```
> jest --coverage

 PASS  jest_test/utils.test.js
  Utils Test Suite: sum
    ✓ Should sum two numbers (2 ms)
  Utils Test Suite: multiply
    ✓ Should multiply two numbers (1 ms)

----------|---------|----------|---------|---------|-------------------
File      | % Stmts | % Branch | % Funcs | % Lines | Uncovered Line #s
----------|---------|----------|---------|---------|-------------------
All files |   83.33 |      100 |   66.66 |     100 |
 utils.js |   83.33 |      100 |   66.66 |     100 |
----------|---------|----------|---------|---------|-------------------
Test Suites: 1 passed, 1 total
Tests:       2 passed, 2 total
Snapshots:   0 total
Time:        0.896 s, estimated 1 s
Ran all test suites.
```

Figura 8.6 Salida del terminal.

Podemos observar que tenemos el mismo *test coverage* que con Node.js. Esto se debe a que ambas herramientas utilizan la misma forma de calcular la cobertura de código.

8.6.5. Informes interactivos

En ambos casos, hemos generado una carpeta `coverage` con los resultados. Podemos abrir el archivo `index.html` ubicado en `coverage/lcov-report` en nuestro navegador para verlos.

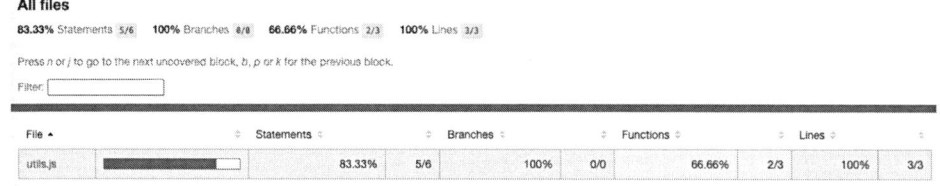

All files

83.33% Statements 5/6   **100%** Branches 0/0   **66.66%** Functions 2/3   **100%** Lines 3/3

Press *n* or *j* to go to the next uncovered block, *b*, *p* or *k* for the previous block.

Filter:

File ▲	Statements	Branches	Functions	Lines	
utils.js	83.33%	5/6	100%	0/0	66.66%	2/3	100%	3/3

Figura 8.7 Captura de pantalla del informe.

Ahora exploramos en detalle qué está y qué no está cubierto en `utils.js`.

All files utils.js

83.33% Statements 5/6   **100%** Branches 0/0   **66.66%** Functions 2/3   **100%** Lines 3/3

Press *n* or *j* to go to the next uncovered block, *b*, *p* or *k* for the previous block.

```
1 1x   export const sum = (a, b) => a + b
2 1x   export const multiply = (a, b) => a * b
3 1x   export const subtract  = (a, b) => a - b
```

Figura 8.8 Captura de pantalla del informe.

Como puede ver, la función `subtract` no está cubierta por nuestros test. Por lo tanto, aquí tenemos la oportunidad de mejorarlos.

El informe de *test coverage* es una excelente manera de entender nuestros test, especialmente cuando se trabaja con una base de código grande. Por lo tanto, le animo a que lo utilice tanto como le sea posible.

En la siguiente sección, cambiaremos el enfoque. Vamos a aprender sobre el valor adicional que recibimos cuando definimos los test antes de escribir el código. Aunque eso pueda sonar complicado, con la práctica le ayudará a aclarar lo que necesita desarrollar a continuación y cómo hacerlo de una manera en la que pueda probarlo fácilmente. Se sorprenderá de cuánto tiempo puede ahorrar cuando sigue estas pautas.

Este enfoque se conoce como *test-driven development (TDD)*, o desarrollo guiado por pruebas. En la siguiente sección, exploraremos cómo podemos usarlo para mejorar nuestro código de forma progresiva.

8.7. TDD en acción

Hay algunos *edge cases* (casos límite) que no estamos cubriendo en nuestro módulo `utils`. Por ejemplo, ¿qué sucede si pasamos una cadena a la función `sum`?

```
import { sum } from "../utils.js";

const result = sum("1", 2); // 12
```

Este no es el comportamiento esperado cuando usamos la función `sum`, por lo que necesitamos solucionarlo. Agreguemos algunos test para cubrir estos casos límite en nuestro archivo `jest-tests/utils.test.js`:

```
describe("Utils Test Suite: sum", () => {

  it("Should sum two numbers", () => {

    expect(sum(1, 2)).toBe(3);

  });

  it("Should throw an error if we don't provide a valid
number", () =>

  {
```

```
    expect(() => sum("1", 2)).toThrow("Please provide
a valid number");

  });

});
```

Como puede ver, estamos utilizando el comparador `toThrow` para probar que la función está lanzando un error. Cuando ejecutemos los test con `npm run jest-test` veremos los siguientes resultados.

```
> jest

FAIL   jest_test/utils.test.js
  Utils Test Suite: sum
    ✓ Should sum two numbers (2 ms)
    ✗ Should throw an error if we don't provide a valid number (2 ms)
  Utils Test Suite: multiply
    ✓ Should multiply two numbers

  ● Utils Test Suite: sum › Should throw an error if we don't provide a valid number

    expect(received).toThrow(expected)

    Expected substring: "Please provide a valid number"

    Received function did not throw

       6 |   });
       7 |   it("Should throw an error if we don't provide a valid number", () => {
    >  8 |     expect(() => sum("1", 2)).toThrow("Please provide a valid number");
         |                               ^
       9 |   });
      10 | });
      11 |

      at Object.toThrow (jest_test/utils.test.js:8:31)

Test Suites: 1 failed, 1 total
Tests:       1 failed, 2 passed, 3 total
Snapshots:   0 total
Time:        0.558 s, estimated 1 s
Ran all test suites.
```

Figura 8.9 Salida del terminal.

Nuestro nuevo test está fallando porque nuestro código no cumplió con nuestros requisitos, así que hagamos algunos cambios en `utils.js`:

```
export const sum = (a, b) => {

    if(typeof(a) !== 'number' || typeof(b) !==
'number') {

        throw new Error('Please provide a valid
number')

    }

    return a + b

}

export const multiply = (a, b) => a * b

export const subtract  = (a, b) => a - b
```

Ahora, ejecutaremos los test de nuevo.

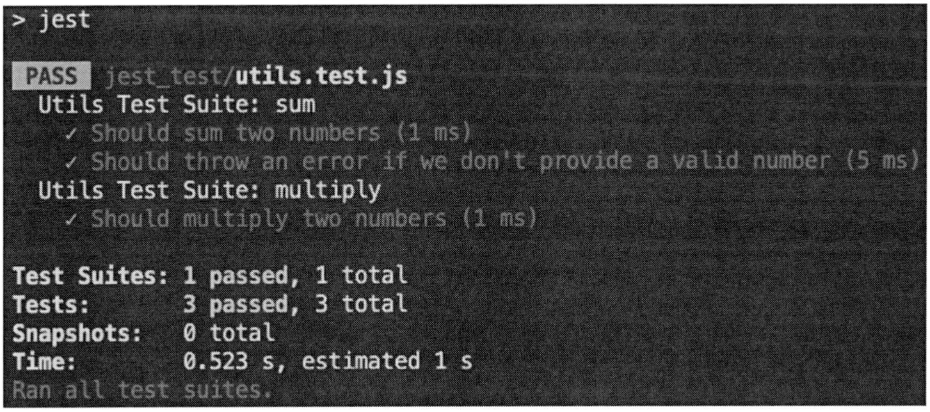

```
> jest

PASS  jest_test/utils.test.js
  Utils Test Suite: sum
    ✓ Should sum two numbers (1 ms)
    ✓ Should throw an error if we don't provide a valid number (5 ms)
  Utils Test Suite: multiply
    ✓ Should multiply two numbers (1 ms)

Test Suites: 1 passed, 1 total
Tests:       3 passed, 3 total
Snapshots:   0 total
Time:        0.523 s, estimated 1 s
Ran all test suites.
```

Figura 8.10 Salida del terminal.

Todos nuestros test están pasando de nuevo, por lo que podemos decir que nuestro código está funcionando como se esperaba. Este proceso interactivo de escribir primero los test, ver que fallan y luego escribir el código para hacer que los test pasen se llama TDD.

Aunque el TDD es un tema muy extenso, podemos tomar este simple ejemplo como una introducción exploratoria a los beneficios del TDD sin seguirlo estrictamente. Por ejemplo, podemos probar *edge cases* y luego usarlos para mejorar nuestro código.

Personalmente, encuentro que TDD es un gran enfoque en Node.js, ya que nos ayuda mucho a dividir tareas complejas en piezas más pequeñas que tienen su propia funcionalidad bien definida y testeada. Aunque esto puede parecer obvio para los desarrolladores más experimentados, debido a la naturaleza de JavaScript, es muy fácil construir soluciones demasiado complejas *(over-engineered)*.

Por otra parte, los test pueden ser grandes aliados cuando se trabaja de forma aislada; por ejemplo, cuando necesitamos construir una API HTTP para una aplicación web, pero el equipo de *frontend* no planea comenzar hasta que el trabajo del *backend* esté terminado. Por lo tanto, los test son una excelente manera de validar y coordinar la implementación con el equipo de *frontend*, y son también una buena herramienta al incorporar nuevos miembros a un equipo, ya que estos pueden seguir fácilmente lo que se espera que suceda en la aplicación simplemente ejecutando y leyendo los test.

Para casos más avanzados, también es una fantástica manera de depurar aplicaciones y recrear errores reportados por clientes o miembros del equipo. En general, creo que el retorno de la inversión es muy alto, especialmente en lenguajes dinámicos como JavaScript.

8.8. Resumen

En este capítulo, hemos aprendido los principios de los test y cómo podemos combinar diferentes tipos de test para construir un conjunto de test más robusto. También hemos explorado cómo la pirámide de test puede ayudarnos a construir un conjunto de test que sea fácil de mantener y entender.

Además, hemos discutido las principales diferencias entre los test unitarios y los de integración y cómo podemos usarlos para probar nuestro código. También hemos explorado estrategias para introducir *testing* en nuestros equipos.

Después de eso, hemos analizado la forma de agregar test unitarios a nuestro código utilizando las librerías disponibles del *core* de Node.js y *Jest*.

Finalmente, hemos profundizado en el uso de *testing coverage* como una herramienta interactiva para ayudarnos a refinar nuestros test y a mantenerlos a lo largo del tiempo. Luego, hemos realizado un pequeño ejercicio utilizando TDD para solucionar un *edge case* en nuestra librería de utilidades.

En el próximo capítulo, revisaremos en profundidad cómo funciona el protocolo HTTP y cómo podemos construir RESTful API con Node.js.

8.8.1. Lectura adicional

- The Practical Test Pyramid by Martin Fowler:
  https://martinfowler.com/articles/practical-test-pyramid.html
- Test-Driven Development // Fun TDD Introduction with JavaScript:
  https://www.youtube.com/watch?v=Jv2uxzhPFI4
- Delightful JavaScript Testing with Jest:
  https://www.youtube.com/watch?v=-cAKYQpTC7MA
- Migrating from Jest to Node.js Native Test Runner by Erick Wendel:
  https://www.youtube.com/watch?v=2YfIB4gia60
- TDD, Where Did It All Go Wrong (Ian Cooper):
  https://www.youtube.com/watch?v=EZ05e7EMOLM
- Unit testing in JavaScript Part 1 - Why unit testing?:
  https://www.youtube.com/watch?v=Eu35xM76kKY&list=PL0zVEGEv
  SaeF_zoW9o66wa_UCNE3a7BEr

PARTE 3
Fundamentos de una aplicación web

En la Parte 3, aprenderá cómo se construyen las aplicaciones web con patrones y técnicas modernas adoptadas por la mayoría de las empresas. También aprenderá a construir sólidas RESTful API para intercambiar información entre diversos sistemas y plataformas.

Esta parte incluye los siguientes capítulos:

- Capítulo 9, Manejo de HTTP y REST API
- Capítulo 10, Desarrollando aplicaciones web con Express

CAPÍTULO 9
Manejo de HTTP y REST API

En este capítulo, aprenderemos sobre Internet, tanto desde un punto de vista histórico como desde una comprensión práctica de la infraestructura que hay detrás del Internet que conocemos y usamos todos los días.

Profundizaremos en los protocolos y arquitecturas que hacen posible la creación de proyectos web y exploraremos los *Requests for change (RFC)*, que son la columna vertebral de la navegación web actual.

Dominaremos todos los componentes y conceptos teóricos en torno a HTTP, URL y REST API.

Estos son los principales temas que veremos en este capítulo:

- La historia de Internet y cómo funciona su infraestructura.
- Qué son las **Request for Comments (RFC)** y cómo usarlas.
- Comunicaciones HTTP entre el servidor y los clientes **(Single Page Application, SPA)** versus renderizado del lado del servidor o *server render*.

- Dominar HTTP (cabeceras, códigos de estado, *payloads*, verbos y más).
- Uso de herramientas para depurar peticiones HTTP.
- Cómo están estructuradas las REST API.
- Cómo funciona la especificación *JSON*.
- Cómo funciona la web moderna en detalle.

Al final de este capítulo, tendrá una idea clara de todas las piezas que constituyen el Internet actual y cómo debe construir sus proyectos web aplicando lo aprendido en este capítulo.

9.1. Requisitos técnicos

Vea el código en acción en el vídeo para este capítulo en https://youtu.be/GleRpaaR2PQ

9.2. Cómo funciona Internet por debajo

Usamos Internet todos los días, pero ¿sabemos cómo funciona? Wikipedia define Internet de la siguiente manera:

> *Internet es un conjunto descentralizado de redes de comunicaciones interconectadas, que utilizan la familia de protocolos TCP/IP, lo cual garantiza que las redes físicas heterogéneas que la componen constituyen una red lógica única de alcance mundial.*

Básicamente, Internet es un sistema global que conecta computadoras a través de redes y emplea ciertos protocolos y técnicas para permitir esa comunicación de manera resiliente. Internet lo usan entidades y personas para compartir recursos de información y servicios utilizando herramientas como el correo electrónico y la compartición de archivos, entre otros.

Pero, para ser honestos, esta definición apenas raspa la superficie. Para entender cómo funciona Internet, necesitamos retroceder en el tiempo y entender cómo empezó.

9.2.1. Historia de Internet

Internet tal y como lo conocemos hoy no fue creado por una sola persona o un grupo específico de personas. Es el producto del trabajo de muchas personas y grupos que contribuyeron a la creación de diferentes tecnologías e ideas que, con el tiempo, se convirtieron en lo que hoy conocemos como el Internet moderno.

Hay dos conceptos principales que debemos tener en cuenta cuando intentamos entender cómo funciona Internet desde la perspectiva de la ingeniería. Estos conceptos son los siguientes:

- **Acceso a la información:** mientras el mundo de la computación estaba atrapado en la era de los *mainframes*, los terminales de los usuarios tenían que estar conectados a un *mainframe*. La idea del acceso remoto empezó a crecer. Con el tiempo, la humanidad descubrió que si conectamos las computadoras entre sí, podemos compartir información y recursos entre ellas. Básicamente, podemos segmentar y distribuir información y recursos informáticos. Podemos conectarnos con otras personas y compartir información con ellas más rápido que nunca en la historia de la humanidad.
- **Resiliencia:** en la década de los 60, el gobierno de los Estados Unidos estaba preocupado por la posibilidad de un ataque nuclear que pudiera destruir la infraestructura de comunicaciones. Esta

preocupación fue la semilla de la idea de una red distribuida sin un único punto de fallo, para que pudiera sobrevivir a un ataque nuclear, y esa es la razón por la que muy a menudo nos referimos a Internet como la red de redes.

Tenían que suceder muchas más cosas para hacer de Internet la realidad que conocemos hoy, pero estos dos conceptos siguen siendo muy importantes en la arquitectura de Internet hoy en día.

> Hay un interesante vídeo que explica la historia de Internet de una manera muy sencilla. Puedes verlo aquí: https://www.youtube.com/watch?v=9hIQjrMHTv4.

9.2.2. Infraestructura de Internet

Solo para hacernos una idea de la dependencia que todos tenemos de Internet, podemos observar los centenares de cables de fibra óptica que conectan el mundo a través de los océanos y mares para hacer posible la conectividad a Internet. Aquí podemos ver un mapa de los cables submarinos que conectan el mundo:

Figura 9.1 Nuestro mundo está conectado por docenas de cables de fibra óptica que atraviesan los océanos. Captura de pantalla de (https://www.submarinecablemap.com/) CC BY-SA 4.0.

Los cables de fibra óptica no son la única forma de conectarse a Internet. Otras formas incluyen satélites y ondas de radio. A lo largo de los años, la velocidad de Internet ha aumentado y el coste de la conexión ha disminuido gracias a la interminable investigación e innovación en el campo de las telecomunicaciones.

9.2.3. Request for Comments (RFC)

En este capítulo, nos centraremos especialmente en las especificaciones, protocolos y estándares con los que necesitamos familiarizarnos para hacer que nuestras aplicaciones funcionen.

Si esta es la primera vez que está explorando estos temas, puede sentirse abrumado por la cantidad de información que necesita digerir. Pero no se preocupe, exploraremos juntos todo ello de una manera muy simple y funcional.

Internet Engineering Task Force (IETF) define un *Request for Comments (RFC)* como sigue (https://www.ietf.org/standards/rfcs/):

> *RFC documents contain technical specifications and*
> *organizational notes for the Internet.*

Básicamente, un RFC es un documento que describe algún tipo de especificación/protocolo/estándar diseñado como parte de la arquitectura de Internet. Cualquier persona puede enviar un RFC al IETF y, si es aprobado, se convierte en un estándar. Aunque esto suena simple, este proceso puede llevar mucho tiempo, ya que el proceso de refinamiento y revisión es exhaustivo.

Aquí hay un extracto simple del RFC 2616 (https://www.rfc-editor.org/rfc/rfc2616.txt), que describe el Protocolo de **Transferencia de Hipertexto – HTTP/1.1** en 175 páginas:

```
Network Working Group                                      R. Fielding
Request for Comments: 2616                                   UC Irvine
Obsoletes: 2068                                              J. Gettys
Category: Standards Track                                   Compaq/W3C
                                                              J. Mogul
                                                                Compaq
                                                            H. Frystyk
                                                               W3C/MIT
                                                           L. Masinter
                                                                 Xerox
                                                              P. Leach
                                                             Microsoft
                                                        T. Berners-Lee
                                                               W3C/MIT
                                                             June 1999


                Hypertext Transfer Protocol -- HTTP/1.1

Status of this Memo

   This document specifies an Internet standards track protocol for the
   Internet community, and requests discussion and suggestions for
   improvements.  Please refer to the current edition of the "Internet
   Official Protocol Standards" (STD 1) for the standardization state
   and status of this protocol.  Distribution of this memo is unlimited.

Copyright Notice

   Copyright (C) The Internet Society (1999).  All Rights Reserved.

Abstract

   The Hypertext Transfer Protocol (HTTP) is an application-level
   protocol for distributed, collaborative, hypermedia information
   systems. It is a generic, stateless, protocol which can be used for
   many tasks beyond its use for hypertext, such as name servers and
   distributed object management systems, through extension of its
   request methods, error codes and headers [47]. A feature of HTTP is
   the typing and negotiation of data representation, allowing systems
   to be built independently of the data being transferred.

   HTTP has been in use by the World-Wide Web global information
   initiative since 1990. This specification defines the protocol
   referred to as "HTTP/1.1", and is an update to RFC 2068 [33].
```

Figura 9.2 Extracto simple del RFC 2616.

Sí, lo sé... esto no es una lectura fácil. No espero que lea todo el RFC, pero exploraremos algunas partes de él en este capítulo de una manera práctica.

El mejor aspecto de los RFC es que son gratuitos y que se pueden leer en línea. Puede encontrar mucha información de calidad que puede ayudarlo a entender partes específicas de la arquitectura de Internet cuando lo necesite.

9.2.4. Otros RFC

Solo para que pueda deshacerse de esa sensación abrumadora, me gustaría compartir con usted otros RFC que son más divertidos de leer:

- **RFC 2324** (https://tools.ietf.org/html/rfc2324): Protocolo de Control de la Cafetera de Hipertexto (HTCPCP/1.0).
- **RFC 1149** (https://tools.ietf.org/html/rfc1149): Estándar para la Transmisión de Datagramas IP por palomas mensajeras.

Y mi favorito:

- **RFC 2549** (https://datatracker.ietf.org/doc/html/rfc2549): IP sobre palomas mensajeras con calidad de servicio; una iteración del RFC 1149.

Estos RFC pueden darle la oportunidad de familiarizarse con el formato de discusión de los RFC. Básicamente, si quiere crear un nuevo protocolo, puede enviarlo al IETF y, si es aprobado, se convierte en un estándar. Puede leer más sobre el proceso de RFC aquí: https://www.rfc-editor.org/about/independent/.

Uno de los protocolos más importantes que necesitamos conocer cuando desarrollamos aplicaciones web es HTTP. En la siguiente sección, exploraremos este protocolo en detalle y aprenderemos las diferentes arquitecturas y componentes que involucra y que se usan como columna vertebral de Internet tal como lo conocemos.

9.3. HTTP – Relación servidor y cliente

Aunque el desarrollo web puede ser un tema muy complejo, podemos simplificarlo entendiendo la relación entre el servidor y el cliente en las aplicaciones web típicas.

Tenemos dos actores principales, el servidor y el cliente:

- **Servidor:** es la computadora que está ejecutando la aplicación, lidiando con las consultas a la base de datos, y muchas otras cosas. A este servidor se le llama a menudo el *backend*.
- **Cliente:** es el *software* que el usuario final ejecuta en la máquina local en el caso de las aplicaciones web. El usuario emplea un navegador web para ejecutar el *software* (HTML, CSS, JS, etc.). Al cliente se le llama a menudo *frontend*.

La comunicación entre el servidor y el cliente se realiza a través de HTTP. El cliente envía una petición al servidor y el servidor envía una respuesta. Este es el ciclo típico de petición/respuesta.

9.3.1. Petición y respuesta

La petición y la respuesta son las dos partes principales de HTTP. La petición es enviada por el cliente al servidor y el servidor devuelve una respuesta. La petición y la respuesta están compuestas de diferentes partes que veremos en las siguientes secciones.

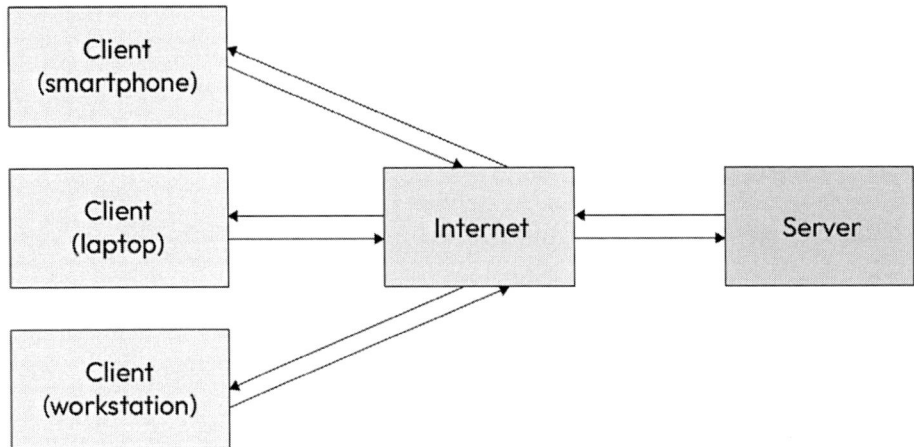

Figura 9.3 La relación entre el servidor, Internet y múltiples clientes.

Como podemos ver en el diagrama anterior, un servidor puede manejar múltiples clientes al mismo tiempo. Esta es la arquitectura típica de una aplicación web. El servidor maneja las peticiones de los clientes y emite la respuesta correspondiente.

Pero, a menudo, un cliente enviará múltiples peticiones a un solo servidor o a múltiples servidores. Veamos el siguiente fragmento de HTML:

```
<head>
<link rel="stylesheet" type="text/css"
href="https://server1.com/
style.css">
</head>
<body>
<img src="https://server3.com/image.png">
```

```
<script type="text/javascript"
src="https://server2.com/script.js"></
script>
```

```
</body>
```

Como podemos ver, el cliente envía tres peticiones a tres servidores diferentes (`server1.com`, `server2.com` y `server3.com`) pidiendo recursos específicos. Cada servidor responderá con el recurso solicitado.

Como ejemplo, si visitamos https://www.marcombo.com y abrimos las herramientas de desarrollador en nuestro navegador, podemos ver que en la pestaña **Network** encontramos todas las peticiones que el navegador está enviando al servidor y sus respuestas:

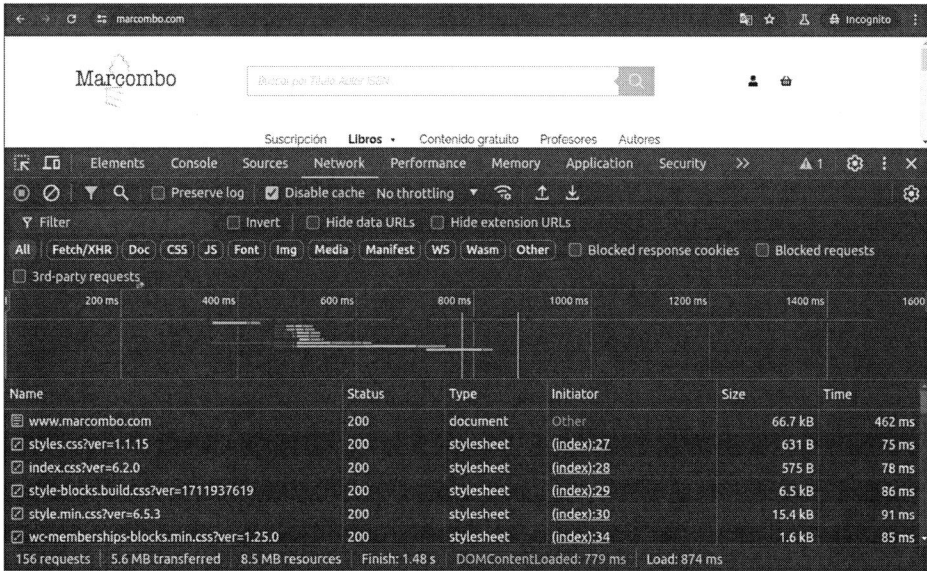

Figura 9.4 Captura de pantalla del navegador web.

Si presta atención a la parte inferior de la Figura 9.3, puede ver fácilmente que esta página está enviando más de 150 peticiones dirigidas a diferentes servidores para renderizar la página. Este es un escenario muy común en las aplicaciones web: el cliente envía múltiples peticiones a servidores para obtener recursos clave, incluyendo *favicons*, archivos CSS, archivos JS, imágenes, vídeos y datos crudos. Si miramos la tabla, podemos ver cada elemento que se carga, y podemos depurar y explorar cada petición que se hizo. Esto puede ser intimidante al principio, pero, una vez que sepa cómo funciona el filtro y pase algunas horas trabajando con él, se sentirá más cómodo.

9.3.2. Renderizado del lado del servidor *(server render)*

Al principio, las aplicaciones web eran muy simples, y el uso de JavaScript estaba muy limitado. Las aplicaciones web se renderizaban en el servidor y el cliente solo recibía los archivos HTML, CSS y JS. Esto se llama renderizado del lado del servidor, y todavía se utiliza en muchas aplicaciones.

Aunque este modelo todavía se utiliza actualmente, hay algunas desventajas claras. Cada vez que el usuario quiere interactuar con la aplicación, el servidor necesita renderizar la página de nuevo y enviarla al cliente. Esto genera mucho tráfico y la experiencia del usuario no es la mejor, ya que hay momentos en los que el sitio web aparece en blanco entre una y otra actualización.

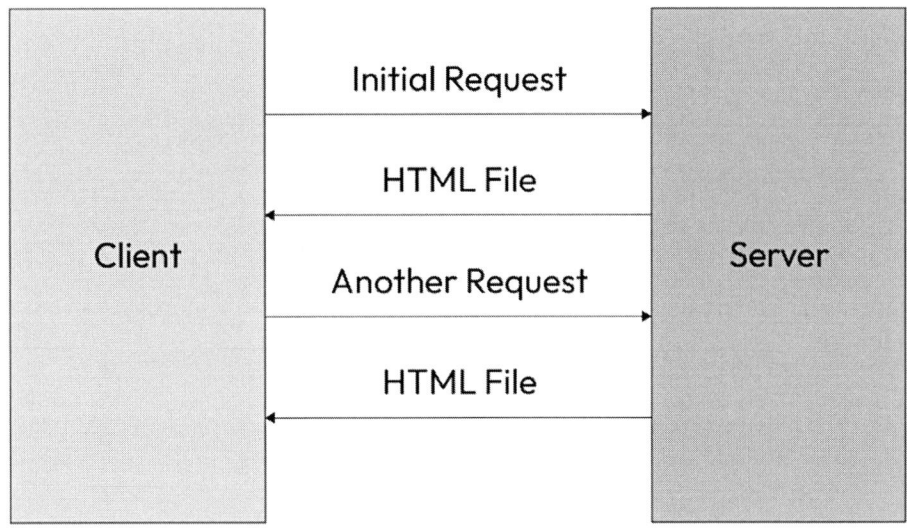

Figura 9.5 La relación entre el servidor y el cliente en el enfoque de renderizado del lado del servidor.

Este patrón era especialmente problemático en los primeros días de los *smartphones*, cuando los dispositivos móviles no eran lo suficientemente potentes para renderizar las páginas y la conexión no era muy buena. La experiencia del usuario era muy mala. La solución fue lo que se llama renderizado del lado del cliente o *Single Page Application (SPA)*.

9.3.3. Single Page Applications (SPA)

En el renderizado del lado del cliente, el servidor envía los archivos HTML, CSS y JS iniciales al cliente. Luego, JavaScript toma el control de la aplicación y renderiza las vistas en el lado del cliente. Así, el servidor solo envía los datos al cliente y el cliente renderiza la página. Esto se llama una **Single Page Application (SPA)** y es el patrón más común hoy en día.

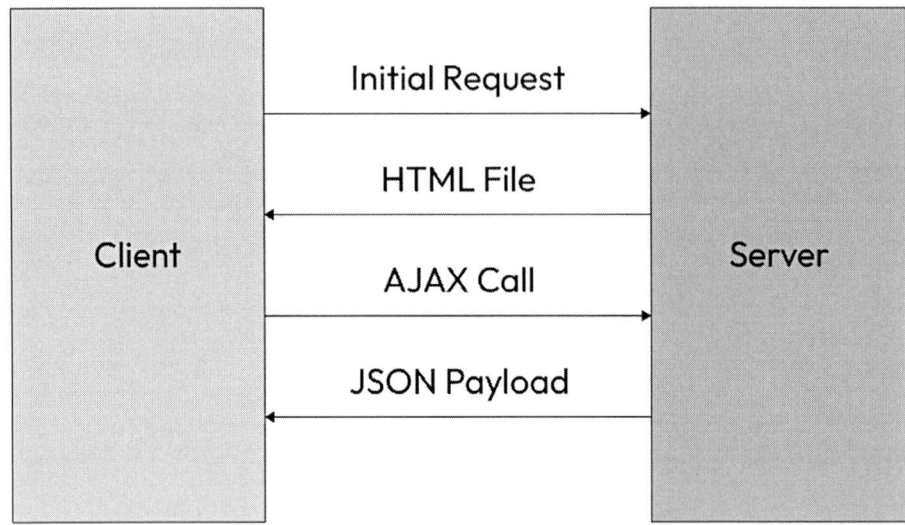

Figura 9.6 La relación entre el servidor en el enfoque AJAX.

Al principio, este patrón era muy complicado de implementar, pero con la evolución de los *frameworks* de JavaScript, este patrón se ha vuelto muy popular. Hoy en día, tenemos muchos *frameworks* que pueden ayudarnos a construir SPA fácilmente. Algunos de los *frameworks* más populares son *Angular, React* y *Vue*. El patrón SPA utiliza el mismo protocolo HTTP pero de una manera diferente a través de las peticiones de **Asynchronous JavaScript and XML (AJAX)**.

Esta nueva técnica introdujo muchos cambios e innovaciones en la forma en que construimos las aplicaciones de *backend*. Las aplicaciones web se volvieron más rápidas e interactivas, y así el *backend* se centró más en servir datos y menos en renderizar vistas. Se popularizó la creación de aplicaciones web que se comunican con el servidor a través de una REST API, e incluso la comunicación de servidores y servicios entre sí usando esa misma API.

Ahora que tenemos una idea clara de los componentes y las posibles arquitecturas web, es hora de profundizar en el protocolo HTTP para que podamos construir proyectos sólidos utilizando comunicación estandarizada entre el servidor y los clientes.

9.4. Dominando HTTP

Partiendo de que ya tenemos una mejor comprensión del concepto de HTTP, veremos las diferentes partes de HTTP que necesitamos entender para construir una aplicación web.

Ya hemos visto la petición y la respuesta, pero profundicemos en las diferentes partes que las componen: encabezados, cargas útiles, versiones y métodos.

9.4.1. Encabezados HTTP

Cada petición y respuesta tiene un conjunto de encabezados. Estos son pares clave-valor y proporcionan información adicional sobre la petición o la respuesta.

Aunque los encabezados de las peticiones y las respuestas pueden parecer similares, no son los mismos, aunque sí comparten pares clave-valor comunes.

9.4.1.1. Encabezados de petición

Comenzaremos analizando, en la Figura 9.7, lo que se incluye en el encabezado de la petición:

```
POST / HTTP/1.1
Host: localhost:8000
User-Agent: Mozilla/5.0 (Macintosh;… )… Firefox/51.0
Accept: text/html,application/xhtml+xml,…,*/*;q=0.8          ◄──── Request headers
Accept-Language: en-US,en;q=0.5
Accept-Encoding: gzip, deflate
Connection: keep-alive
Upgrade-Insecure-Requests: 1                                 ◄──── General headers
Content-Type: multipart/form-data; boundary=-12656974
Content-Length: 345                                          ◄──── Representation
                                                                    headers
-12656974
(more data)
```

Figura 9.7 Atribuciones y licencia de derechos de autor por los Colaboradores de Mozilla, bajo licencia CC-BY-SA 2.5.

Agrupemos las diferentes propiedades del encabezado:

- Encabezados de representación *(Representation headers)*: `content-type` y `content-length`.
- Encabezados generales *(General Headers)*: `keep-alive` y `upgrade-insecure-requests`.
- Encabezados de petición *(Request Headers)*: `accept`, `accept-encoding`, `accept-language`, `host`, y `user-agent`.

Solo mirando los encabezados, podemos entender muchas cosas sobre una petición, como el tipo de contenido que el cliente espera, el idioma y el navegador utilizado. El servidor puede usar esta información para proporcionar una mejor respuesta al cliente.

> Esta es solo una pequeña lista de los posibles encabezados. Hay muchos más que podemos usar para proporcionar más información sobre la petición o respuesta. Incluso podemos crear nuestros propios pares clave-valor. Puede encontrar la lista de los encabezados HTTP aquí: https://developer.mozilla.org/en-US/docs/Web/HTTP/Headers.

9.4.1.2. Encabezados de respuesta

Terminaremos analizando, en la Figura 9.8, lo que se incluye en el encabezado de la respuesta:

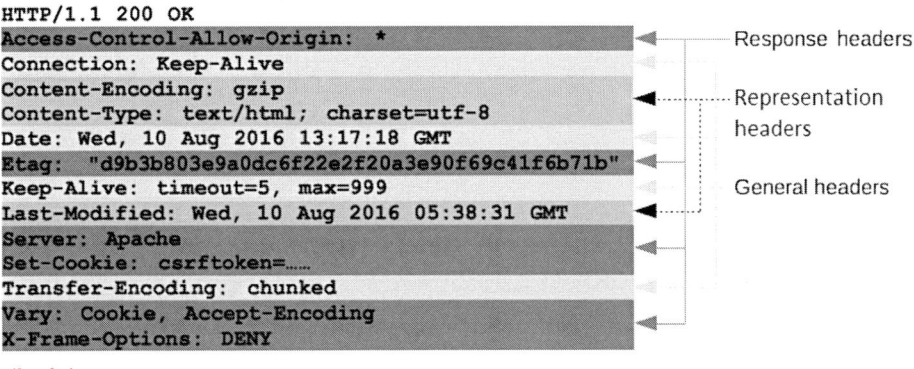

(body)

Figura 9.8 Atribuciones y licencia de derechos de autor por los Colaboradores de Mozilla, bajo licencia CC-BY-SA 2.5.

Los encabezados de respuesta son muy similares a los encabezados de petición, pero con algunas diferencias importantes. Se pueden agrupar de la siguiente manera:

- Encabezados de representación *(Representation Headers)*: `content-type`, `content-encoding` y `last-modified`.

- Encabezados generales *(General Headers)*: `connection`, `date`, `keep-alive` y `transfer-encoding`.

- Encabezados de respuesta *(Response Headers)*: `access-control-allow-origin`, `etag`, `server`, `set-cookie`, `vary` y `x-frame-options`.

Con los encabezados de respuesta, también podemos proporcionar información adicional que ayudará a los navegadores y a las aplicaciones web a digerir y renderizar la información correctamente.

Los encabezados de respuesta son muy importantes para la seguridad de la aplicación, ya que hay muchos encabezados que pueden prevenir ciertos ataques en el entorno del navegador web. Por ejemplo, podemos usar `x-frame-options` para evitar que la aplicación se cargue como un `iframe`, o usar `feature-policy` para evitar que la aplicación use características como la cámara o el micrófono. Exploraremos esto en el Capítulo 15.

9.4.2. Códigos de estado

En general, una de las piezas de información más importantes de la respuesta es el código de estado.

El código de estado nos permite entender si la petición fue exitosa o no, e incluso puede proporcionar *feedback* más granular. Podemos clasificarlos en los siguientes grupos:

- 1xx: Informativo
- 2xx: Éxito
- 3xx: Redirección
- 4xx: Error del cliente
- 5xx: Error del servidor

Los códigos de estado más comunes son `200 OK`, `201 Created`, `301 Moved Permanently`, `400 Bad Request`, `401 Unauthorized`, `403 Forbidden`, `404 Not Found`, `429 Too Many Requests`, `500 Internal Server Error` y `503 Service Unavailable`. Puede encontrar la lista completa de los códigos de estado aquí: https://developer.mozilla.org/en-US/docs/Web/HTTP/Status.

Como puede ver, si conoce el código de estado dado, puede entender qué pasó con su petición. Por ejemplo, un error `429` ocurre cuando el cliente ha enviado demasiadas peticiones en un período de tiempo determinado *(rate limit)*, pero si recibe un `401` el error está relacionado con su autenticación. Finalmente, si en el mismo escenario recibe un `403`, está correctamente autenticado pero no tiene suficientes permisos para realizar la operación dada, como eliminar otra cuenta de usuario sin ser administrador.

Todos hemos experimentado el código de error `404`, que es muy común cuando intentamos acceder a un recurso que no existe. Por ejemplo, si intentamos acceder a la siguiente URL, https://www.google.com/invented-resource, recibiremos un código de error `404`.

---

418 Soy una tetera

Existe la arraigada tradición en Internet de construir páginas *404* elegantes. Puede encontrar muchos ejemplos en línea, pero no muchas personas saben que existe un código de error especial 418 que el RFC 2324 (https://tools.ietf.org/html/rfc2324) describe de la siguiente manera:

«Cualquier intento de preparar café con una tetera debe resultar en el código de error 418 Soy una tetera. El cuerpo de la entidad resultante DEBE ser corto y robusto»

Aunque esto puede parecer solo una broma, en realidad es apoyado por muchas entidades, incluyendo Node (https://github.com/nodejs/node/issues/14644) y Google, ya que el código de error 418 forma parte del standard.

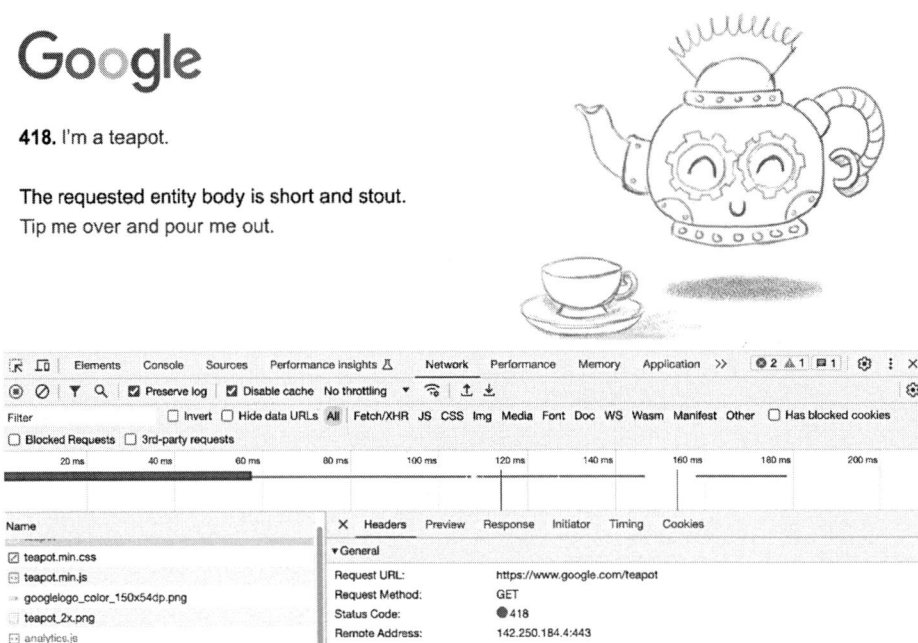

Figura 9.9 Captura de pantalla del navegador web de google.com/teapot.

Como dijo Shane Brunswick en el sitio web del Movimiento Save 418 (https://save418.com/):

> *Es un recordatorio de que los procesos subyacentes de*
> *las computadoras todavía son realizados por humanos.*
> *Sería una verdadera lástima ver desaparecer el 418.*

Y estoy de acuerdo con él: detrás de estos sistemas complejos hay humanos, y no debemos olvidar eso, de la misma manera que no debemos olvidar que Internet no podría existir sin el *software* libre y la cultura *hacker*.

9.4.3. Métodos de petición

Así como los códigos de estado son muy importantes para entender las respuestas, los métodos de petición son esenciales para entender las peticiones.

Hay muchos métodos de petición, pero los más comunes son los siguientes: `GET`, `POST`, `PUT`, `PATCH` y `DELETE`. Puede encontrar la lista completa de los métodos de petición aquí: https://developer.mozilla.org/en-US/docs/Web/HTTP/Methods.

La forma en que nosotros, los desarrolladores de *backend*, los usamos puede variar un poco, pero la forma más común es la siguiente:

- `GET`: acceder a un recurso.
- `POST`: crear un recurso.
- `PUT`: actualizar un recurso.
- `PATCH`: actualizar parcialmente un recurso.
- `DELETE`: eliminar un recurso.

Vamos a explorar esto en detalle en el Capítulo 11, cuando creemos una verdadera REST API con todos sus *endpoints*.

En los primeros días de Internet, usábamos formularios para enviar datos al servidor y especificábamos el método dado en el formulario. Vea el siguiente ejemplo:

```
<form action="/user" method="POST">
  <input type="text" name="username" />
  <input type="password" name="password" />
  <input type="submit" value="Submit" />
</form>
```

El código anterior era una forma común de enviar datos a un servidor para crear un nuevo usuario, pero hoy en día utilizamos JavaScript para enviar datos al servidor. Por ejemplo, podemos usar la API `fetch` para enviar datos al servidor de la siguiente manera:

```
fetch('/user', {
  method: 'POST',
  headers: {
   'Content-Type': 'application/json'
  },
  body: JSON.stringify({
    username: 'john',
    password: '1234'
  })
})
```

Y luego usamos los detalles de la respuesta para informar al usuario sobre si la petición fue exitosa o no. Usar JavaScript para enviar datos al servidor es más complejo, pero nos da más flexibilidad y mucho control sobre la petición.

> Cuando usted ingresa una URL en el navegador, este envía una petición `GET` al servidor. Este es el método predeterminado que utiliza el navegador. Usted ha estado utilizando métodos HTTP durante mucho tiempo sin saberlo.

9.4.4. Cargas útiles de HTTP

Los mensajes HTTP pueden llevar una carga útil o *payload*, lo que significa que podemos enviar datos al servidor y los servidores, de igual manera, pueden enviar datos a sus clientes. Esto se hace a menudo con peticiones `POST`. Las cargas útiles pueden estar en muchos formatos, pero los más comunes son los siguientes:

- `application/json`: se utiliza al compartir datos *JSON*.
- `application/x-www-form-urlencoded`: se utiliza al enviar textos simples en ASCII, enviando datos en la URL.
- `multipart/form-data`: se utiliza al enviar datos binarios (como archivos) o textos no ASCII.
- `text/plain`: se utiliza al enviar texto plano, como un archivo de texto.

Puede encontrar la lista completa de los tipos de contenido aquí: https://developer.mozilla.org/en-US/docs/Web/HTTP/Basics_of_HTTP/MIME_types.

9.4.5. Versiones de HTTP

El protocolo HTTP ha evolucionado a lo largo de los años, y tenemos diferentes versiones del protocolo:

Versión	Año	Estado
HTTP/0.9	1991	Obsoleto
HTTP/1.0	1996	Obsoleto
HTTP/1.1	1997	Estándar

| HTTP/2 | 2015 | Estándar |
| HTTP/3 | 2022 | Estándar |

Actualmente, la versión del protocolo más utilizada es la versión `HTTP/1.1`, pero la versión `HTTP/2` está ganando popularidad. La versión `HTTP/3` es bastante nueva y aún no está ampliamente soportada.

Hoy en día, Node.js soporta las versiones `HTTP/1.1` y `HTTP/2`, pero aún no soporta la versión `HTTP/3`. Existe una iniciativa estratégica en curso para soportarlo: https://github.com/nodejs/node/issues/38478.

En la siguiente sección, aprenderemos cuán importantes son las URL *(Uniform Resource Locators)* y cómo podemos usarlas para estructurar el acceso a los recursos en nuestras aplicaciones web.

9.5. Uso de URL en aplicaciones web

Echemos un vistazo a la siguiente tabla, hecha por Node.js, que describe las diferentes partes de una URL:

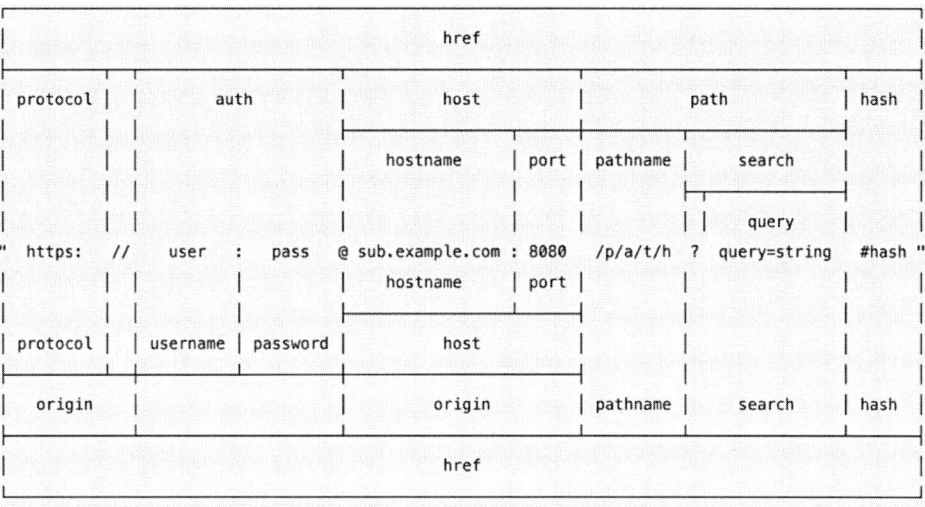

```
(All spaces in the "" line should be ignored. They are purely for formatting.)
```

Figura 9.10 Estructura de URL de la Documentación Oficial de Node.js. Atribuciones y licencia de derechos de autor por los Colaboradores de Node.js, bajo licencia MIT.

En los siguientes capítulos, utilizaremos mucho las partes de la URL, así que tenga a mano esta tabla. Hay muchas formas de analizar una URL, pero la forma más común es utilizar la clase `URL`:

```
import { URL } from 'node:url';

const myUrl = new URL('https://user:pass
@sub.example.com:8080/p/a/t/h?query=string#hash');

console.log(myUrl.hash); // #hash

console.log(myUrl.host); // sub.example.com:8080

console.log(myUrl.hostname); // sub.example.com
```

Esta clase está disponible en Node.js y en el navegador.

> Node.js 20 introdujo uno de los parseadores de URL más eficientes disponibles, llamado Ada 2.0: https://www.yagiz.co/announcing-ada-url-parser-v2-0.

Ahora que sabemos cuán flexibles son las URL, exploremos en la siguiente sección cómo podemos construir una capa estándar encima de nuestros servicios web. Esta capa es la base de muchos servicios en línea y productos *SaaS*. Aprenderemos los conceptos básicos de la creación de interfaces de aplicaciones web (API).

9.6. REST API en resumen

REST significa *Representational State Transfer* o **Transferencia de Estado Representacional**, y es una convención muy popular para construir API. Fue introducida por Roy Fielding en su tesis doctoral (https://www.ics.uci.edu/~fielding/pubs/dissertation/rest_arch_style.htm) en 2000.

En términos prácticos, la idea es definir un conjunto de recursos a los que el cliente puede acceder usando HTTP, como exploramos en la sección anterior.

Cada recurso es identificado por una URL única, y el cliente puede realizar operaciones en él usando los métodos HTTP. El servidor responderá con un código de estado y una carga útil cuando sea necesario.

Por ejemplo, digamos que tenemos una REST API para administrar una base de datos de películas. Podemos definir los siguientes recursos:

- `/movies`: este recurso representa la colección de películas.
- `/movies/:id`: este recurso representa una sola película.

> En la URL, la sección `:id` actúa como un marcador de posición, conocido técnicamente como *placeholder*. Este simboliza el identificador único (id) de una película. Se denomina parámetro de URL y permite acceder a recursos específicos, como se muestra en los ejemplos `/movies/1` o `/movies/12345`, donde el número después de `/movies/` corresponde al id de la película deseada.

El cliente puede realizar las siguientes operaciones en estos recursos usando los mencionados métodos HTTP:

- `GET /movies`: obtener los detalles de todas las películas.
- `GET /movies/:id`: obtener los detalles de una sola película.
- `POST /movies`: crear una nueva película.
- `PUT /movies/:id`: actualizar una sola película.
- `DELETE /movies/:id`: eliminar una sola película.

La mayoría de las veces, el servidor responderá con un *payload* en formato *JSON*, pero también puede responder con otros formatos como *XML* o *HTML*.

Veamos un ejemplo de una REST API en acción. Utilizaremos *simple-api* (https://www.npmjs.com/package/@ulisesgascon/simple-api), que es una API HTTP muy sencilla para construir prototipos rápidos. Esta API incluye documentación generada con la librería *Swagger* que se puede utilizar para explorar la API.

Figura 9.11 Captura de pantalla del navegador web de la documentación de la API generada con Swagger.

Como puede ver, la API es bastante intuitiva y fácil de usar porque sigue los principios de REST que vimos anteriormente. Por lo tanto, intuitivamente sabrá cómo usarla. Podemos usar *Swagger* para explorar más detalles del *payload* esperado por la API cuando creamos un nuevo todo:

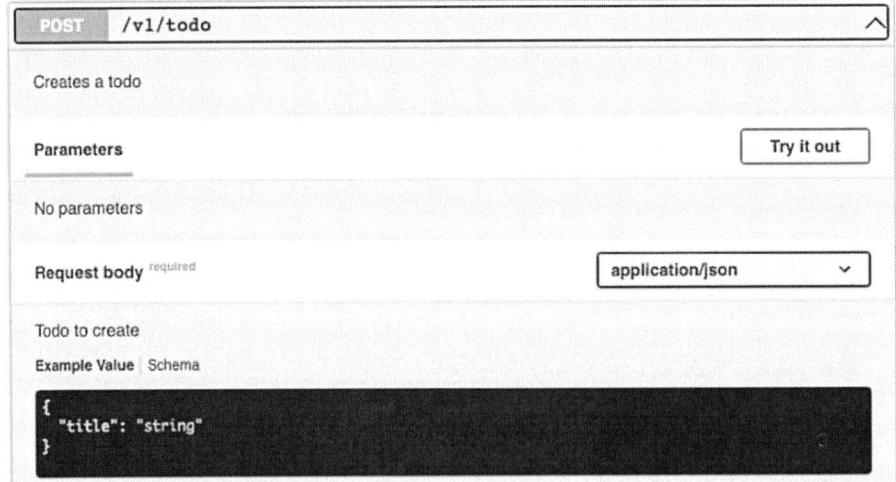

Figura 9.12 Captura de pantalla del navegador web de la documentación de la API generada con Swagger.

También es posible explorar las potenciales respuestas que la API puede devolver para cualquier *endpoint* específico que esté disponible:

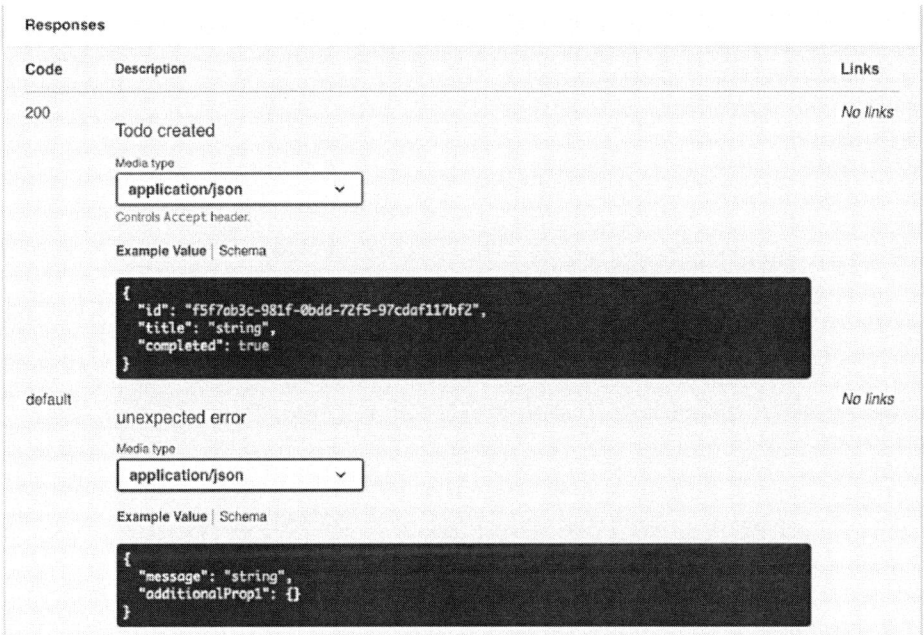

Figura 9.13 Captura de pantalla del navegador web de la documentación de la API generada con Swagger.

Si entiende cómo funcionan las REST API, será capaz de utilizar cualquier API moderna basada en HTTP. Por ejemplo, la API de GitHub https://docs.github.com/en/rest es una REST API que utiliza HTTP para exponer sus servicios.

Hay un mundo lleno de API ahí fuera, esperando que usted las utilice para construir proyectos increíbles. Aquí tiene una gran lista de API públicas: https://apilist.fun/.

A lo largo de los capítulos anteriores, hemos mencionado *JSON*, pero no lo hemos explicado en detalle, así que en la siguiente sección nos adentraremos en él, ya que es el formato más común para intercambiar datos en las API modernas.

9.7. Explorando la especificación *JSON*

JSON significa ***JavaScript Object Notation***, y es un formato ligero de intercambio de datos. Es fácil de leer y de escribir para los humanos, y es fácil de analizar y de generar por parte de las máquinas.

Podemos convertir fácilmente un objeto JavaScript a una cadena *JSON* utilizando el método `JSON.stringify()`:

```
const user = {
  name: 'John',
  age: 30
};
const json = JSON.stringify(user);
```

Y podemos convertir una cadena *JSON* a un objeto JavaScript utilizando el método `JSON.parse()`:

```
const json = '{"name":"John","age":30}';
const user = JSON.parse(json);
```

Aunque el nombre *JSON* incluye la palabra JavaScript, es un formato de datos independiente del lenguaje. Muchos lenguajes de programación tienen librerías para analizar y generar *JSON*.

JSON es el formato más común utilizado para intercambiar datos entre clientes y servidores, como cuando usamos o construimos una REST API.

La especificación *JSON* es bastante simple, y le sugiero encarecidamente que la lea. Puede encontrarla en https://www.ecma-international.org/wp-content/uploads/ECMA-404_2nd_edition_december_2017.pdf.

En la siguiente sección, explicaremos cómo depurar peticiones HTTP para que podamos construir proyectos complejos fácilmente.

9.8. Depuración de peticiones HTTP

Hay muchas formas de depurar peticiones HTTP. La forma más común es utilizar las herramientas de desarrollo, ya que son fácilmente accesibles en la mayoría de los navegadores web. También es bastante útil cuando está desarrollando un sitio web mantener estas herramientas abiertas y navegar entre las diferentes pestañas para depurar componentes de la interfaz de usuario y peticiones de red.

Pero también hay otras herramientas especializadas que puede utilizar, como Postman (https://www.postman.com/) o Insomnia (https://insomnia.rest/), que fueron diseñadas específicamente para este propósito y que ofrecen muchas características de serie (colecciones, autenticación, etc.). Estas herramientas son la mejor opción si no tiene un sitio web y solo está probando *endpoints* de API directamente.

En los siguientes capítulos, utilizaremos las herramientas de desarrollo del navegador para depurar nuestras transacciones HTTP y utilizaremos la librería *Jest* para probar y depurar nuestras peticiones HTTP en el entorno de *testing*.

Es posible utilizar herramientas más avanzadas, como Charles (https://www.charlesproxy.com/) o Wireshark (https://www.wireshark.org/), pero no son necesarias para el alcance de este libro.

Si no está familiarizado con las herramientas de desarrollo de su navegador, puede leer más al respecto en el Capítulo 2.

9.9. Resumen

En este capítulo, hemos aprendido mucho sobre las tecnologías que utilizaremos para construir nuestras aplicaciones y que constituyen la base del Internet moderno.

Además, hemos analizado cómo se utilizan los documentos RFC para definir los estándares de Internet y cómo podemos utilizarlos para aprender más sobre las tecnologías que utilizamos.

También hemos estudiado cómo funciona la arquitectura cliente-servidor y cómo se utiliza HTTP para intercambiar datos entre el cliente y el servidor en detalle, incluyendo los métodos HTTP y los códigos de estado.

Finalmente, hemos explorado las partes de la URL y hemos aprendido a utilizarlas para construir REST API. También hemos hablado de la especificación *JSON* en más detalle y sobre cómo depurar peticiones HTTP.

En el próximo capítulo, exploraremos cómo podemos utilizar *Express* para construir aplicaciones web y API de manera rápida y eficiente.

9.9.1. Lectura adicional

- *Nate Gentile | La cara oculta de la informática... Dentro de un DATACENTER: https://www.youtube.com/watch?v=6R4rdeH1bpM*
- *Wikipedia | IP over Avian Carriers: https://en.wikipedia.org/wiki/IP_over_Avian_Carriers*
- *Wikipedia | HTTP: https://en.wikipedia.org/wiki/HTTP*
- *History of the Internet: https://www.youtube.com/watch?v=9hIQjrMHTv4*
- *How the Internet Works in 5 Minutes: https://www.youtube.com/watch?v=7_LPdttKXPc*
- *An overview of HTTP: https://developer.mozilla.org/en-US/docs/Web/HTTP/Overview*
- *Project Code Rush - The Beginnings of Netscape / Mozilla Documentary: https://www.youtube.com/watch?v=4Q7FTjhvZ7Y*
- *How The Internet Travels Across Oceans: https://www.youtube.com/watch?v=yd1JhZzoS6A*
- *There is a Reason Why Underwater Power Cables are So Expensive: https://www.youtube.com/watch?v=bkgvqC3M1Tw*
- *Jeff Geerling | Testing one of the oldest Internet myths: https://www.youtube.com/watch?v=4pz2kMxCu8I*

CAPÍTULO 10
Desarrollando aplicaciones web con *Express*

Express es el *framework* web más popular para JavaScript y desde hace muchos años es el estándar *de facto*. Es un *framework* muy minimalista, muy fácil de aprender, y proporciona mucha flexibilidad para construir aplicaciones web.

En este capítulo, comenzaremos con la aplicación más básica de "hola mundo" para construir una aplicación de REST API sólida y bien probada. Exploraremos en detalle todos los componentes críticos de *Express*, incluyendo la petición y la respuesta, el *middleware* y el enrutamiento. También aprenderemos cómo usar el *middleware* de *Express* más común y cómo construir nuestro propio *middleware*.

Estos son los principales temas que veremos en este capítulo:

- Servir archivos estáticos para su proyecto.
- Construir una página de inicio renderizada por el servidor usando motores de plantillas.
- Construir una aplicación típica de CRUD REST API con *Express*.

- Usar el *middleware* de *Express* más común, incluyendo librerías de terceros.
- Construir su propio *middleware*.

10.1. Requisitos técnicos

Vea el código en acción en el vídeo para este capítulo en https://youtu.be/8QyDZVa7CNg

10.2. Familiarizándonos con la librería *Express*

Express se define en su propio sitio web (https://expressjs.com/) como:

Fast, unopinionated, minimalist web framework for Node.js.

La buena noticia es que tenemos mucha libertad para construir nuestra aplicación, y la mala es que debemos tomar muchas decisiones, y debemos tener cuidado de no cometer errores.

Express, efectivamente, es muy minimalista en comparación con otros *frameworks* web, por lo que tenemos que añadir librerías de terceros o construir nuestras propias abstracciones cuando sea necesario. *Express* tiene una comunidad muy activa, y podemos encontrar muchas librerías para resolver problemas comunes.

Además, la documentación oficial es de gran calidad y hay muchos recursos para aprender más sobre *Express*, lo que supone una gran elección para los principiantes.

Como *Express* es un *framework* no dogmático, cuando usted siga un tutorial o un curso se encontrará con que, a veces, el código no es consistente y no sigue los mismos patrones. Esto se debe a que ofrece mucha libertad, y podemos desarrollar nuestros propios patrones y una forma propia de construir aplicaciones en función de nuestras necesidades.

En este libro, utilizaremos la versión `4.18.3` de *Express*, pero cualquier versión `4.x` de *Express* debería resultarnos válida. Utilizaremos la versión `20.11.0` de Node.js. Ambas son las últimas versiones disponibles en el momento de escribir este libro.

10.2.1. Instalando *Express*

Para instalar *Express*, debemos ejecutar el siguiente comando en un nuevo proyecto de Node.js:

```
npm install express@4
```

No necesita ninguna configuración adicional; simplemente, lo instala y estará listo para comenzar.

10.2.2. Hola Mundo

Comencemos con un ejemplo simple, una aplicación de "Hola Mundo". Cree un nuevo archivo llamado `helloWorld.js` y agregue el siguiente código:

```
import express from 'express'
const app = express()
const port = 3000
app.get('/', (req, res) => {
  res.send('Hello World from Express!')
```

```
})

app.listen(port, () => {

  console.log(`Hello  World  app  listening  on  port
${port}`)

})
```

Muy simple, ¿verdad? Desglosémoslo:

1. Importamos la librería *Express* y creamos una instancia de la aplicación *Express*.
2. Definimos la ruta raíz / y enviamos una respuesta con el texto `Hello World from Express!`
3. Iniciamos el servidor y escuchamos en el puerto `3000`.

Para ejecutar la aplicación, usamos el siguiente comando:

```
node helloWorld.js
```

Si todo está bien, debería ver la siguiente salida:

```
Hello World app listening on port 3000
```

Ahora, si abre su navegador y va a `http://localhost:3000`, debería ver el texto `Hello World from Express!`, como se muestra en la siguiente captura de pantalla:

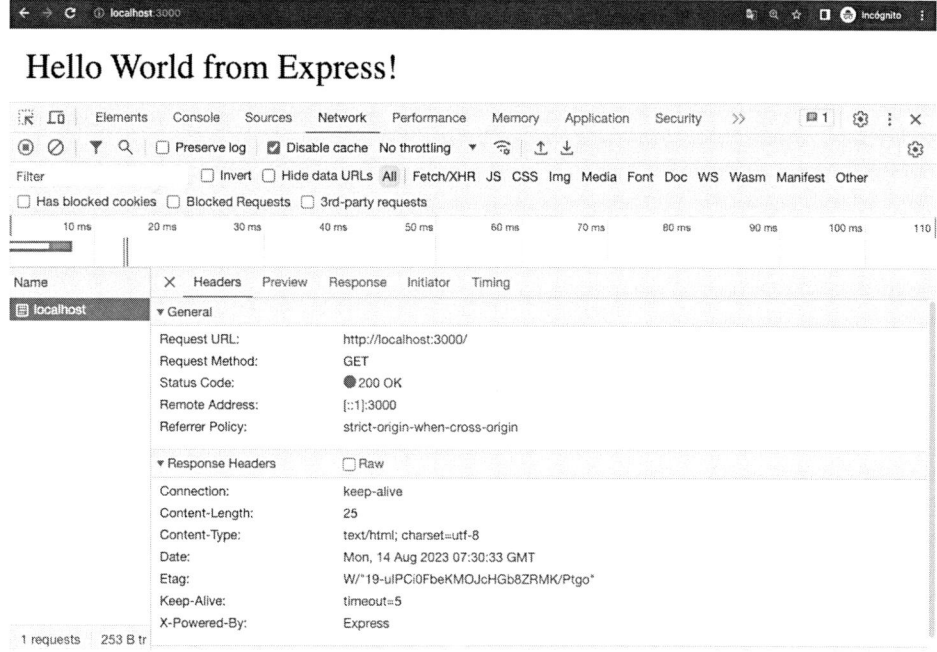

Figura 10.1 Captura de pantalla del navegador web mostrando un proyecto Express simple.

10.2.3. Usando el generador

Express tiene una herramienta de línea de comandos para generar una aplicación básica. Para usarla, debemos ejecutar el siguiente comando:

```
npx express-generator@4
```

Esto generará una nueva aplicación con muchos archivos y carpetas. Le recomiendo que cree una nueva carpeta y ejecute el comando allí, para no desordenar su proyecto actual.

La salida en la ejecución debería ser algo como lo siguiente:

```
create : public/
create : public/javascripts/
```

```
create : public/images/
create : public/stylesheets/
create : public/stylesheets/style.css
create : routes/
create : routes/index.js
create : routes/users.js
create : views/
create : views/error.jade
create : views/index.jade
create : views/layout.jade
create : app.js
create : package.json
create : bin/
create : bin/www

install dependencies:
   $ npm install
run the app:
   $ DEBUG=generated:* npm start
```

Luego, el siguiente paso es instalar las dependencias:

```
npm install
```

Finalmente, podemos iniciar la aplicación:

```
npm start
```

Si todo está bien, debería ver la siguiente salida:

```
> generated@0.0.0 start
```

```
> node ./bin/www

GET / 304 125.395 ms - -

GET /stylesheets/style.css 304 1.265 ms - -

GET / 304 11.043 ms - -

GET /stylesheets/style.css 304 0.396 ms - -

GET /ws 404 11.822 ms - 1322
```

Si accede a `http://localhost:3000` en el navegador, debería ver la siguiente página:

Figura 10.2 Captura de pantalla del navegador web mostrando la aplicación Express generada usando `express-generator`.

Siéntase libre de explorar el código generado, pero no se preocupe si no lo entiende todo, ya que cubriremos todas las partes importantes en las siguientes secciones. Note que también la ruta `http://localhost:3000/users` está funcionando y, si intenta cualquier otra ruta, obtendrá un error 404, como con `http://localhost:3000/invented`, por ejemplo.

10.2.4. Depuración

Ahora, le mostraré otra cosa interesante que incluye el generador *Express* y que utilizaremos en nuestro proyecto más adelante. Si inicia la aplicación con el comando `DEBUG=* npm start` o set `DEBUG=* && npm start` (si usa Windows) en la salida del terminal será más detallada y verá mucha información sobre las peticiones y respuestas:

```
express:router:layer new '/' +0ms
express:router use '/' logger +0ms
express:router:layer new '/' +0ms
express:router use '/' jsonParser +1ms
express:router:layer new '/' +0ms
express:router use '/' urlencodedParser +0ms
express:router:layer new '/' +0ms
express:router use '/' cookieParser +0ms
express:router:layer new '/' +0ms
express:router use '/' serveStatic +0ms
express:router:layer new '/' +0ms
express:router use '/' router +0ms
express:router:layer new '/' +0ms
express:router use '/users' router +1ms
express:router:layer new '/users' +0ms
express:router use '/' <anonymous> +0ms
express:router:layer new '/' +0ms
express:router use '/' <anonymous> +0ms
express:router:layer new '/' +0ms
express:application set "port" to 3000 +0ms
generated:server Listening on port 3000 +3ms
express:router dispatching GET / +17s
express:router query  : / +1ms
express:router expressInit  : / +1ms
express:router logger  : / +0ms
express:router jsonParser  : / +1ms
body-parser:json skip empty body +0ms
express:router urlencodedParser  : / +0ms
body-parser:urlencoded skip empty body +0ms
```

Figura 10.3 Captura de pantalla del terminal.

Esto se debe a que *Express* y muchas otras dependencias utilizan la librería *debug* (https://www.npmjs.com/package/debug) para registrar información. Al usar la variable de entorno `DEBUG=*`, le estamos diciendo a la librería *debug* que imprima la información relacionada con todos los espacios de nombres. Pero podemos ser más selectivos y limitar el alcance para *Express*, por ejemplo, utilizando la variable de entorno `DEBUG=express:* npm start`.

Ahora que tenemos una comprensión básica de *Express*, es hora de explorar cómo podemos usar motores de plantillas para renderizar las páginas HTML que se enviarán al navegador.

10.3. Entendiendo los motores de plantillas

En el Capítulo 9, aprendimos la diferencia entre las **Single Page Applications (SPAs)** y la renderización del lado del servidor *(server render)*.

Express proporciona una forma de renderizar páginas HTML utilizando motores de plantillas. Esta es la característica clave para construir aplicaciones renderizadas en el servidor con *Express*.

10.3.1. Elegir un motor de plantillas

Lo primero que debemos hacer es elegir un motor de plantillas. Hay muchas opciones disponibles. La opción más popular históricamente fue *Jade* (https://www.npmjs.com/package/jade), pero se renombró a *Pug* (https://www.npmjs.com/package/pug). Puede encontrar muchos tutoriales y ejemplos buscando ambos nombres.

Personalmente, prefiero **Embedded JavaScript templates (EJS)** (https://www.npmjs.com/package/ejs), por su simplicidad y porque está bien documentado. Con el tiempo, se familiarizará más con los motores de plantillas y podrá elegir el que mejor se adapte a sus necesidades.

10.3.2. Renderizando una plantilla

Ahora, volviendo a nuestro ejemplo de "hola mundo", crearemos un nuevo archivo llamado `helloWorldTemplate.js` y le añadiremos el siguiente código:

```
import express from ('express')
const app = express()
const port = 3000
app.set('view engine', 'ejs')
app.get('/', (req, res) => {
  res.render('index', {
    title: 'This is an Express app',
    subtitle: 'using EJS as template engine'})
})
app.listen(port, () => {
  console.log(`Application running in
http://localhost:${port}`)
})
```

A continuación, tenemos que crear una nueva carpeta llamada `views`, dentro de la cual creamos un nuevo archivo llamado `index.ejs` con el siguiente contenido:

```
<!DOCTYPE html>
<html lang="en">
<head>
  <meta charset="UTF-8">
  <title><%= title %></title>
</head>
<body>
  <h1><%= title %></h1>
  <h2><%= subtitle %></h2>
```

```
</body>
```

```
</html>
```

Como puede ver, el motor de plantillas utiliza las etiquetas <%= y %> para interpolar los valores. En este caso, estamos pasando la variable `title` a la plantilla.

Finalmente, tenemos que instalar la dependencia *ejs* para poder renderizar la plantilla ejecutando el siguiente comando:

```
npm install ejs@3
```

Luego, iniciamos la aplicación de la siguiente manera:

```
node helloWorldTemplate.js
```

Si accede a `http://localhost:3000` en el navegador, deberá ver lo siguiente:

This is an Express app

using EJS as template engine

Figura 10.4 Captura de pantalla del navegador web mostrando la plantilla renderizada para el usuario final.

Además, si accede a `view-source:http://localhost:3000/`, verá el HTML crudo que *Express* está enviando al navegador:

```
<!DOCTYPE html>
```

```html
<html lang="en">

<head>

  <meta charset="UTF-8">

  <title>This is an Express app</title>

</head>

<body>

  <h1>This is an Express app</h1>

  <h2>using EJS as template engine</h2>

</body>

</html>
```

Como puede ver, el motor de plantillas está interpolando los valores y generando el HTML para nosotros desde el servidor.

10.3.3. Entendiendo el proceso

A continuación, profundizaremos para entender qué está sucediendo realmente en el código:

```
app.set('view engine', 'ejs')
```

La línea anterior le indica a *Express* que vamos a usar `ejs` como nuestro motor de plantillas, por lo que ahora podemos usar `res.render` para renderizar una plantilla.

```
res.render('index', {

    title: 'This is an Express app',

    subtitle: 'using EJS as template engine'

})
```

En el código anterior, el método `res.render` recibe dos parámetros. El primero es el nombre de la plantilla (en este caso, `index` (`views/index.ejs`), y el segundo son los datos que queremos interpolar en la plantilla.

Luego, el motor de plantillas reemplazará las etiquetas `<%= title %>` y `<%= subtitle %>` con los valores que estamos pasando en el segundo parámetro del método `res.render`.

En aplicaciones del mundo real, los datos que pasamos a la plantilla serán dinámicos; por ejemplo, los datos que obtenemos de una base de datos o una API externa. Pero, por ahora, vamos a usar datos estáticos para mantener el ejemplo simple.

En la siguiente sección, aprenderemos cómo podemos aprovechar el objeto de la petición para construir aplicaciones más ricas y poderosas.

10.4. Dominando las peticiones

En el Capítulo 9, aprendimos toda la teoría en torno a las peticiones y respuestas HTTP. Aquí, hablaremos de cómo manejarlas con *Express*.

En esta sección, nos vamos a centrar en este fragmento de pseudocódigo:

```
import express from ('express')

const app = express()

app.method(route, handler)
```

Tenemos tres elementos para entender:

- `method`, es decir, el método HTTP que queremos manejar; por ejemplo, `GET`, `POST`, `PUT`, `DELETE`, etc.
- `route` es la ruta que queremos manejar; por ejemplo, `/`, `/users`, o `/users/:id`.
- `handler` es la función tipo *callback* que se ejecutará cuando `method` y `route` coincidan en una petición.

10.4.1. Métodos HTTP

Express nos proporciona un método para cada método HTTP. Hay muchos (`get`, `post`, `put`, `head`, `delete`, `options`, `trace`, `copy`, `lock`, `mkcol`, `move`, `purge`, `propfind`, `proppatch`, `unlock`, `report`, `mkactivity`, `checkout`, `merge`, `m-search`, `notify`, `subscribe`, `unsubscribe`, `patch`, `search`, y `connect`).

Los más comunes son `get`, `post`, `put`, y `delete`, así que nos vamos a centrar en ellos:

```
app.get ('/', () => {})
app.post('/', () => {})
app.put('/', () => {})
app.delete('/', () => {})
```

Si desea manejar todos los métodos HTTP en la misma ruta, puede usar el método `all`:

```
app.all('/', () => {})
```

10.4.2. Rutas

Las rutas son muy flexibles y pueden ser dinámicas. Podemos definirlas de diferentes maneras, incluyendo expresiones regulares.

10.4.2.1. Rutas estáticas

Las rutas estáticas son la forma más común de definir rutas. Se utilizan para manejar peticiones a una ruta específica; por ejemplo, `/`, `/users`, o `/user/me`:

```
app.get('/', () => {})

app.get('/users', () => {})

app.get('/user/me', () => {})
```

10.4.2.2. Parámetros dinámicos

Los parámetros dinámicos se utilizan para manejar las peticiones a una ruta específica. Podemos usar el carácter `:` para definir un parámetro dinámico, como `/users/:id` o `/users/:id/profile`:

```
app.get('/users/:id', () => {})
```

En este caso, `:id` es un parámetro dinámico, por lo que coincidirá con cualquier valor, incluyendo `/users/1`, `/users/peter`, `/users/jane-doe`, y así sucesivamente.

Incluso puede combinar parámetros estáticos y dinámicos, como `/users/:id/profile`:

```
app.get('/users/:id/profile', () => {})
```

El ejemplo anterior resolverá las peticiones a `/users/1/profile`, `/users/peter/profile`, `/users/jane-doe/profile`, entre otros.

Este patrón es bastante común en aplicaciones, por ejemplo de transportes, donde puede tener una ruta como `/users/:id/rides/:rideId` para obtener los detalles de un viaje específico, o cuando reserva billetes para un vuelo utilizando una ruta como `/flights/from/:originCity/to/:destinationCity`. *Express* proporcionará los valores de los parámetros dinámicos en el objeto `req.params`:

```
app.get('/flights/from/:originCity/to/:destinationCity
', (req, res) => {
    const { originCity, destinationCity } = req.params
    res.send(`You are flying from ${originCity} to
${destinationCity}`)
})
```

10.4.2.3. Parámetros opcionales

Los parámetros opcionales se utilizan para manejar las peticiones a una ruta específica, pero el parámetro es opcional. Esto se puede hacer con el carácter `?`, como en `/invoice/:id?`:

```
app.get('/invoice/:id?', (req, res) => {
    const id = parseInt(req.params.id)
    if (id) {
        res.send(`You are looking for the invoice with
id ${id}`)
    } else {
        res.send(`You    are    looking    for    all    the
invoices`)
    }
```

```
})
```

En este caso, el parámetro `:id` es opcional, por lo que coincidirá con `/invoice`, `/invoice/167`, `/invoice/G123S8123SD123MJ`, y así sucesivamente.

10.4.2.4. Expresiones regulares

Podemos usar expresiones regulares para definir rutas. Esto es bastante útil cuando queremos hacer coincidir la ruta usando patrones predecibles; por ejemplo, `/.*fly$/` identificará cualquier texto que termine con `fly`:

```
app.get(/.*fly$/, (req, res) => {
  res.send(`Match with any route that ends with fly`)
})
```

La ruta anterior coincidirá con `/butterfly`, `/dragonfly`, `/fly`, `/mcfly`, etc. Veamos un ejemplo más habitual:

```
app.get('/msg/:id/:action(edit|delete)', (req, res,
next) => {
  res.send(`You request the action ${req.params.action}
for the
message ${req.params.id}`);
});
```

En este caso, la ruta coincidirá con `/msg/1/edit`, `/msg/1/delete`, y así sucesivamente.

Si no está familiarizado con las expresiones regulares, no se preocupe: puede usar las otras opciones para definir sus rutas. Pero si desea explorar las expresiones regulares más a fondo, le recomiendo que pruebe *Regular Expressions 101* (https://regex101.com/).

10.4.2.5. Parámetros de consulta

En el Capítulo 9, aprendimos sobre las diferentes partes de la URL y vimos que los parámetros de consulta *(query params)* son aquellos que comienzan después del ?. Estos se utilizan para enviar información adicional al servidor. Por ejemplo, en la URL `/films?category=scifi&director=George+Lucas` estamos enviando dos parámetros de consulta: `category` y `director`.

Podemos capturar los parámetros de consulta en el objeto `req.query` para usarlos en nuestras rutas:

```
app.get('/films', (req, res) => {
    const { category, director } = req.query
    res.send(`You are looking for films with category ${category} and
director ${director}`)
})
```

Es importante tener en cuenta que los parámetros de consulta son opcionales, lo que significa que las peticiones pueden no tener ningún parámetro de consulta. En ese caso, el objeto `req.query` estaría vacío.

> Los fragmentos de URL (es decir, `/mypath#fragment`) no forman parte de las peticiones y no se incluirán como tales por parte del navegador, por lo que no podemos capturarlos. Vea https://github.com/expressjs/express/issues/1083 para más información.

10.4.2.6. La importancia del orden

Las rutas se registran en el orden en el que fueron definidas, lo que permite a *Express* evitar conflictos entre ellas. Veamos un ejemplo:

```
app.get('/users/:id', () => {
    res.send(`You are looking for the user with id
${req.params.id}`)
})
app.get('/users/me', () => {
    res.send(`You are looking for the current user`)
})
```

Si intenta acceder a `/users/me`, obtendrá el mensaje `You are looking for the user with id me` porque la ruta `/users/:id` se registra primero, por lo que coincidirá con `/users/me` y el valor `me` se almacena en la propiedad `req.params.id`.

Puede resolver este problema cambiando el orden de las rutas:

```
app.get('/users/me', () => {})
app.get('/users/:id', () => {})
```

En proyectos grandes, esto puede convertirse en un problema en caso de no tener una buena estrategia para definir las rutas. Esta también es una de las buenas razones para incluir *testing* en su proyecto y evitar malas configuraciones accidentales en las rutas.

10.4.3. Controladores

Los controladores son las funciones que se ejecutan cuando una petición coincide con una ruta. Un controlador es una simple función con tres parámetros (`req`, `res` y `next`) y tiene la gran responsabilidad de manejar la respuesta a la petición o delegar la petición a otros controladores:

```
app.get('/', (req, res, next) => {
    res.send("Hello World")
})
```

Veamos los parámetros del controlador con más detalle.

10.4.3.1. Objeto de petición

El objeto de petición (`req`) contiene toda la información sobre la petición, incluyendo los parámetros, IP, cabeceras, cuerpo, y así sucesivamente. Si utiliza otras librerías que extienden las capacidades de *Express*, muy a menudo encontrará más propiedades en este objeto. Puede encontrar más información sobre el objeto de petición en la documentación de *Express* (https://expressjs.com/en/4x/api.html#req).

10.4.3.2. Objeto de respuesta

El objeto de respuesta (`res`) contiene todos los métodos para manejar la respuesta de la petición, incluyendo métodos simples, como `send` o `json`, y métodos más complejos, como `download` o `redirect`. En la siguiente sección, aprenderemos más sobre las capacidades del objeto de respuesta.

10.4.3.3. Función next

La función `next` se utiliza para delegar la petición al siguiente controlador. Esto es útil cuando quiere dividir la lógica del controlador en múltiples funciones o delegar la gestión de errores.

Aprenderemos ambas estrategias en las dos próximas secciones, en las que hablaremos en profundidad del patrón *middleware* y dominaremos las respuestas.

En la siguiente sección, aprenderemos cómo podemos aprovechar el objeto de respuesta y cómo personalizar las respuestas basándonos en muchos escenarios diferentes, como la redirección HTTP, la personalización de las cabeceras HTTP y algunas cuestiones más.

10.5. Dominando las respuestas

Las respuestas son la forma en que el servidor se comunica de vuelta al cliente después de una petición, por lo que es crucial entender cómo manejarlas. En esta sección, aprenderemos cómo agregar cabeceras, códigos de estado, redirecciones, envío de datos y envío de archivos.

Descubrirá los métodos disponibles cuando empiece a construir aplicaciones más complejas. Puede encontrar más información sobre el objeto de respuesta en la documentación de *Express* (https://expressjs.com/en/4x/api.html#res).

10.5.1. Gestión de cabeceras

Las cabeceras se utilizan para enviar información extra sobre la respuesta. *Express* maneja las cabeceras utilizando el método `set`, que recibe dos parámetros: el nombre de la propiedad y el valor de esta.

```
app.get('/', (req, res, next) => {
    res.set('Content-Type', 'text/html')
    res.send("<h1>Hello World</h1>")
})
```

En el ejemplo anterior, estamos estableciendo la cabecera `Content-Type` a `text/html` para que el navegador sepa que la respuesta es un documento HTML y lo renderice como HTML.

10.5.1.1. Múltiples cabeceras

También puede usar el método `set` para establecer múltiples cabeceras al mismo tiempo, pasando un objeto como único parámetro:

```
app.get('/', (req, res, next) => {
    res.set({
        'Content-Type': 'text/html',
        'x-powered-by': 'Unicorns and rainbows'
    })
    res.send("<h1>Hello World</h1>")
})
```

En el código anterior, estamos estableciendo dos cabeceras: `Content-Type` y `x-powered-by`.

10.5.1.2. Eliminando cabeceras

Puede eliminar una cabecera utilizando el método `removeHeader`, que recibe el nombre de la cabecera como primer parámetro:

```
app.get('/', (req, res, next) => {
    res.set({
        'Content-Type': 'text/html',
        'x-powered-by': 'Unicorns and rainbows'
    })
    res.removeHeader('x-powered-by')
```

```
    res.send("<h1>Hello World</h1>")
})
```

En el ejemplo anterior, estamos eliminando la cabecera `x-powered-by` que acabamos de agregar en la declaración anterior.

10.5.2. Códigos de estado

Un código de estado es un número que representa el estado de la respuesta. Se utiliza para comunicar el estado de la petición al cliente. Es importante utilizar el código de estado correcto, ya que es parte del protocolo HTTP que discutimos en el Capítulo 9.

Puede gestionar los códigos de estado utilizando el método `status`, que recibe el código de estado como el primer parámetro:

```
app.get('/', (req, res, next) => {
    res.status(200)
    res.send("<h1>Hello World</h1>")
})
```

En este ejemplo, estamos estableciendo el código de estado a 200, lo que significa que la petición fue exitosa. Por defecto, *Express* establecerá este código de estado si usted no lo establece.

10.5.2.1. Encadenamiento de métodos

Puede encadenar el método `status` con otros métodos, como `set` o `send`:

```
app.get('/', (req, res, next) => {
    res.status(200)
    .set('Content-Type', 'text/html')
```

```
    .send("<h1>Hello World</h1>")
})
```

10.5.2.2. Enviando solo códigos de estado

Si desea enviar solo el código de estado, puede utilizar el método `sendStatus`, que recibe el código de estado como primer parámetro:

```
app.get('/', (req, res, next) => {
    res.sendStatus(500)
})
```

En el ejemplo, estamos enviando el código de estado `500`, lo que significa que la petición no fue exitosa.

10.5.3. Redirecciones

Puede redirigir la petición a otra URL utilizando el método `redirect`, que recibe la URL como primer parámetro:

```
app.get('/', (req, res, next) => {
    res.redirect('https://ulisesgascon.com/')
})
```

En el ejemplo, estamos redirigiendo la petición a `https://ulisesgascon.com`.

El código de estado predeterminado para las redirecciones es `302`, pero usted puede cambiarlo especificando el código de estado como el primer parámetro:

```
app.get('/', (req, res, next) => {
    res.redirect(301, 'https://ulisesgascon.com/')
})
```

El método `redirect` también acepta URL relativas, por lo que puede redirigir a otra ruta en su aplicación:

```
app.get('/', (req, res, next) => {
    res.redirect('/about')
})
```

Incluso puede redirigir a un nivel superior en la URL:

```
app.get('/about/me', (req, res, next) => {
    res.redirect('..')
})
```

En este caso, la petición será redirigida a `/about`, similar a cuando usted hace `cd..` en la terminal.

También se puede redirigir a la URL de referencia con el método `back`. Si la cabecera de referencia no está presente en la petición, entonces la petición será redirigida a `/`:

```
app.get('/', (req, res, next) => {
    res.redirect('back')
})
```

10.5.4. Enviando datos

Al principio del capítulo, vimos cómo usar `res.render` para renderizar una plantilla, pero hay otras formas de enviar datos al cliente. La forma más común es utilizando el método `send`, que recibe los datos como un parámetro. Esto puede ser cualquier tipo de datos, incluyendo *buffers*:

```
app.get('/', (req, res, next) => {
    res.send("Hello World")
})
```

10.5.4.1. Usando res.send()

El método `send` convertirá los datos a una cadena y establecerá la cabecera `Content-Type` a `text/html`, a menos que usted especifique lo contrario usando `res.set()`. También incluirá `Content-Length`.

Si utiliza *buffers*, el `Content-Type` se establecerá en `application/octet-stream` y `Content-Length` será la longitud del *buffer*, pero puede cambiar esto utilizando `res.set()`:

```
app.get('/', (req, res, next) => {
    res.set('Content-Type', 'text/html')
    res.send(Buffer.from('<p>Hello World</p>'))
})
```

10.5.4.2. Usando res.json()

Si desea enviar datos en formato *JSON*, puede utilizar el método `json` directamente, que recibe los datos como el primer parámetro. Establecerá la cabecera `Content-Type` a `application/json` y realizará la serialización de los datos por usted:

```
app.get('/', (req, res, next) => {
    res.json({message: 'Hello World'})
})
```

Esta es la forma más común de enviar datos en formato *JSON*, pero también puede usar el método `send` y establecer la cabecera `Content-Type` a `application/json`, realizando la serialización de los datos usted mismo:

```
app.get('/', (req, res, next) => {
    res.set('Content-Type', 'application/json')
```

```
    res.send(JSON.stringify({message: 'Hello World'}))
})
```

Esto puede ser muy útil si desea utilizar una librería de serialización diferente, como *fast-json-stringify* (https://www.npmjs.com/package/fast-json-stringify).

10.5.5. Enviando archivos

Puede enviar archivos al cliente utilizando el método `sendFile`, que recibe la ruta al archivo como primer parámetro:

```
app.get('/report', (req, res, next) => {
    res.sendFile('/path/to/file.txt')
})
```

En el ejemplo anterior, estamos enviando el archivo `/path/to/file.txt` al cliente. Este método permite una gran flexibilidad, incluyendo un *callback* para manejar posibles errores. Consulte la documentación para más información en http://expressjs.com/en/4x/api.html#res.sendFile.

Otra forma de enviar archivos es utilizando el método `res.download()`, que recibe la ruta al archivo como primer parámetro:

```
app.get('/report', (req, res, next) => {
    res.attachment('/path/to/file.txt')
})
```

Este método establecerá la cabecera `Content-Disposition` a `attachment` y la cabecera `Content-Type` a `application/octet-stream`, a menos que usted especifique lo contrario usando `res.set()`. Este método permite una gran flexibilidad, incluyendo un *callback* para manejar posibles errores. Recomiendo consultar la documentación en http://expressjs.com/en/4x/api.html#res.download.

En la siguiente sección, aprenderemos cuán poderoso es el patrón de *middleware* y cómo podemos usarlo para construir aplicaciones más complejas. *Express* se basa en este patrón, por lo que es importante entenderlo, ya que nos permitirá extender las capacidades de *Express* fácilmente.

10.6. Usando el patrón de *middleware*

El corazón de *Express* es el patrón de *middleware*, que nos permite extender la funcionalidad del *framework* añadiendo funciones que se ejecutarán en el ciclo de petición-respuesta. Las funciones *middleware* se ejecutan en el orden en que se añaden a la aplicación, y pueden ser añadidas de forma global o específicamente por rutas.

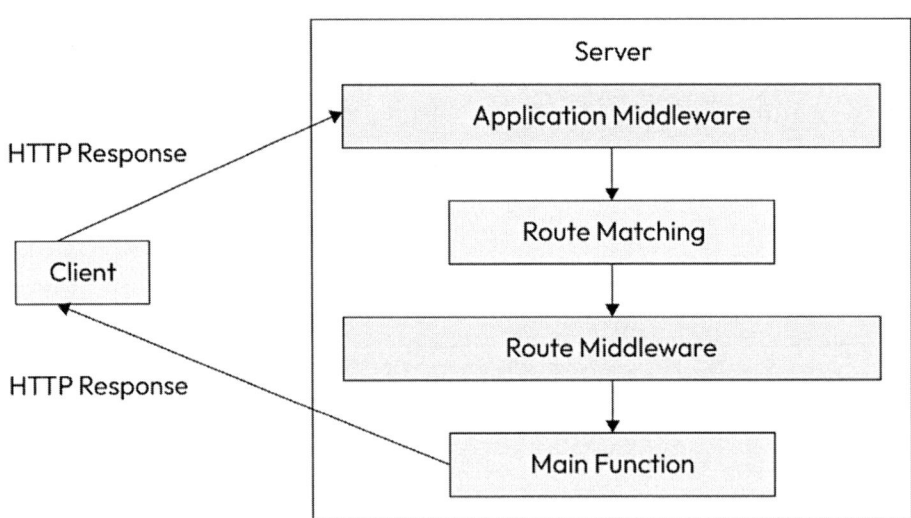

Figura 10.5 Proceso completo del patrón de middleware *desde el* middleware *de la aplicación hasta la función principal.*

Podemos entender el patrón de *middleware* como un *pipeline*, donde la petición se pasa a través del *pipeline*, y cada función *middleware* puede modificar tanto la petición como la respuesta, y luego pasar la petición a la siguiente función *middleware* en el *pipeline*. Las funciones *middleware* también pueden terminar el ciclo de petición-respuesta enviando una respuesta directamente al cliente.

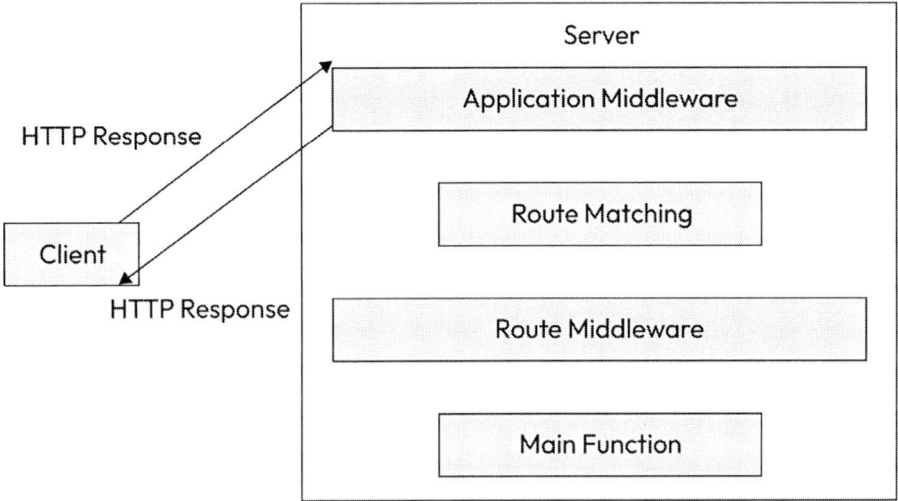

Figura 10.6 Patrón de middleware *limitado al* middleware *de aplicación.*

Podemos agregar un *middleware* global a la aplicación, que validará si la petición está autenticada. Cuando el usuario esté correctamente autenticado, podemos pasar la petición al siguiente *middleware* en el *pipeline*; si no lo está, podemos terminar el ciclo de petición-respuesta enviando directamente una respuesta al cliente con un mensaje de error.

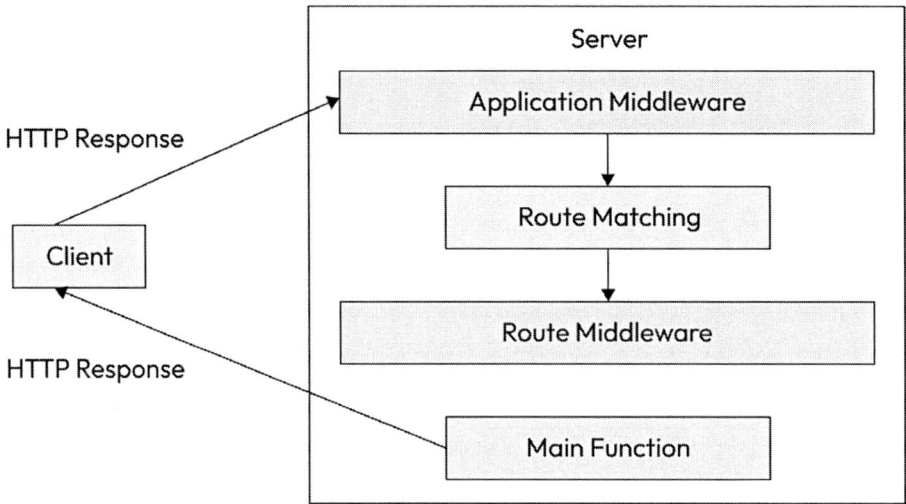

Figura 10.7 Patrón de middleware *desde el* middleware *de aplicación hasta el* middleware *de ruta.*

También podemos agregar una función *middleware* a una ruta, para validar, por ejemplo, que el usuario tiene los permisos adecuados para acceder a la ruta. Si es así, podemos pasar la petición al siguiente *middleware* en el *pipeline*; si el usuario no tiene los permisos, podemos terminar el ciclo de petición-respuesta enviando una respuesta directamente al cliente con un mensaje de error.

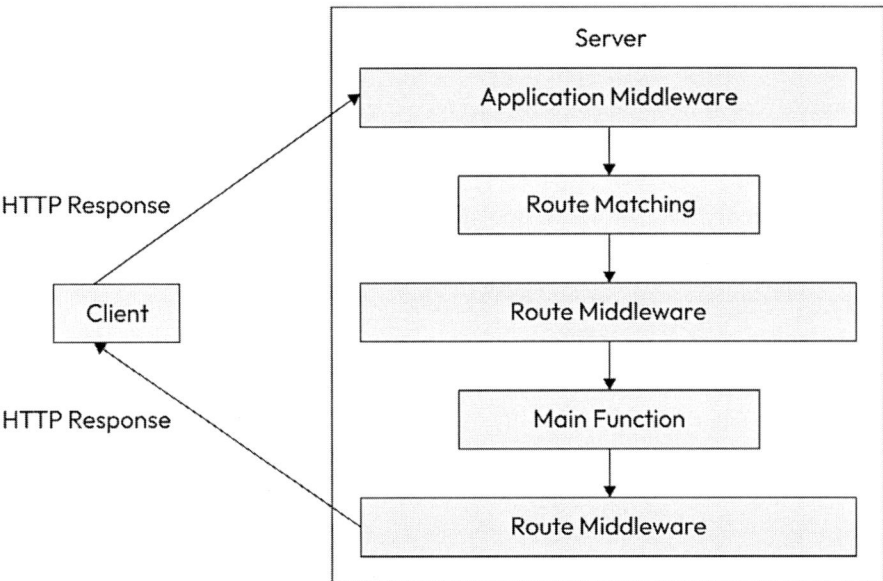

Figura 10.8 Proceso completo del patrón de middleware *desde el* middleware *de la aplicación hasta la función principal.*

Cuando la función principal del *middleware* tiene algún tipo de problema, como una excepción, que no permite que el *middleware* continúe con el ciclo de petición-respuesta, entonces el *middleware* de error puede tomar el control y responder al cliente con el mensaje de error.

Como puede ver, el patrón de *middleware* es bastante complejo para familiarizarse con él, pero, al mismo tiempo, es muy útil, porque nos permite abstraer y reutilizar el código fácilmente. Podemos resolver las peticiones como una secuencia de funciones donde cada una de ellas puede tomar el control cuando sea necesario, por lo que podemos aislar la lógica de negocio bastante bien.

10.6.1. Entendiendo el alcance

Hemos visto que tenemos tres posibles alcances para las funciones *middleware*:

- **Middleware global:** se ejecutará para todas las peticiones que reciba la aplicación.
- **Middleware de ruta:** se ejecutará para todas las peticiones que reciba la ruta.
- **Middleware de error:** se ejecutará cuando un error sea lanzado por una función *middleware*.

10.6.2. Anatomía del *middleware*

Veamos la anatomía de una función *middleware*:

```
const middleware(req, res, next) {}
```

Básicamente, una función `middleware` recibe tres parámetros: el objeto de petición (`req`), el objeto de respuesta (`res`) y la función `next`.

Ahora veamos en detalle qué podemos hacer con una función `middleware`.

10.6.2.1. Agregando contexto a la petición

Un caso de uso muy común para las funciones *middleware* es agregar contexto al objeto de petición. La idea es extender el objeto de petición con propiedades adicionales que serán utilizadas por las siguientes funciones *middleware* en el *pipeline*. Veamos un ejemplo:

```
const detectLangMiddleware(req, res, next) {
    req.lang = req.headers['accept-language'] || 'en'
    next()
}
```

En el ejemplo anterior, estamos agregando una nueva propiedad al objeto de petición llamada `lang`. Esta propiedad puede ser consumida por las siguientes funciones *middleware* en el *pipeline*, como `req.lang`.

Este es un ejemplo muy simple pero es bastante común crear funciones *middleware* simples y enfocadas a resolver problemas muy específicos, ya que nos permiten hacer composición de una forma muy sencilla.

Como puede ver, `detectLangMiddleware` está usando `next()` para informar a *Express* de que el *middleware* ha terminado y de que no hubo errores. En este caso, si no llamamos a `next()`, la aplicación se quedará colgada.

10.6.2.2. Gestionando respuestas

Otro caso de uso común para las funciones *middleware* es gestionar la respuesta. Por ejemplo, podemos agregar una función *middleware* que redirigirá al usuario a `https://updatemybrowser.org/` si el usuario está utilizando Internet Explorer:

```
const legacyBrowsersMiddleware(req, res, next) {
    if (req.headers['user-agent'].includes('MSIE')) {
        res.redirect('https://updatemybrowser.org/')
    } else {
        next()
    }
}
```

Como puede ver, si el usuario está utilizando Internet Explorer, será redirigido a `https://updatemybrowser.org/`. No llamamos a `next()` porque no queremos continuar con el ciclo de petición-respuesta, ya que ya hemos enviado una respuesta al cliente con `res.redirect()`.

Si el usuario no está utilizando Internet Explorer, llamamos a `next()` para continuar con el ciclo de petición-respuesta como de costumbre.

10.6.2.3. Configuración adicional

En el Capítulo 3, aprendimos cómo funcionan los *closures*. Es bastante común usar *closures* para agregar configuración adicional a las funciones *middleware*. Veamos un ejemplo:

```
const detectLangMiddleware = defaultLang => (req, res,
next) => {

    req.lang = req.headers['accept-language'] ||
defaultLang

    next()

}
```

En el código anterior, hemos cambiado la función *middleware* de antes para usar un *closure* y recibir el idioma que esperamos usar por defecto como un parámetro, por lo que ya no necesitamos especificar `en`.

Ahora, esta función *middleware* se ejecutará de la siguiente manera:

```
import { detectLangMiddleware } from './utils'

// With the closure

app.use(detectLangMiddleware('es'))

// without the closure

app.use(detectLangMiddleware)
```

Este es un patrón común para funciones *middleware* que requieren configuración adicional, como el idioma predeterminado en este caso.

10.6.2.4. *Testing*

Una ventaja adicional de este patrón *middleware* es que podemos realizar test unitarios a las funciones *middleware* fácilmente porque son solo funciones que reciben una petición (`req`), una respuesta (`res`) y una función `next` como parámetros. Podemos simular *(mocking)* la petición y la respuesta, y podemos simular la función `next` para verificar que el *middleware* está funcionando correctamente.

Veremos esto con más detalle más adelante en este capítulo, pero, mientras tanto, puede revisar mi librería *user-language-middleware* (https://www.npmjs.com/package/user-language-middleware). La *suite* de test completa se puede encontrar en https://github.com/UlisesGascon/user-language-middleware/blob/main/__tests__/userLanguageMiddleware.test.js para familiarizarse más con el *testing* de funciones *middleware*.

10.6.3. Agregando *middleware* a la aplicación

Puede agregar *middleware* a la aplicación utilizando el método `app.use()`. Este método recibe una función *middleware* como parámetro y se ejecutará para todas las peticiones recibidas por la aplicación:

```
app.use(legacyBrowsersMiddleware)
```

Tenga en cuenta que el orden de las funciones *middleware* es importante porque se ejecutarán en el mismo orden en que se agregan a la aplicación.

10.6.4. Agregando *middleware* a una ruta

Puede agregar el *middleware* a una ruta de la misma manera que lo agrega a una aplicación, solo que utilizando el método `app.METHOD()` en lugar de `app.use()`:

```
app.get('/users', legacyBrowsersMiddleware, (req, res)
=> {

    res.send('Hello world')

})
```

Por lo tanto, `legacyBrowsersMiddleware` se ejecutará solo para la ruta `GET /users` y, si `legacyBrowsersMiddleware` llama a `next()`, la siguiente función *middleware* en el *pipeline* se ejecutará, que en este caso es `(req, res) => { res.send('Hello world') }`.

¡Sí, hemos estado usando este patrón desde el comienzo del capítulo! Es justo decir que todas las rutas son funciones *middleware* en *Express*.

10.6.4.1. Encadenando *middleware*

Puede encadenar funciones *middleware* en el mismo método `app.METHOD()`, simplemente añadiendo más argumentos:

```
app.get('/users',                    legacyBrowsersMiddleware,
detectLangMiddleware,

(req, res) => {

    res.send('Hello world')

})
```

Esto es muy común en aplicaciones grandes donde hay muchas funciones *middleware* que se ejecutan en un orden específico. Es una buena práctica revisar el orden de estas funciones para evitar comportamientos inesperados y migrarlos al nivel de la aplicación si se utilizan en múltiples rutas, adaptando la lógica de negocio si es necesario.

10.6.5. *Middleware* común utilizado en *Express*

Históricamente, el equipo de *Express* ha incluido algunas funciones *middleware* en el propio *framework*, pero la mayoría de ellas se han trasladado a paquetes externos desde *Express* 4. Sin embargo, todavía hay algunas funciones *middleware* incluidas en el *framework*, como `express.static()`.

10.6.5.1. Archivos estáticos

Express incluye una función *middleware* para servir archivos estáticos desde un directorio. Esto es muy útil para servir los típicos ficheros que necesita una aplicación web, como imágenes, archivos CSS o archivos JavaScript:

```
app.use(express.static('public'))
```

También puede usar varios directorios para servir archivos estáticos:

```
app.use(express.static('public'))
app.use(express.static('files'))
```

10.6.5.2. Manejo de errores

Express incluye una función *middleware* para manejar errores. Esta función debe ser la última del *pipeline*, y recibe cuatro parámetros en lugar de tres. El primer parámetro es el error, el segundo es la petición (`req`), el tercero es la respuesta (`res`) y el cuarto es la función `next`:

```
app.use((err, req, res, next) => {
    console.error(err.stack)
```

```
    res.status(500).send('Ohh! The Server needs some
love')
})
```

Si tiene un error en cualquier función *middleware*, puede llamar a `next(err)` y esta función *middleware* se ejecutará, como también lo hará si lanza un error en un manejador de ruta. Veámoslo en acción:

```
import express from 'express'

const app = express()

const port = 3000


app.get('/next-error', (req, res, next) => {
    next(new Error('Ohh! Something went wrong'))
})

app.get('/throw-error', (req, res) => {
    throw new Error('Ohh! Something went wrong')
})

app.use((err, req, res, next) => {
    console.error(err.stack)
    res.status(500).send('Ohh! The Server needs some
love')
})

app.listen(port, () => {
  console.log(`running at http://localhost:${port}`)
})
```

Si ahora se dirige a `http://localhost:3000/next-error` o `http://localhost:3000/throw-error`, verá que la función *middleware* de manejo de errores está tomando el control.

En la siguiente sección, continuaremos aprendiendo sobre el patrón de *middleware*, pero nos centraremos en las funciones *middleware* de terceros disponibles en el ecosistema. Actualmente, hay una gran cantidad de funciones *middleware* que se pueden usar en nuestras aplicaciones de *Express*, por lo que es importante saber cómo usarlas correctamente. Aunque las funciones *middleware* de terceros pueden ahorrar mucho tiempo y esfuerzo, necesita tener cuidado, ya que significa agregar más dependencias a su proyecto, lo cual afectará potencialmente a su seguridad y rendimiento.

10.7. Uso de *middleware* de terceros

Hay muchas funciones *middleware* de terceros que puede usar en sus aplicaciones *Express*. Veamos cómo instalarlas y usarlas.

Una de las funciones *middleware* más populares es *body-parser* (https://www.npmjs.com/package/body-parser). Básicamente, analizará el cuerpo HTTP de la petición entrante y lo hará disponible bajo la propiedad `req.body`.

Instálelo usando *npm* de la siguiente manera:

```
npm install body-parser@1
```

Luego, puede importarlo y usarlo en su aplicación. Cree un nuevo archivo llamado `echo_payload.js` con el siguiente contenido:

```
import express from 'express'
```

```
import bodyParser from 'body-parser'

const app = express()
const port = 3000
app.use(bodyParser.json())
app.post('/echo', (req, res) => {
    // Echo the request body
    res.json(req.body)
})
app.listen(port, () => {
  console.log(`running at http://localhost:${port}`)
})
```

Ahora ejecute la aplicación con `node echo_payload.js` y luego use *curl* o una herramienta similar para enviar una petición *POST* a la ruta `/echo`:

```
curl -X POST -H "Content-Type: application/json" -d
'{"name":"John"}'
http://localhost:3000/echo
```

Verá que la respuesta es el mismo *JSON* que envió en el cuerpo de la petición.

10.8. Resumen

En este capítulo, hemos aprendido sobre los muchos usos de *Express*, incluyendo cómo crear un servidor básico, cómo agregar rutas, cómo agregar archivos estáticos y cómo usar plantillas.

Además, hemos aprendido cómo funciona el patrón *middleware* y cómo podemos crear nuestro propio *middleware* y usarlo en diferentes niveles de nuestra aplicación. También hemos revisado algunos *middlewares* de terceros, incluyendo `body-parser`.

En el próximo capítulo, aprenderemos a usar *supertest* para probar nuestra primera API en profundidad. Veremos cómo probar las rutas y los *stores* y crearemos una API sólida que desarrollaremos en los próximos capítulos.

10.8.1. Lectura adicional

- Ulises Gascón (live coding) | Issue 8: ¡Desarrollando una APIRest desde cero con Firebase, Express y Node.js:
  https://github.com/UlisesGascon/livecoding-en-Twitch?tab=readme-ov-file#issue-8-desarrollando-una-apirest-desde-cero-con-firebase-express-y-nodejs
- Express documentation: https://expressjs.com/
- Express, State of the Union by Doug Wilson:
  https://www.youtube.com/watch?v=HxGt_3F0ULg
- Node.js Foundation to Add Express as an Incubator Project:
  https://nodejs.medium.com/node-js-foundation-to-add-express-as-an-incubator-project-225fa3008f70

PARTE 4
Construyendo aplicaciones web sólidas con Node.js

En la Parte 4, construiremos juntos una aplicación web utilizando *Express* y *MongoDB* como el *stack* principal. Aprenderá temas avanzados como el manejo de errores o la seguridad, y los implementará en el proyecto mientras aprende toda la teoría y mejores prácticas para asegurar su aplicación web.

Esta parte incluye los siguientes capítulos:

- Capítulo 11, Construyendo una aplicación web desde cero
- Capítulo 12, Persistencia de datos con *MongoDB*
- Capítulo 13, Autenticación y autorización de usuarios
- Capítulo 14, Manejo de errores en Node.js
- Capítulo 15, Proteger aplicaciones web

CAPÍTULO 11
Construyendo una aplicación web desde cero

En este capítulo, comenzaremos a construir un nuevo proyecto, que será la base para los próximos. Aplicaremos todas las lecciones aprendidas de los capítulos anteriores y pondremos en práctica la programación asíncrona, las librerías del *core* de Node.js, los módulos externos, el *testing*, y todos los conceptos que aprendimos sobre las REST API.

Este proyecto evolucionará, por lo que iteramos sobre el proyecto, añadiendo nuevas características y nuevos test, para que pueda experimentar el ciclo completo de desarrollo de una aplicación real utilizando Node.js.

En este capítulo, utilizaremos la librería `node:fs` para almacenar los cambios que producimos en el proyecto mientras gestionamos las operaciones desde la REST API que crearemos. En el próximo capítulo, aprenderemos cómo conectar la aplicación web a MongoDB, pero haremos una migración utilizando los test que construimos en este capítulo.

Al final del libro, desplegaremos este proyecto de varias maneras, y expondremos nuestra aplicación a Internet y a usuarios reales.

Estos son los principales temas que veremos en este capítulo:

- Cómo iniciar una aplicación *Express* incluyendo UI y REST API.
- Cómo probar una aplicación *Express* usando *Supertest* y *Jest*.
- Cómo incluir *stores* para el almacenamiento de datos en nuestros proyectos.

11.1. Requisitos técnicos

Los archivos de código para el capítulo se pueden encontrar en www.marcombo.info con el código `NODE25`.

Vea el código en acción en el vídeo para este capítulo en https://youtu.be/JYWmvQrGu78

11.2. El inicio del proyecto

¡Esto es muy emocionante! Vamos a aplicar todo el conocimiento que hemos aprendido en los capítulos anteriores para construir una REST API con funcionalidades CRUD usando *Express*. Utilizaremos el sistema de archivos para almacenar los datos, y utilizaremos librerías *middleware* de *Express* para construir una API robusta.

11.2.1. El objetivo del proyecto

Vamos a construir una plataforma de *microblogging* llamada Whispering, donde los usuarios pueden crear, leer, actualizar y eliminar susurros *(whispers)*.

11.2.1.1. Vista previa

Aunque nos centraremos en el *backend*, tendremos un *frontend* básico incluido para probar la API. Así que vamos a comenzar a trabajar con un esqueleto de aplicación simple que evolucionaremos en los próximos capítulos.

Figura 11.1 Vista previa de la página de inicio del proyecto en el navegador web.

11.2.1.2. Requisitos

Los requisitos evolucionarán en los próximos capítulos, pero, por ahora, nos centraremos en los siguiente:

- Agregar una página de bienvenida utilizando un motor de plantillas.
- Servir archivos estáticos.
- Agregar una REST API que soporte operaciones CRUD con *Express*.
- Utilizar el sistema de archivos para almacenar los datos en formato *JSON*.
- Agregar test para asegurar que la API está funcionando como se espera.

11.2.2. Comenzando con el primer paso

Para comenzar a trabajar en el proyecto, necesitamos descargarlo desde www.marcombo.info con el código `NODE25` y acceder a la carpeta `step0`. Ahora, ingrese a la carpeta y siéntase libre de explorar el código. Verá que tenemos un esqueleto básico con la siguiente estructura:

```
|____.babelrc

|____db.json

|____server.js

|____store.js

|____jest.config.js

|____tests

| |____server.test.js

| |____fixtures.js

| |____store.test.js

| |____utils.js
```

```
|_____index.js
|_____public
|  |_____index.html
|  |_____styles.css
|  |_____app.js
|  |_____people.jpg
|_____package-lock.json
|_____package.json
|_____.nvmrc
|_____views
|  |_____about.ejs
```

Ahora que tenemos claro el objetivo del proyecto, comencemos a construir la aplicación. En la siguiente sección, comenzaremos a construirla añadiendo las dependencias, la estructura básica, los *stores* y otras cosas con el fin de construir una sólida REST API que se pueda utilizar en los próximos capítulos.

11.3. Construyendo una REST API

Como ya hemos adquirido una comprensión básica de *Express*, construyamos una REST API para la plataforma de *microblogging*. Comenzaremos con las operaciones CRUD básicas y, luego, añadiremos más características.

En el Capítulo 9, aprendimos sobre los principios de construcción de REST API. Los aplicaremos ahora. Como la plataforma se llama Whispering y los usuarios podrán crear, leer, actualizar y eliminar susurros, tendremos los siguientes *endpoints*:

- `GET /api/v1/whisper`: obtener todos los susurros.
- `GET /api/v1/whisper/:id`: obtener un susurro por ID.
- `POST /api/v1/whisper`: crear un nuevo susurro.
- `PUT /api/v1/whisper/:id`: actualizar un susurro por ID.
- `DELETE /api/v1/whisper/:id`: eliminar un susurro por ID.

En este caso, utilizamos el prefijo `/api/v1/` porque estamos construyendo la primera versión de la API. Es una buena práctica versionar la API en la URL porque, en el futuro, es posible que quiera introducir cambios que rompan la compatibilidad *(semver major)*, y será difícil para sus consumidores adaptarse a los nuevos cambios si no versiona la API desde el principio.

11.3.1. Añadiendo las rutas

Como primer paso, añadamos las dependencias:

```
npm install express@4 body-parser@1
```

Comencemos añadiendo las rutas al archivo `server.js` y configurando *Express*:

```
import express from 'express'
import bodyParser from 'body-parser'

const app = express()

app.use(bodyParser.json())

app.get('/api/v1/whisper', (req, res) => {
    res.json([])
})

app.get('/api/v1/whisper/:id', (req, res) => {
    const id = parseInt(req.params.id)
    res.json({ id })
```

```
})

app.post('/api/v1/whisper', (req, res) => {
    res.status(201).json(req.body)
})

app.put('/api/v1/whisper/:id', (req, res) => {
  //const id = parseInt(req.params.id)
  res.sendStatus(200)
})

app.delete('/api/v1/whisper/:id', (req, res) => {
    res.sendStatus(200)
})

export { app }
```

Hemos creado las rutas básicas para las operaciones CRUD, y estamos devolviendo una respuesta *JSON* con los datos que recibimos en la petición. Esta vez, hemos hecho un pequeño cambio, y vamos a exportar el objeto `app` para que podamos usarlo en los test más tarde. A continuación, inicializamos el servidor en el archivo `index.js`:

```
import { app } from "./server.js";

const port = 3000

app.listen(port, () => {
    console.log(`Running in http://localhost:${port}`)
})
```

Finalmente, añadimos los *scripts npm* para ejecutar la aplicación en el archivo `package.json`:

```
{
    "scripts": {
        "start": "node index.js"
    }
}
```

11.3.2. Añadiendo los *stores*

Como esta es una aplicación simple, utilizaremos el sistema de archivos para almacenar los datos. Crearemos un archivo `store.js` y añadiremos las siguientes funciones:

```
import fs from 'node:fs/promises'

import path from 'node:path'

const filename = path.join(process.cwd(), 'db.json')

const saveChanges = data => fs.writeFile(filename,
JSON.

stringify(data))

const readData = async () => {

    const data = await fs.readFile(filename, 'utf-8')

    return JSON.parse(data)

}

const getAll = readData

const getById = async (id) => {

    const data = await readData()

    return data.find(item => item.id === id)
```

```
}
const create = async (message) => {
    const data = await readData()
    const newItem = { message, id: data.length +1}
    await saveChanges(data.concat([newItem]))
    return newItem
}
const updateById = async (id, message) => {
    const data = await readData()
    const newData = data.map(current => {
        if(current.id === id) {
            return { ...current, message }
        }
        return current
    })
    await saveChanges(newData)
}
const deleteById = async id => {
    const data = await readData()
    await saveChanges(data
.filter(current => current.id !== id)
    )
}
export { getAll, getById, create, updateById,
deleteById }
```

Básicamente, estamos utilizando el sistema de archivos para almacenar los datos en un fichero de tipo *JSON*. Estamos utilizando `saveChanges` para guardar los datos y `readData` para leerlos.

Luego, tenemos las operaciones CRUD básicas definidas en las funciones `getAll`, `getById`, `create` y `updateById`.

Ahora, añadimos los test para el *store*. Como primer paso, añadimos las dependencias, `npm install -D jest@29 @babel/preset-env@7`, y luego añadimos el esqueleto para los test al archivo `tests/store.test.js`:

```
import { getAll, getById, create, updateById,
deleteById } from '../
store.js'

import { writeFileSync } from 'node:fs'

import { join } from 'node:path'

const dbPath = join(process.cwd(), 'db.json')

const restoreDb = () => writeFileSync(dbPath,
JSON.stringify([]))

const populateDb = (data) => writeFileSync(dbPath,
JSON.

stringify(data))

const fixtures = [{ id: 1, message: 'test' }, { id: 2,
message: 'hello

world' }]

const inventedId = 12345
```

```
const existingId = fixtures[0].id

describe('store', () => {

    beforeEach(() => populateDb(fixtures))

    afterAll(restoreDb)

    // Here we will be the tests

})
```

En el Capítulo 8, aprendimos los principios del *testing*. Recordemos que uno de esos principios es que los test deben ser independientes, lo que significa que los test no deben depender del estado de los test anteriores y que podemos ejecutarlos tantas veces como queramos sin que el resultado haya cambiado.

Como estamos utilizando un archivo externo para almacenar los datos, necesitamos asegurarnos de que los datos están en el estado inicial antes de cada test. Por lo tanto, estamos utilizando la función `beforeEach` para rellenar «la base de datos» con los *fixtures* y la función `afterAll` para vaciar «la base de datos». De esta manera, podemos asegurarnos de que los test siempre comienzan desde el mismo estado.

Además, añadimos algunos *fixtures* y variables que utilizaremos en los test cuando necesitemos crear, actualizar o eliminar datos. Esto evitará que nos repitamos y hará que los test sean más legibles.

A continuación, añadimos los test para la función `getAll`:

```
describe('getAll', () => {

    it("Should return an empty array when there's no
data", async () => {
```

```
        restoreDb()

        const data = await getAll()

        expect(data).toEqual([])

    })

    it('Should return an array with one item when
there is one item', async () => {

        const data = await getAll()

        expect(data).toEqual(fixtures)

    })

})
```

Solo tenemos dos casos de prueba: cuando la base de datos está vacía y cuando la base de datos tiene datos. En ambos casos, esperamos un *array*.

Ahora, añadimos los test para la función `getById`:

```
describe('getById', () => {

    it('Should return undefined when there is no item
with the given id', async () => {

        const item = await getById(inventedId)

        expect(item).toBeUndefined()

    })

    it('Should return the item with the given id',
async () => {

        const item = await getById(fixtures[0].id)

        expect(item).toEqual(fixtures[0])

    })

})
```

Solo tenemos dos casos de prueba: cuando encontramos un elemento y cuando no encontramos un elemento.

Ahora, añadimos los test para la función `create`:

```
describe('create', () => {
    it('Should return the created item', async () => {
        const newItem = { id: fixtures.length + 1,
message: 'test 3' }
        const item = await create(newItem.message)
        expect(item).toEqual(newItem)
    })
    it('Should add the item to the db', async () => {
        const newItem = { id: fixtures.length + 1,
message: 'test 3' }
        const { id } = await create(newItem.message)
        const item = await getById(id)
        expect(item).toEqual(newItem)
    })
})
```

En este caso, esperamos que el elemento sea devuelto incluyendo el `id` y esperamos que el elemento sea añadido a la base de datos.

Añadimos los test para la función `updateById`:

```
describe('updateById', () => {
    it('Should return undefined when there is no item
with the given id', async() => {
```

```
        const item = await updateById(inventedId)

        expect(item).toBeUndefined()

    })

    it('Should not return the updated item', async ()
=> {

        const updatedItem = { id: existingId, message:
'updated' }

        const item = await updateById(updatedItem.id,
updatedItem.message)

        expect(item).toBeUndefined()

    })

    it('Should update the item in the db', async () =>
{

        const updatedItem = { id: existingId, message:
'updated' }

        await updateById(updatedItem.id,
updatedItem.message)

        const item = await getById(existingId)

        expect(item).toEqual(updatedItem)

    })

})
```

En este caso, esperamos que el elemento sea actualizado en la base de datos solo si existe, pero no esperamos en absoluto que sea devuelto en la ejecución de la función.

Añadimos los últimos test para la función `deleteById`:

```
describe('deleteById', () => {

    it('Should return undefined when there is no item
with the given id', async () => {

        const item = await deleteById(inventedId)

        expect(item).toBeUndefined()

    })

    it('Should not return the deleted item', async ()
=> {

        const item = await deleteById(existingId)

        expect(item).toBeUndefined()

    })

    it('Should delete the item from the db', async ()
=> {

        await deleteById(existingId)

        const items = await getAll()

        expect(items).toEqual(fixtures.filter(item =>
item.id !== existingId))

    })

})
```

Esperamos un comportamiento similar al de la función `updateById`. El elemento debería ser eliminado de la base de datos solo si existe, y el elemento no se devuelve.

Incluimos los *scripts* de *testing* en el archivo `package.json`:

```
{
    "scripts": {
        "start": "node index.js",
        "test": "jest",
        "test:coverage": "jest --coverage"
    }
}
```

Ejecutamos los test con `npm run test`. Su salida debería ser similar a esta:

```
> jest

PASS  tests/store.test.js
  store
    getAll
      ✓ Should return an empty array when there's no data (11 ms)
      ✓ Should return an array with one item when there is one item (1 ms)
    getById
      ✓ Should return undefined when there is no item with the given id (2 ms)
      ✓ Should return the item with the given id (1 ms)
    create
      ✓ Should return the created item (2 ms)
      ✓ Should add the item to the db (2 ms)
    updateById
      ✓ Should return undefined when there is no item with the given id (1 ms)
      ✓ Should not return the updated item (2 ms)
      ✓ Should update the item in the db (1 ms)
    deleteById
      ✓ Should return undefined when there is no item with the given id (1 ms)
      ✓ Should not return the deleted item (1 ms)
      ✓ Should delete the item from the db (2 ms)

Test Suites: 1 passed, 1 total
Tests:       12 passed, 12 total
Snapshots:   0 total
Time:        0.737 s, estimated 1 s
Ran all test suites.
```

Figura 11.2 Captura de pantalla del terminal.

Nuestro primer *store* está funcionando y completamente probado. Ahora, terminemos añadiendo un *linter* al proyecto. Primero, instale el *linter* con `npm i -D standard@17` y, luego, actualice los *scripts* en `package.json`:

```
{

    "scripts": {

        "start": "node index.js",

        "test": "jest",

        "test:coverage": "jest --coverage",

        "lint": "standard",

        "lint:fix": "standard --fix"

    }

}
```

Ahora, puede ejecutar el *linter* con `npm run lint` y corregir los errores con `npm run lint:fix`. A veces, es posible que necesite corregir los errores manualmente, pero la mayoría de las veces el *linter* los corregirá por usted.

11.3.3. Añadiendo los archivos estáticos

Vamos a añadir los archivos estáticos a la aplicación. Básicamente, en la carpeta `public`, tenemos varios archivos que queremos servir al cliente, como los archivos `index.html`, `style.css` y `app.js`. Por lo tanto, añadimos el siguiente código al archivo `server.js`:

```
const app = express()

app.use(express.static('public'))

app.use(bodyParser.json())
```

Ahora, si iniciamos el servidor con `npm run start` y vamos a `http://localhost:3000/styles.css`, veremos el contenido del archivo `styles.css`.

Hasta que terminemos este capítulo, puede que la URL `http://localhost:3000` no funcione como se espera, ya que el *backend* aún no está terminado.

11.3.4. Añadiendo las plantillas

En este proyecto utilizaremos el enfoque de renderizado del servidor *(server render)* para manejar ciertas partes de la aplicación. Así que instalaremos el motor de plantillas `ejs`:

```
npm i ejs@3
```

Importamos las funciones del *store* en el archivo `server.js`:

```
import express from 'express'

import bodyParser from 'body-parser'

import { getAll, getById, create, updateById, deleteById } from './store.js'

const app = express()
```

Luego, registramos el motor de plantillas en el archivo `server.js`:

```
app.use(bodyParser.json())

app.set('view engine', 'ejs')

app.get('/api/v1/whisper', async (req, res) => {
    const whispers = await getAll()
    res.json(whispers)
})
```

Finalmente, crearemos una ruta, `/about`, que renderizará la plantilla `views/about.ejs` con los `whispers` disponibles en la base de datos:

```
app.set('view engine', 'ejs')
app.get('/about', async (req, res) => {
    const whispers = await getAll()
    res.render('about', { whispers })
})
app.get('/api/v1/whisper',    async    (req,    res)    =>
{/*...*/})
```

Ahora, iniciaremos el servidor con `npm run start`, iremos a `http://localhost:3000/about` y veremos la plantilla renderizada.

> Si tiene problemas para ejecutar el proyecto de este capítulo mientras sigue los pasos, o si intentó un enfoque alternativo, puede utilizar la carpeta `step1` del código fuente que descargó al principio del capítulo para comparar y corregir posibles errores de manera más fácil.

En la siguiente sección, continuaremos construyendo la REST API añadiendo test. Añadir test a la REST API es muy importante porque nos permitirá asegurarnos de que está funcionando como se espera y nos permitirá iterar sobre ella en los próximos capítulos de manera más fácil.

11.4. *Testing* con supertest

Ya es hora de asegurarnos de que nuestra REST API está funcionando como se espera. Aprenderemos en esta sección cómo construir test sólidos mientras usamos *Express*.

11.4.1. Añadiendo *stores* al servidor

Vamos a refactorizar cada ruta para usar las funciones del *store*. Comencemos con la ruta GET /api/v1/whisper:

```
app.get('/api/v1/whisper', async (req, res) => {
    const whispers = await getAll()
    res.json(whispers)
})
```

Básicamente, estamos utilizando la función getAll para obtener todos los *whispers* y devolverlos en la respuesta. Ahora, refactoricemos la ruta GET /api/v1/whisper/:id:

```
app.get('/api/v1/whisper/:id', async (req, res) => {
    const id = parseInt(req.params.id)
    const whisper = await getById(id)
    if (!whisper) {
        res.sendStatus(404)
    } else {
        res.json(whisper)
    }
})
```

En este caso, devolveremos un código de estado 404 si el *whisper* no existe, y devolveremos el *whisper* si existe. El siguiente refactor es en la ruta POST /api/v1/whisper:

```
app.post("/api/v1/whisper", async (req, res) => {
  const { message } = req.body;
  if (!message) {
```

```
    res.sendStatus(400);
  } else {
    const whisper = await create(message);
    res.status(201).json(whisper);
  }
});
```

En este caso, estamos validando que el mensaje no esté vacío en el cuerpo de la petición, devolviendo un código de estado 400 en esos casos. Si la creación fue exitosa, devolvemos los detalles del *whisper*. Ahora, refactoricemos la ruta PUT /api/v1/whisper/:id:

```
app.put('/api/v1/whisper/:id', async (req, res) => {
    const { message } = req.body
    const id = parseInt(req.params.id)
    if(!message) {
        res.sendStatus(400)
    } else {
        const whisper = await getById(id);
        if (!whisper) {
            res.sendStatus(404);
        } else {
            await updateById(id, message);
            res.sendStatus(200);
        }
    }
})
```

En este caso, hacemos una validación del *payload* (carga útil) como en POST /api/v1/whisper y validamos que el *whisper* exista antes de actualizarlo. Ahora, refactoricemos la ruta DELETE /api/v1/whisper/:id:

```
app.delete('/api/v1/whisper/:id', async (req, res) =>
{

    const id = parseInt(req.params.id)

    const whisper = await getById(id)

    if(!whisper) {

        res.sendStatus(404)

        return

    }

    await deleteById(id)

    res.sendStatus(200)

})
```

Estamos validando que el *whisper* exista antes de eliminarlo. Lo siguiente será añadir los test para las rutas.

11.4.2.   Creando utilidades de test

Antes de comenzar a añadir los test, hay algunas líneas de código que podemos reutilizar entre los archivos de test, como los *fixtures* y las funciones para rellenar y *resetear* la base de datos. Así que hagamos un poco de refactorización primero.

Como primer paso, creamos un archivo llamado fixtures.js en la carpeta de tests, y añadimos el siguiente contenido:

```
const whispers = [

    { id: 1, message: 'test' },
```

```
    { id: 2, message: 'helloworld' }
]
const inventedId = 12345
const existingId = whispers[0].id
export {
    whispers,
    inventedId,
    existingId
}
```

Luego, crearemos un archivo llamado `utils.js` en la carpeta `tests`, y añadiremos el siguiente contenido:

```
import { writeFileSync } from 'node:fs'
import { join } from 'node:path'
const dbPath = join(process.cwd(), 'db.json')
const restoreDb = () => writeFileSync(dbPath,
JSON.stringify([]))
const populateDb = (data) => writeFileSync(dbPath,
JSON.
stringify(data))
export { restoreDb, populateDb }
```

Ahora, refactorizaremos el archivo `store.test.js` para utilizar los nuevos archivos:

```
import { getAll, getById, create, updateById,
deleteById } from '../
store.js'
```

```
import { restoreDb, populateDb } from './utils.js'
import { whispers, inventedId, existingId } from
'./fixtures.js'
describe('store', () => {
    //...
})
```

Como último paso, busque y reemplace *(find and replace)* la variable fixtures por whispers en los test.

Ahora puede ejecutar los test con npm run test y verá que los test están pasando:

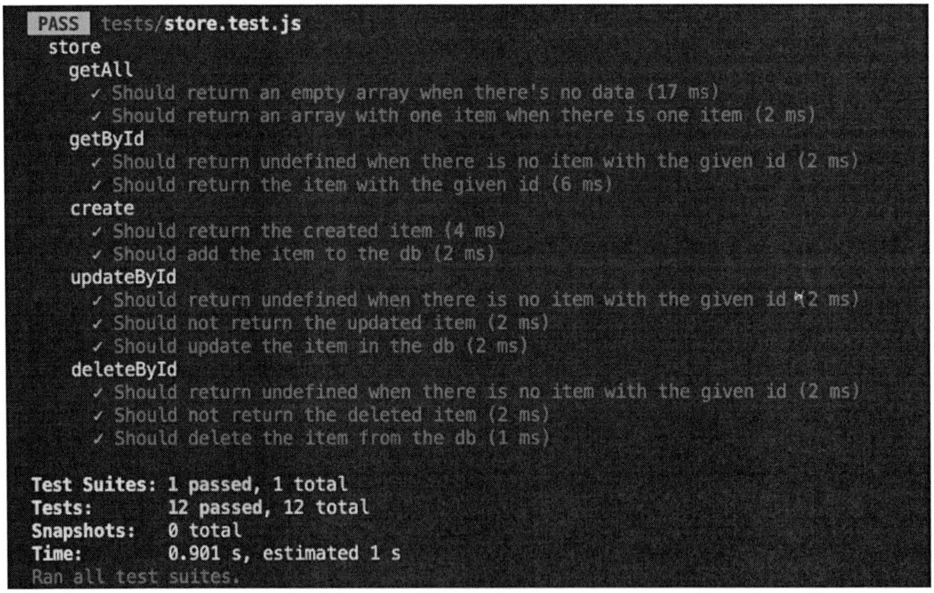

Figura 11.3 Captura de pantalla del terminal.

11.4.3. Añadiendo test al servidor

Ahora, añadamos los test para las rutas. En este caso, utilizaremos *supertest* (https://www.npmjs.com/package/supertest) para testear las rutas. Como primer paso, instalamos la nueva dependencia:

```
npm i -D supertest@6
```

11.4.3.1. Definiendo los test

Puede usar `it.todo` para marcar los test que necesita añadir. De esta manera, puede centrarse en la descripción de los test y no en los detalles de implementación. Así que creemos el archivo `tests/server.test.js` con el siguiente contenido:

```
import supertest from 'supertest'

import { app } from '../server'

import { restoreDb, populateDb } from './utils.js'

import { whispers, inventedId, existingId } from 
'./fixtures.js'

import { getById } from '../store'

describe('Server', () => {

    beforeEach(() => populateDb(whispers))

    afterAll(restoreDb)

    describe("GET /api/v1/whisper", () => {

        it.todo("Should return an empty array when 
there's no data")

        it.todo("Should return all the whispers")

    })

    describe("GET /api/v1/whisper/:id", () => {
```

```
        it.todo("Should return a 404 when the whisper
doesn't exist")

        it.todo("Should return a whisper details")

    })

    describe("POST /api/v1/whisper", () => {

        it.todo("Should return a 400 when the body is
empty")

        it.todo("Should return a 400 when the body is
invalid")

        it.todo("Should return a 201 when the whisper
is created")

    })

    describe("PUT /api/v1/whisper/:id", () => {

        it.todo("Should return a 400 when the body is
empty")

        it.todo("Should return a 400 when the body is
invalid")

        it.todo("Should return a 404 when the whisper
doesn't exist")

        it.todo("Should return a 200 when the whisper
is updated")

    })

    describe("DELETE /api/v1/whisper/:id", () => {

        it.todo("Should return a 404 when the whisper
doesn't exist")
```

```
        it.todo("Should return a 200 when the whisper
is deleted")

    })

})
```

Ejecute los test con el comando `npm run test`:

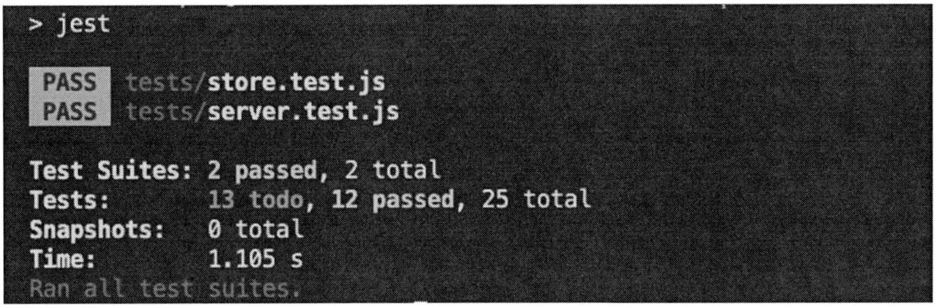

```
> jest

PASS  tests/store.test.js
PASS  tests/server.test.js

Test Suites: 2 passed, 2 total
Tests:       13 todo, 12 passed, 25 total
Snapshots:   0 total
Time:        1.105 s
Ran all test suites.
```

Figura 11.4 Captura de pantalla del terminal.

Verá que los test anteriores pasan y que los nuevos test están marcados como `todo`. Esta es una buena práctica para llevar un registro de los test que necesita añadir sin romper la *suite* de test.

11.4.3.2. Añadiendo los test con *supertest*

Básicamente, utilizaremos *supertest* para hacer peticiones al servidor y validar la respuesta. Comencemos con la ruta `GET /api/v1/whisper`. Reemplazamos los test `it.todo` con el siguiente código:

```
describe("GET /api/v1/whisper", () => {

    it("Should return an empty array when there's no
data", async () => {

        await restoreDb() // empty the db
```

```
      const response = await
supertest(app).get("/api/v1/whisper")

        expect(response.status).toBe(200)

        expect(response.body).toEqual([])

    })

    it("Should return all the whispers", async () => {
        const response = await
supertest(app).get("/api/v1/whisper")

        expect(response.status).toBe(200)

        expect(response.body).toEqual(whispers)

    })

})
```

En cada petición, verificamos que el código de estado y el *payload* de la respuesta sean correctos. Ahora, añadimos los test para la ruta `GET /api/v1/whisper/:id`:

```
describe("GET /api/v1/whisper/:id", () => {

    it("Should return a 404 when the whisper doesn't exist", async () => {

        const           response        =           await
supertest(app).get(`/api/v1/

whisper/${inventedId}`)

        expect(response.status).toBe(404)

    })

    it("Should return a whisper details", async () =>
{
```

```
        const        response        =        await
supertest(app).get(`/api/v1/

whisper/${existingId}`)

        expect(response.status).toBe(200)

        expect(response.body).toEqual(whispers.find(w

=> w.id ===

existingId))

    })

})
```

Como puede ver, los test son muy similares a los que hicimos para `storage.test.js`. A continuación, añadimos los test para la ruta `POST` `/api/v1/whisper`. Comenzaremos añadiendo la descripción principal para la ruta:

```
describe("POST /api/v1/whisper", () => {

    // it("....")

})
```

Todos los test se añadirán dentro de la función `describe`. Así que definiremos todos los escenarios que queremos cubrir en los test.

Queremos asegurarnos de que devolvemos un código de estado 400 cuando la petición no incluye un cuerpo:

```
it("Should return a 400 when the body is empty", async
() => {

  const response = await supertest(app)

    .post("/api/v1/whisper")

    .send({})
```

```
  expect(response.status).toBe(400)

})
```

También queremos asegurarnos de que devolvemos un código de estado 400 cuando la petición no incluye un cuerpo adecuado; por ejemplo, cuando faltan algunas propiedades requeridas:

```
it("Should return a 400 when the body is invalid",

async () => {

  const response = await supertest(app)

    .post("/api/v1/whisper")

    .send({invented: "This is a new whisper"})

  expect(response.status).toBe(400)

})
```

Igualmente, queremos asegurarnos de que devolvemos un código de estado 201 y los detalles del nuevo *whisper* cuando el *payload* en la petición es correcto. Además, queremos verificar que el *whisper* se almacenó correctamente en la base de datos:

```
it("Should return a 201 when the whisper is created",

async () => {

  const newWhisper = {

id: whispers.length + 1,

message: "This is a new whisper"

  }

  const response = await supertest(app)

    .post("/api/v1/whisper")

    .send({message: newWhisper.message})
```

```
// HTTP Response
expect(response.status).toBe(201)
expect(response.body).toEqual(newWhisper)
// Database changes
const storedWhisper = await getById(newWhisper.id)
expect(storedWhisper).toStrictEqual(newWhisper)
})
```

Como puede ver, cuando creamos un nuevo *whisper* también validamos que el *whisper* se añadió a la base de datos. Esto se debe a que estos test son test de integración, y queremos asegurarnos de que los cambios se registran también en la base de datos.

Ahora, añadimos los test para la ruta `PUT /api/v1/whisper/:id`. Comenzaremos añadiendo la descripción principal para la ruta:

```
describe("PUT /api/v1/whisper/:id", () => {
    // it("....")
})
```

Todos los test se añadirán dentro de la función `describe`. Así que definiremos todos los escenarios que queremos cubrir en los test.

Queremos asegurarnos de que devolvemos un código de estado 400 cuando la petición no incluye un cuerpo:

```
it("Should return a 400 when the body is empty",
async () => {
  const response = await supertest(app)
```

```
    .put(`/api/v1/whisper/${existingId}`)

    .send({})

  expect(response.status).toBe(400)

})
```

También queremos asegurarnos de que devolvemos un código de estado 400 cuando la petición no incluye un cuerpo adecuado; por ejemplo, cuando faltan algunas propiedades requeridas:

```
it("Should return a 400 when the body is invalid",

async () => {

  const response = await supertest(app)

    .put(`/api/v1/whisper/${existingId}`)

    .send({invented: "This a new field"})

  expect(response.status).toBe(400)

})
```

También queremos asegurarnos de que devolvemos un código de estado 404 cuando la petición está dirigida a un *whisper* inexistente:

```
it("Should return a 404 when the whisper doesn't exist",

async () => {

  const response = await supertest(app)

    .put(`/api/v1/whisper/${inventedId}`)

    .send({message: "Whisper updated"})

  expect(response.status).toBe(404)

})
```

Del mismo modo, queremos asegurarnos de que devolvemos código de un estado 200 cuando la carga útil y el objetivo son correctos.

Además, queremos verificar que el *whisper* se actualizó correctamente en la base de datos:

```
it("Should return a 200 when the whisper is updated",
async () => {
  const response = await supertest(app)
    .put(`/api/v1/whisper/${existingId}`)
    .send({message: "Whisper updated"})
  expect(response.status).toBe(200)
  // Database changes
  const storedWhisper = await getById(existingId)
  expect(storedWhisper).toStrictEqual({id: existingId, message:
"Whisper updated"})
})
```

Finalmente, añadimos los test para la ruta `DELETE` `/api/v1/whisper/:id`. Comenzaremos añadiendo la descripción principal para la ruta:

```
describe(" DELETE /api/v1/whisper/:id", () => {
    // it("....")
})
```

Todos los test se añadirán dentro de la función `describe`. Definiremos ahora todos los escenarios que queremos cubrir en los test.

Queremos asegurarnos de que devolvemos un código de estado 404 cuando la petición está dirigida a un *whisper* inexistente:

```
it("Should return a 404 when the whisper doesn't
exist", async () => {
  const response = await supertest(app)
    .delete(`/api/v1/whisper/${inventedId}`)
  expect(response.status).toBe(404)
})
```

También queremos asegurarnos de que devolvemos un código de estado 200 cuando la petición está dirigida a un *whisper* válido. Además, queremos verificar que el *whisper* fue eliminado correctamente de la base de datos:

```
it("Should return a 200 when the whisper is deleted",
async () => {
  const response = await supertest(app)
    .delete(`/api/v1/whisper/${existingId}`)
  expect(response.status).toBe(200)
  // Database changes
  const storedWhisper = await getById(existingId)
  expect(storedWhisper).toBeUndefined()
})
```

Ahora, puede ejecutar los test con `npm run test` y verá que los test están pasando correctamente:

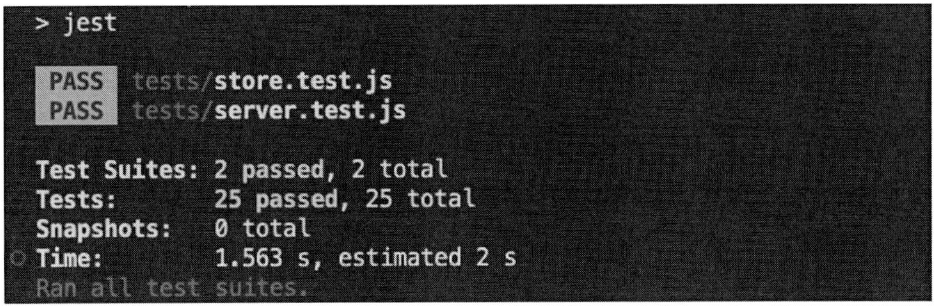

```
> jest

PASS  tests/store.test.js
PASS  tests/server.test.js

Test Suites: 2 passed, 2 total
Tests:       25 passed, 25 total
Snapshots:   0 total
Time:        1.563 s, estimated 2 s
Ran all test suites.
```

Figura 11.5 Captura de pantalla del terminal.

Si tiene problemas para ejecutar el proyecto de este capítulo mientras sigue los pasos, o intentó un enfoque alternativo, puede usar la carpeta `step2` del código fuente que descargó al principio del capítulo para comparar y corregir posibles errores de manera más fácil.

En la siguiente sección, revisaremos el resultado final y veremos cómo usar la aplicación. También anticiparemos lo que planeamos hacer en los próximos capítulos.

11.5. Revisando el resultado final del proyecto

En este punto, debería tener una REST API completamente funcional con *Express* y, si sus test están pasando, puede comenzar a usar la aplicación.

11.5.1. La página Acerca de

Si va a `http://localhost:3000/about`, verá la página Acerca de:

Welcome to Whispering!

Photo by Brooke Cagle from Unsplash

What is Whispering?

Whispering is a microblogging platform that allows you to share your thoughts with the world and learn Node.js on the way.

Community live ⚡

Currently there are 3 whispers available

Figura 11.6 Captura de pantalla del navegador web.

Esta página se sirvió usando el enfoque de renderizado del servidor *(server render)*, y estamos utilizando el motor de plantillas *EJS* para renderizarla. También utilizamos los datos de la base de datos para renderizarla. El texto `Currently there are 3 whispers available` es un texto dinámico que cambiará dependiendo del número de *whispers* en la base de datos.

Puede ver la referencia en el archivo `views/about.ejs`:

```
<p>Currently there are <%= whispers.length %> whispers
available</p>
```

11.5.1.1. Interfaz web

La interfaz web es una página sencilla donde podemos ver, crear, editar y eliminar *whispers*. Puede acceder a la interfaz web en `http://localhost:3000`. Comenzará con una lista vacía de *whispers*. En mi caso, tengo tres *whispers* en la base de datos, por lo que veré la siguiente página:

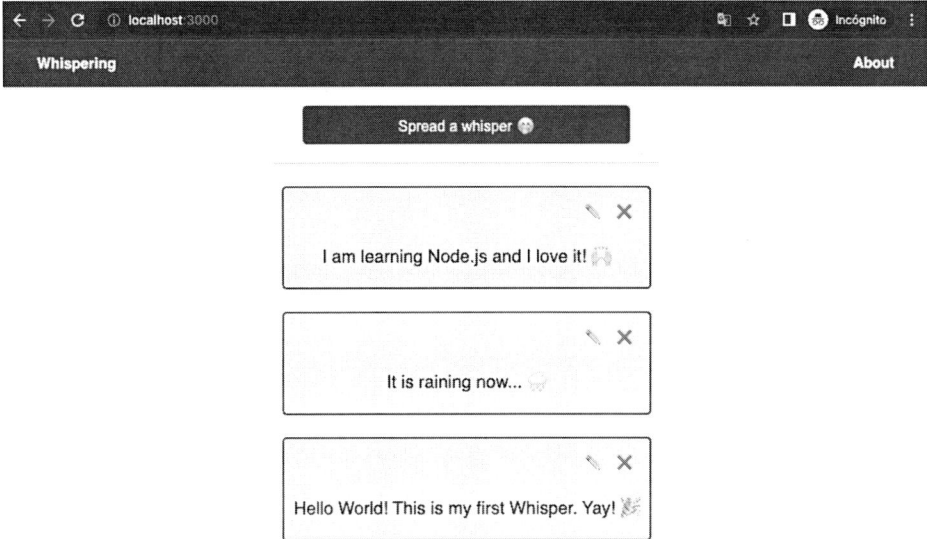

Figura 11.7 Web browser screenshot.

Para hacer el código fuente del *frontend* más legible, utilicé JavaScript puro (sin *frameworks*) para hacer las peticiones a la API y usé antiguas API del navegador como `prompts` y `confirms` para interactuar con el usuario. Usted puede ver el código fuente en el archivo `public/app.js`. Para una aplicación en producción, debería evitar hacer uso de estas API del navegador, ya que son bastante limitadas. Debería implementar una solución que funcione en todos los dispositivos usando elementos de UI modernos que estén correctamente soportados por todos los navegadores y dispositivos.

Además, también necesitará manejar errores y estados de carga de las peticiones *Ajax*. Para proyectos más grandes, es bastante útil usar librerías de UI como *Tailwind* (https://tailwindcss.com/) o *frameworks* como *Vue* (https://vuejs.org/).

11.5.1.2. Añadiendo *whispers*

Es posible añadir *whispers* a la lista. Simplemente, haga clic en el botón **Spread a whisper** y verá un *prompt* pidiendo los detalles:

Figura 11.8 Captura de pantalla del navegador web.

11.5.1.3. Editando *whispers*

Es posible editar *whispers*. Simplemente, haga clic en el botón de lápiz y verá un *prompt* pidiendo los detalles que desea editar:

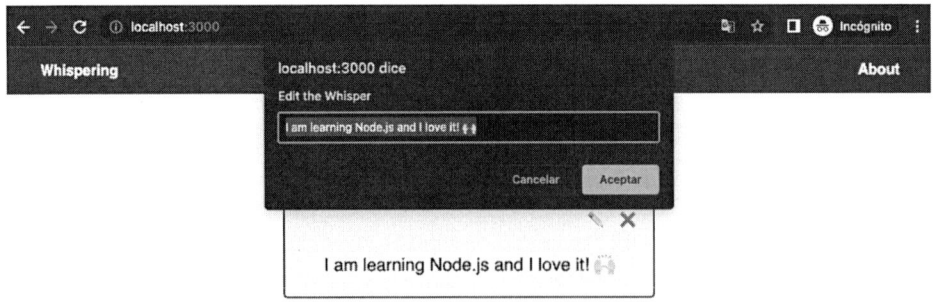

Figura 11.9 Captura de pantalla del navegador web.

11.5.1.4. Eliminando *whispers*

Es posible eliminar *whispers*. Simplemente, haga clic en el botón de papelera y verá un diálogo de confirmación:

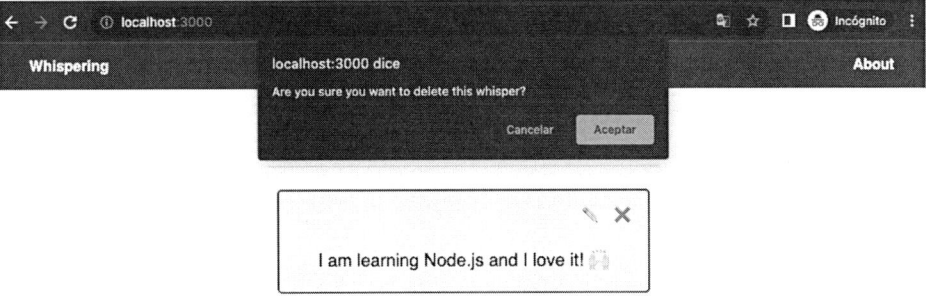

Figura 11.10 Captura de pantalla del navegador web.

11.5.1.5. Su desafío

Si está familiarizado con el desarrollo *frontend*, puede intentar mejorar la interfaz web y hacerla más amigable para el usuario o directamente reemplazarla con un *framework frontend* moderno como *React*, *Vue* o *Angular*. Si no lo está, puede saltarse este desafío y continuar con el próximo capítulo.

11.5.2. ¡Celebremos!

Siéntase libre de explorar el código y jugar con él. Puede iniciar la aplicación con `npm run start` y puede ir a `http://localhost:3000` y crear algunos *whispers* que luego puede editar o eliminar desde la interfaz web.

11.5.3. Próximos pasos

¡Felicidades! Ha creado una sólida REST API, pero hay muchas cosas que puede hacer para mejorarla. En el próximo capítulo, veremos cómo almacenar correctamente la información en una base de datos.

En el Capítulo 13, veremos cómo agregar autenticación a la API, por lo que solo los usuarios autenticados podrán crear, actualizar o eliminar *whispers*. Además, esto permitirá que múltiples usuarios puedan utilizar nuestra aplicación al mismo tiempo siendo cada uno dueño de sus propios *whispers*.

11.6. Resumen

En este capítulo, hemos aprendido a usar *supertest* para probar nuestra API en profundidad. Hemos aprendido a probar las rutas y los *stores*. Hemos creado una sólida API que evolucionaremos en los próximos capítulos.

En el próximo capítulo, veremos cómo almacenar correctamente la información en la base de datos, utilizando MongoDB. Aprovecharemos la oportunidad para refactorizar nuestro proyecto y usar una mejor arquitectura de *software* para organizar el código.

CAPÍTULO 12
Persistencia de datos con MongoDB

En este capítulo, explicaremos cómo funciona MongoDB y por qué es un excelente punto de partida para una aplicación web. Aprenderemos cómo instalar MongoDB localmente usando contenedores con Docker y Docker Compose y también cómo usar instancias externas de MongoDB.

Exploraremos cómo usar Mongoose para interactuar con MongoDB, migraremos nuestra aplicación para usar MongoDB en lugar de un archivo *JSON*, y usaremos *testing* para garantizar que la migración se realizó correctamente y que no introdujimos ninguna regresión.

Estos son los principales temas que veremos en este capítulo:

- Cómo configurar MongoDB localmente usando contenedores con Docker y Docker Compose.
- Cómo usar una librería de *Object Data Modeling (ODM)* como Mongoose para interactuar con MongoDB.
- Cómo migrar nuestra aplicación para usar MongoDB en lugar de un archivo *JSON*.
- Cómo testear cualquier aplicación que use MongoDB.

- Cómo usar variables de entorno para almacenar información sensible en Node.js.

Al final de este capítulo, se sentirá cómodo usando MongoDB en sus proyectos de Node.js, y sabrá cómo usar test para planificar el desarrollo de características más complicadas, como una migración de base de datos.

12.1. Requisitos técnicos

Los archivos de código para el capítulo se pueden encontrar en www.marcombo.info con el código `NODE25`.

Vea el código en acción en el vídeo para este capítulo en https://youtu.be/0CHOQ35c-_Y

Para comenzar a trabajar en este capítulo, necesitamos descargar el proyecto y acceder a la carpeta `step2`.

12.2. ¿Qué es MongoDB?

Si está familiarizado con las bases de datos relacionales, encontrará MongoDB muy diferente. MongoDB es una base de datos orientada a documentos, lo que significa que almacena datos en documentos en lugar de tablas. Un documento es un conjunto de pares clave-valor, y es la unidad básica de datos en MongoDB. Los documentos son similares a los objetos *JSON*, y se almacenan en una colección. Una colección es un grupo de documentos que tienen la misma estructura. En MongoDB, los documentos se almacenan en el formato **binary JSON (BSON)**, una representación binaria de documentos *JSON*.

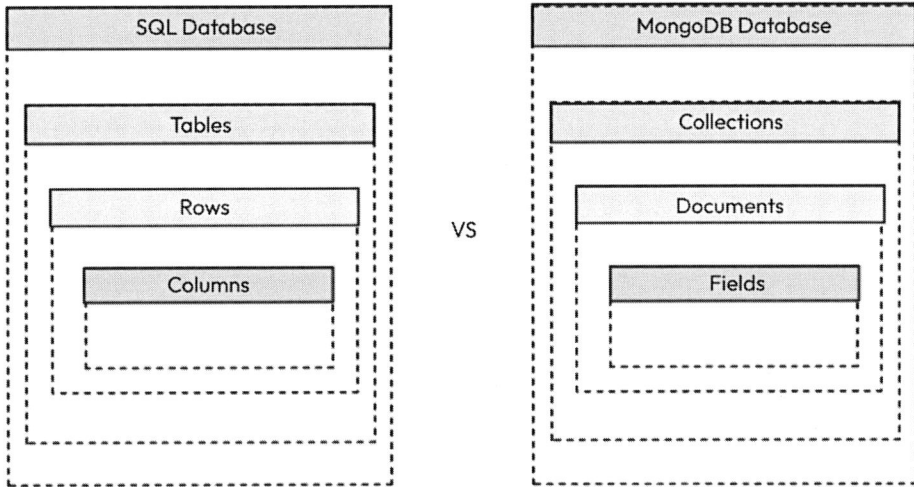

Figura 12.1 Una estructura de datos SQL comparada con una estructura de datos MongoDB.

En el diagrama anterior, podemos ver más claramente la diferencia entre una base de datos relacional y una base de datos orientada a documentos.

12.2.1. Versiones

Hay varias versiones de MongoDB, pero la más popular es MongoDB Community Server. En nuestro proyecto, también usaremos MongoDB Community Server sin ningún coste adicional para nosotros.

En el Capítulo 16, exploraremos más versiones de MongoDB cuando despleguemos nuestra aplicación en la nube.

Si desea saber más sobre las diferentes versiones de MongoDB, puede consultar este enlace: https://www.mongodb.com/try/download/community.

En la siguiente sección, explicaremos cómo instalar MongoDB localmente usando contenedores con Docker y Docker Compose. También veremos cómo usar instancias externas de MongoDB.

12.3. Configuración de MongoDB

Hay varias formas de instalar MongoDB, pero usaremos Docker Compose para instalarlo localmente. Docker Compose es una herramienta para definir y ejecutar aplicaciones Docker con varios contenedores. Usando Docker Compose, podremos ejecutar MongoDB y nuestra aplicación web en diferentes contenedores. Si no está familiarizado con Docker, hay una fantástica guía de MongoDB (https://www.mongodb.com/compatibility/docker) que puede ayudarlo a obtener una comprensión más profunda.

12.3.1. Instalación de Docker

Si no tiene Docker instalado, puede seguir las instrucciones en https://docs.docker.com/get-docker/. Dependiendo de su sistema operativo, los pasos pueden ser distintos.

12.3.1.1. Verificando la instalación

Verifiquemos que Docker esté instalado correctamente. Abra una terminal y ejecute el siguiente comando:

```
docker --version
```

Debería ver la versión instalada; en mi caso, `24.0.2`:

```
Docker version 24.0.2, build cb74dfc
```

También podemos verificar que Docker Compose esté instalado correctamente. Abra una terminal y ejecute el siguiente comando:

```
docker-compose --version
```

Debería ver algo como esto:

```
Docker Compose version v2.19.1
```

12.3.2. Ejecutando MongoDB en un contenedor

La belleza de Docker es que podemos ejecutar MongoDB en un contenedor. Un contenedor es una unidad estándar de *software* que empaqueta el código y todas sus dependencias. De esa manera, podemos crear un contenedor para MongoDB y ejecutarlo en nuestra máquina local, sin tener que instalar MongoDB localmente. Cuando no necesitemos el contenedor, podemos detenerlo y eliminarlo.

En nuestro caso, utilizaremos `Mongo 7.0.0`, que es la última versión de MongoDB. Utilizaremos la imagen oficial de MongoDB, que está disponible en Docker Hub. Puede encontrar más información sobre esta imagen en el siguiente enlace: https://hub.docker.com/_/mongo.

Para ejecutar MongoDB en un contenedor, utilizaremos el siguiente comando:

```
docker run --name whispering-database -p 27017:27017 -d mongo:7.0.0
```

Este comando creará un contenedor con el nombre `whispering-database`, y mapeará el puerto `27017` del contenedor al puerto `27017` de la máquina *host*. La bandera `-d` significa que el contenedor se ejecutará en segundo plano *(detached mode)*.

La salida debería ser algo como esto:

```
Unable to find image 'mongo:7.0.0' locally
7.0.0: Pulling from library/mongo
```

```
99de9192b4af: Pull complete

18b9e63943e7: Pull complete

ccf1fde52048: Pull complete

8317989437cb: Pull complete

1bde6bf8acc1: Pull complete

11fb005be9eb: Pull complete

81a254c162fc: Pull complete

2a574922bf90: Pull complete

22659e13b0a2: Pull complete
```

```
Digest:
sha256:a89d79ddc5187f57b1270f87ec581b7cc6fd697efa12b8

f1af72f3c4888d72b5
```

```
Status: Downloaded newer image for mongo:7.0.0
27ead2313a72c0cb0d2d1bf18ef2a37062a63851ebc9355359dbc1
a4741ac168
```

Como se muestra en la salida, la imagen no se encontró localmente, por lo que se descargó de Docker Hub. Podría generar un error, si el puerto 2701 ya está en uso, puesto que el contenedor no puede tomar el control. Puede verificar esto fácilmente siguiendo estos pasos: https://kb.vmware.com/s/article/1003971. Si todo va bien, el contenedor se está ejecutando en segundo plano, por lo que podemos verificar que está en funcionamiento con el siguiente comando:

```
docker ps
```

La salida debería ser algo como esto:

```
CONTAINER
ID     IMAGE          COMMAND               CREATED
```

```
STATUS            PORTS                       NAMES
7d28f8c555b9      mongo:7.0.0     "docker-
entrypoint.s…"     7 seconds ago
Up  6  seconds     0.0.0.0:27017->27017/tcp     whispering-
database
```

Puede detener el contenedor con el siguiente comando:

```
docker stop whispering-database
```

Y puede eliminar el contenedor con el siguiente comando:

```
docker rm whispering-database
```

Si eliminó el contenedor, siempre puede crear un contenedor nuevamente con el siguiente comando:

```
docker run --name whispering-database -p 27017:27017 -
d mongo:7.0.0
```

12.3.3. Ejecutando MongoDB con Docker Compose

Una alternativa para ejecutar MongoDB con un contenedor es usar Docker Compose. Docker Compose es una herramienta para definir y ejecutar aplicaciones Docker de múltiples contenedores utilizando un archivo *YAML*. Una de las ventajas de usar Docker Compose es que podemos definir la configuración del contenedor en un archivo *YAML*, por lo que no tenemos que recordar los comandos para ejecutar el contenedor.

Vamos a crear un archivo `docker-compose.yml` con el siguiente contenido para nuestro proyecto:

```
version: '3.8'
services:
```

```
database:

  container_name: whispering-database

  image: mongo:7.0

  ports:

    - '27017:27017'

  volumes:

    - db-storage:/data/db

volumes:

  db-storage:
```

En este archivo, definimos un servicio llamado `database` que utiliza la imagen `mongo:7.0`. También mapeamos el puerto `27017` del contenedor al puerto `27017` de la máquina *host*. Finalmente, definimos un volumen llamado `db-storage` que se utilizará para almacenar los datos de la base de datos, por lo que no los perdemos cuando detenemos el contenedor.

Para ejecutar el contenedor en segundo plano, tenemos que ejecutar el siguiente comando:

```
docker-compose up -d
```

La salida debería ser algo como esto:

```
[+] Running 1/1

√ database Pulled                                 1.8s

[+] Running 3/3

√ Network app_default          Created    0.1s

√ Volume "app_db-storage"      Created    0.0s

√ Container app-database-1     Started    0.5s
```

Sus contenedores ahora están listos para ser usados, pero puede detenerlos ejecutando el siguiente comando en la misma carpeta:

```
docker-compose down
```

En la siguiente sección, aprenderemos cómo incluir los comandos relacionados con Docker en el archivo `package.json` como *scripts* de *npm*.

12.3.4. Agregando comandos Docker a package.json

A veces, es difícil recordar los comandos de Docker Compose, por lo que podemos agregarlos al archivo `package.json`. Agregue los siguientes *scripts*:

```
"scripts": {
    "start": "node index.js",
    "test": "jest",
    "test:coverage": "jest --coverage",
    "lint": "standard",
    "lint:fix": "standard --fix",
    "infra:start": "docker-compose up -d --build",
    "infra:stop": "docker-compose down --remove-orphans"
}
```

Ahora, podemos usar `npm run infra:start` y `npm run infra:stop` para administrar la base de datos del proyecto en nuestra máquina local.

12.3.5. Conectándose a MongoDB

Hay dos formas de conectarse a MongoDB: utilizando la *shell* de Mongo o el puerto 27017. En esta sección, explicaremos cómo conectarse a MongoDB utilizando ambos métodos.

Podemos conectarnos a MongoDB utilizando la *shell* de Mongo con el siguiente comando si usamos Docker:

```
npm run infra:start

docker exec -it whispering-database /bin/bash
```

Ahora puede ver que estamos dentro del contenedor. Como alternativa puede usar directamente el comando `docker-compose` para acceder al contenedor `docker-compose exec database /bin/bash`. A continuación, podemos conectarnos a MongoDB con el siguiente comando:

```
mongod
```

Debería ver algo como esto:

```
root@7d515e1c8f85:/# mongod

{"t":{"$date":"2023-08-
19T13:45:08.554+00:00"},"s":"I",  "c":"CONTROL",

  "id":23285,   "ctx":"main","msg":"Automatically
disabling TLS 1.0,

to force-enable TLS 1.0 specify --sslDisabledProtocols
'none'"}

{"t":{"$date":"2023-08-
19T13:45:08.556+00:00"},"s":"I",  "c":"NETWORK",

  "id":4915701, "ctx":"main","msg":"Initialized wire
specification",

"attr":{"spec":{"incomingExternalClient":{"minWire
```

```
Version":0,"maxWireVersion":21},"incomingInternalClien
t":{"minWire
Version":0,"maxWireVersion":21},"outgoing":{"minWireVe
rsion":6,"maxWire
Version":21},"isInternalClient":true}}}
```

De esta manera, podemos acceder a una *shell* de Mongo directamente si es necesario. En las siguientes secciones, explicaremos cómo conectarse a MongoDB utilizando el puerto `27017`.

12.3.6. Otras formas de instalar MongoDB

Si no desea usar Docker Compose, puede instalar MongoDB localmente. Puede encontrar las instrucciones para su sistema operativo en el siguiente enlace: https://docs.mongodb.com/manual/administration/install-community/.

Recuerde   que   también   puede   usar   MongoDB   Atlas (https://www.mongodb.com/atlas) o cualquier otro proveedor de nube que ofrezca MongoDB como servicio.

Ahora que tenemos MongoDB en funcionamiento, podemos comenzar a usarlo. Pero, primero, necesitamos entender cómo usar secretos en Node.js para que podamos pasar la cadena de conexión a la aplicación de manera segura. En la siguiente sección, explicaremos cómo usar secretos en Node.js.

12.4. Cómo usar secretos en Node.js

Nuestra aplicación necesitará conectarse a MongoDB, por lo que necesitamos almacenar la cadena de conexión en un lugar seguro. Nunca debe almacenar secretos en su código; una práctica muy común es almacenarlos en variables de entorno *(environmental variables)*. En esta sección, explicaremos cómo cargar secretos desde variables de entorno en Node.js.

12.4.1. Variables de entorno

Las variables de entorno son variables que se establecen en el entorno en el que se ejecuta el proceso. Las variables de entorno generalmente se establecen en el sistema operativo, pero también podemos establecerlas a nivel de la sesión de la terminal. Podemos acceder a las variables de entorno en Node.js utilizando el objeto `process.env`:

```
console.log(process.env.MY_SECRET)
```

Puede establecer una variable de entorno en la terminal con el siguiente comando:

```
export MY_SECRET=secret
```

Luego, puede ejecutar su aplicación con el siguiente comando:

```
node index.js
```

Alternativamente, puede establecer la variable de entorno en el mismo comando:

```
MY_SECRET=secret node index.js
```

> Si está utilizando Windows, es posible que necesite utilizar un enfoque diferente para manejar las variables de entorno en la terminal. Lea (https://www3.ntu.edu.sg/home/ehchua/programming/howto/Environment_Variables.html) para obtener información adicional.

En la siguiente sección, aprenderemos a usar un archivo `.env` para administrar los secretos de una manera más ergonómica.

12.4.2. El archivo .env

Aunque usar variables de entorno directamente en la terminal es una práctica muy común, no es muy conveniente. Podemos usar un archivo llamado `.env` para almacenar nuestras variables de entorno. Creamos el archivo `.env` con el siguiente contenido:

```
MY_SECRET=secret
```

Luego, podemos usar la librería *dotenv* (https://www.npmjs.com/package/dotenv) para cargar las variables de entorno desde el archivo `.env`, pero vale la pena mencionar que Node.js `20.6.0` introdujo soporte para cargar variables de entorno desde un archivo `.env`, por lo que ya no necesitamos usar librerías de terceros (https://github.com/nodejs/node/releases/tag/v20.6.0).

> Nunca debemos hacer *commit* del archivo `.env` al repositorio porque contiene secretos. Puede incluir la referencia `.env` en el archivo `.gitignore` para evitar hacer *commit* del archivo `.env` junto con el código fuente del proyecto de forma accidental.

12.4.3. dotenv

La forma más común de cargar variables de entorno desde un archivo `.env` es usar la librería *dotenv* (https://www.npmjs.com/package/dotenv). Podemos instalarla con el siguiente comando:

```
npm install dotenv@16
```

Luego, podemos cargar las variables de entorno desde el archivo `.env` con el siguiente código:

```
import 'dotenv/config'
```

Alternativamente, podemos hacerlo directamente utilizando el flag `--require`:

```
node --require dotenv/config index.js
```

En la siguiente sección, explicaremos cómo usar el *Object Data Modeling (ODM)* para interactuar con MongoDB y cómo esto puede facilitar nuestra vida al construir una aplicación web por primera vez.

12.5. Usando un ODM – Mongoose

Podemos usar MongoDB directamente, pero requerirá una mayor comprensión y más código para interactuar con la base de datos. Como el objetivo de este libro es aprender Node.js, usaremos un ODM para interactuar con MongoDB. Un ODM es una librería que nos permite interactuar con una base de datos usando objetos en lugar de consultas directamente. Si está familiarizado con SQL, un ODM es similar a un Object-Relational Mapping (ORM) en SQL. En esta sección, usaremos Mongoose (https://mongoosejs.com/). Alternativamente, usted puede usar MongoDB Node.js Driver, que es el *driver* oficial de MongoDB (https://docs.mongodb.com/drivers/node/) para Node.js. La documentación oficial se puede encontrar en https://mongoosejs.com/docs/guide.html.

Mongoose ofrece varias características que son bastante convenientes para una aplicación web:

- **Validación de esquema:** podemos definir el esquema de los documentos, y Mongoose validará los datos antes de guardarlos en la base de datos.

- **Modelo:** podemos definir un modelo para cada colección, y podemos usarlo para interactuar con la base de datos.
- *Middleware*: podemos definir funciones *middleware* que se ejecutarán antes o después de ciertos eventos; por ejemplo, podemos definir una función *middleware* que se ejecutará antes de guardar un documento en la base de datos.
- *Plugins*: podemos usar *plugins* para extender la funcionalidad de Mongoose.

Además, si usted es nuevo en Node.js o MongoDB, encontrará que Mongoose es más fácil de usar que MongoDB, y hay muchos tutoriales y recursos que puede usar para acostumbrarse rápidamente.

> MongoDB tiene un gran ecosistema, y puede ser un poco abrumador al principio, pero puede encontrar una gran lista de recursos en https://github.com/ramnes/awesome-mongodb.

Ahora que tenemos MongoDB en funcionamiento y estamos familiarizados con las variables de entorno, podemos comenzar a usar Mongoose en nuestro proyecto. En la siguiente sección, explicaremos cómo migrar de almacenamiento de archivos locales a MongoDB.

12.6. Migrando una aplicación web a MongoDB

Ya agregamos MongoDB a nuestro proyecto usando Docker Compose y comandos *npm*, pero aún no hemos comenzado a usarlo. En esta sección, migraremos una aplicación web a MongoDB.

12.6.1. Instalando dependencias

Instalaremos las siguientes dependencias:

```
npm install mongoose@7.4 dotenv@16
```

12.6.2. Administrando secretos

Crearemos un archivo `.env` con el siguiente contenido:

```
MONGODB_URI=mongodb://localhost:27017/whispering-database
PORT=3000
```

Luego, cargaremos las variables de entorno desde el archivo `.env` con el siguiente código en `index.js`:

```js
import { app } from './server.js'
import mongoose from 'mongoose'
const port = process.env.PORT
try {
  await mongoose.connect(process.env.MONGODB_URI);
  console.log('Connected to MongoDB')
  app.listen(port, () => {
    console.log(`Running in http://localhost:${port}`)
  })
} catch (error) {
  console.error(error)
}
```

Hemos incluido la librería Mongoose y nos hemos conectado a MongoDB utilizando la variable de entorno `MONGODB_URI`. También hemos incluido la variable de entorno `PORT` para ejecutar la aplicación en el puerto que queramos de una forma más sencilla.

> Como puede ver, la base de datos debe estar en funcionamiento antes de abrir la conexión del servidor HTTP. Esto se debe a que necesitamos conectarnos a la base de datos para recuperar la información para elaborar nuestras respuestas a las solicitudes HTTP entrantes.

Ahora, necesitamos actualizar los *scripts npm* para usar `dotenv`:

```
"scripts": {

    "start": "node --require dotenv/config index.js",

    "test": "jest --setupFiles dotenv/config",

    "test:coverage":  "jest  --coverage  --setupFiles
dotenv/config",

    "lint": "standard",

    "lint:fix": "standard --fix",

    "infra:start": "docker-compose up -d --build",

    "infra:stop": "docker-compose down"

}
```

A continuación, podemos ejecutar la aplicación con el siguiente comando:

```
npm run infra:start

npm run start
```

Deberíamos ver la siguiente salida:

```
Connected to MongoDB

Running in http://localhost:3000
```

Si la base de datos no está en funcionamiento, veremos un error similar a:

```
MongooseServerSelectionError:     connect     ECONNREFUSED
::1:27017, connect

ECONNREFUSED 127.0.0.1:27017

    at                              _handleConnectionErrors
(node_modules/mongoose/lib/connection.

js:788:11)

    at                          NativeConnection.openUri
(node_modules/mongoose/lib/connection.

js:763:11)

    at async file:///index.js:7:4 {

  reason: TopologyDescription {

    type: 'Unknown',

    servers:    Map(1)    {    'localhost:27017'    =>
[ServerDescription] },

    stale: false,

    compatible: true,

    heartbeatFrequencyMS: 10000,

    localThresholdMS: 15,

    setName: null,

    maxElectionId: null,

    maxSetVersion: null,

    commonWireVersion: 0,

    logicalSessionTimeoutMinutes: null

  },
```

```
    code: undefined
}
```

Básicamente, nos dice que no puede conectarse a la base de datos; puede generar los mismos errores simplemente ejecutando lo siguiente:

```
npm run infra:stop
npm run start
```

En la siguiente sección comenzaremos a trabajar en la migración de la capa de datos.

12.6.3. Migrando la capa de datos

Queremos refactorizar el archivo `store.js` para usar MongoDB en lugar de un archivo *JSON*. Para hacerlo de una forma sencilla, agregaremos el esquema y el modelo al mismo archivo, pero esto puede cambiarse más adelante cuando introduzcamos la autenticación (en el próximo capítulo).

Es una buena práctica encapsular el código relacionado con la base de datos en archivos específicos, para proporcionar una interfaz y que otras partes de nuestro código puedan hacer cambios en la capa de datos, sin necesidad de entender cómo se implementa la capa de datos al detalle. Este tipo de abstracción es una solución muy popular y le brindará mucho control si decide migrar o combinar otros sistemas de almacenamiento en el futuro. Por lo tanto, crearemos un nuevo archivo llamado `database.js` y, a continuación, exploraremos juntos cómo está estructurado y qué se logra en cada declaración. El contenido del archivo es el siguiente:

```
import mongoose from 'mongoose'
mongoose.set('toJSON', {
  virtuals: true,
```

```
transform: (doc, converted) => {

  delete converted._id

  delete converted.__v

}

})

const whisperSchema = new mongoose.Schema({

  message: String

})

const Whisper = mongoose.model('Whisper',
whisperSchema)

export {

  Whisper

}
```

12.6.3.1. Creando el esquema

El primer paso es crear el esquema, que es la definición de la estructura de los documentos que vamos a almacenar en la base de datos. En nuestro caso, solo tenemos un campo llamado message, que es una cadena:

```
const whisperSchema = new mongoose.Schema({

  message: String

})
```

12.6.3.2. Creando el modelo

El segundo paso es crear el modelo, que es una clase que usamos para interactuar con la base de datos. En nuestro caso, utilizaremos el modelo Whisper para interactuar con la colección whispers:

```
const Whisper = mongoose.model('Whisper',
whisperSchema)
```

12.6.3.3. Transformadores

Una de las cosas que tenemos que hacer es eliminar los campos `_id` y `__v` de la respuesta. Podemos cambiar este comportamiento globalmente para que no tengamos que hacerlo en diversos puntos de la aplicación, utilizando el método `toJSON`:

```
mongoose.set('toJSON', {
  virtuals: true,
  transform: (doc, converted) => {
    delete converted._id;
    delete converted.__v;
  }
});
```

Esto significa que comenzamos con la siguiente estructura de datos:

```
{
  "_id": "5dff03d3218b91425b9d6fab",
  "message": "I love MongoDB!",
  "__v": 0
}
```

Luego, pasamos a la siguiente estructura de datos:

```
{
  "id": "5dff03d3218b91425b9d6fab",
  "message": "I love MongoDB!"
}
```

12.6.3.4. Métodos refactorizados

La clave en esta migración es mantener la misma interfaz para que no tengamos que cambiar el comportamiento de las funciones que exportamos. Utilizaremos la misma entrada/salida de datos, pero usaremos Mongoose para interactuar con MongoDB:

```
import {
  Whisper
} from './database.js'
const getAll = () => Whisper.find()
const getById = id => Whisper.findById({ _id: id })
const create = async (message) => {
  const whisper = new Whisper({ message })
  await whisper.save()
  return whisper
}
const updateById = async (id, message) =>
Whisper.findOneAndUpdate({
_id: id }, { message }, { new: false })
const deleteById = async (id) => Whisper.deleteOne({
_id: id })
export { getAll, getById, create, updateById,
deleteById }
```

Como puede ver, mantenemos la misma entrada y salida en cada método (getAll, getById, create, updateById, deleteById), por lo que no tenemos que cambiar el comportamiento de las funciones que exportamos.

Este es el efecto que explicábamos en el capítulo anterior; podemos cambiar la implementación dentro de los métodos, pero no tenemos que cambiar la interfaz que exponen. Este es el poder de la abstracción.

Por lo tanto, incluso si desea cambiar la base de datos en el futuro, no tiene que cambiar la interfaz de los métodos; tiene que cambiar la implementación interna y el código de la aplicación sigue funcionando igual. Esto se debe a que la lógica de negocio no está acoplada a la interfaz de la base de datos.

12.6.3.5. Eliminando el antiguo archivo de base de datos

Ahora, podemos eliminar el archivo `db.json` porque ya no lo estamos utilizando.

12.6.3.6. Mejorando las rutas

En el capítulo anterior, utilizamos identificadores (`id`) numéricos solo para mantener el código más simple, por lo que ahora necesitamos cambiar las rutas para usar los ID de MongoDB, que son cadenas alfanuméricas. Solo necesitamos eliminar las referencias a `parseInt` en el archivo `server.js`. El cambio es de `parseInt(req.params.id)` a `req.params.id`. Incluso puede usar Buscar y reemplazar *(find and replace)* para cambiar todas las referencias a `parseInt` en el archivo.

12.6.3.7. Ejecutando la aplicación

En este punto, puede disfrutar de la migración ejecutando lo siguiente:

```
npm run infra:start
```

```
npm run start
```

Y si va a `http://localhost:3000`, puede ver la aplicación funcionando con MongoDB sin ningún cambio en la interfaz.

Ahora, estamos seguros de que la aplicación está funcionando como se esperaba, pero no debemos olvidar probar adecuadamente estos cambios. Entonces, en la siguiente sección, refactorizaremos los test para usar MongoDB, y podremos pasar al siguiente capítulo una vez que todos los test estén pasados (verde) ya que la refactorización estará completa.

12.7. Probando nuestra capa de integración con MongoDB

Sí, hemos realizado la migración y todo parece estar funcionando bien, pero necesitamos asegurarnos de que los test funcionen como se esperaba. Actualmente, los test utilizan el sistema de archivos para almacenar datos, por lo que necesitamos cambiarlos para que utilicen MongoDB.

12.7.1. Actualizar las utilidades

Editaremos el archivo `test/utils.js` para usar MongoDB en lugar del sistema de archivos. Como ahora estamos usando MongoDB, necesitamos cargar los *fixtures* en la base de datos primero para conocer los identificadores. Ahora, los *fixtures* mantendrán la misma estructura, pero se almacenarán y recogerán en la base de datos utilizando `populateDb` y la nueva función `getFixtures`:

```
import mongoose from 'mongoose'
import {
  Whisper
} from '../database.js'
const ensureDbConnection = async () => {
    try {
        if (mongoose.connection.readyState !== 1) {
```

```
        await
mongoose.connect(process.env.MONGODB_URI);

        }

    } catch (error) {

        console.error('Error connecting to the
database:', error);

        throw error; // Re-throw the error for
handling at a higher

level

    }

}

const closeDbConnection = async () => {

    if (mongoose.connection.readyState === 1) {

        await mongoose.disconnect()

    }

}

const restoreDb = () => Whisper.deleteMany({})

const populateDb = () => Whisper.insertMany([{
message: 'test' }, {

message: 'hello world' }])

const getFixtures = async () => {

    const data = await Whisper.find()

    const whispers = JSON.parse(JSON.stringify(data))

    const inventedId = '64e0e5c75a4a3c715b7c1074'

    const existingId = data[0].id
```

```
    return { inventedId, existingId, whispers }
}
const normalize = (data) =>
JSON.parse(JSON.stringify(data))
export { restoreDb, populateDb, getFixtures,
ensureDbConnection,
normalize, closeDbConnection }
```

Ahora, podemos eliminar el archivo `test/fixtures.js` porque ya no lo estamos utilizando.

12.7.2. Refactorizando el test *suite*

Hasta ahora, tenemos más test de los que realmente necesitamos. Por ello, podemos eliminar pruebas específicas para el *store*, ya que toda esa lógica estaría cubierta por los test de integración, por lo que podemos eliminar el archivo `test/store.test.js`.

Como parte de la migración, necesitamos hacer algunos cambios en relación a cómo se preparan los test para ser ejecutados. Como una base de datos es un servicio externo, necesitamos controlar ciertos aspectos antes de ejecutar cada test. Por ejemplo, necesitamos una conexión de base de datos adecuada funcionando antes de ejecutar cualquier test, ya que esto puede ser una causa de fallo en los test, pero que no está relacionada con el código que estamos probando.

También necesitamos estar seguros de que la base de datos tiene datos específicos almacenados en ella para que nuestros test puedan ser ejecutados de forma independiente varias veces, sin contaminar el contexto de ejecución entre ejecuciones con las modificaciones que hacemos en la base de datos. Esto se puede lograr agregando ciertos pasos antes de que se ejecute cualquier prueba específica, con métodos como `beforeAll`, `beforeEach`, `afterAll` y `afterEach`, que son parte de los métodos de *Jest* disponibles para nosotros. Ahora, actualicemos los test para usar las nuevas funciones. Actualizaremos el archivo `test/server.test.js` de la siguiente forma:

```
import supertest from 'supertest'

import { app } from '../server'

import { getById } from '../store.js'

import { restoreDb, populateDb, getFixtures,

ensureDbConnection, normalize, closeDbConnection } from

'./utils.js'

let whispers

let inventedId

let existingId

describe('Server', () => {

  beforeAll(ensureDbConnection)

  beforeEach(async () => {

    await restoreDb()

    await populateDb(whispers)

    const fixtures = await getFixtures()

    whispers = fixtures.whispers

    inventedId = fixtures.inventedId

    existingId = fixtures.existingId

  })
```

```
afterAll(closeDbConnection)

//... unchanged tests

})
```

En la siguiente sección, vamos a terminar de actualizar el test *suite*, ya que MongoDB introdujo pequeñas diferencias que debemos tener en cuenta al consultar datos en el contexto de la prueba.

12.7.3. Algunos test deben cambiar

Solo para mantenerlo simple, para el alcance del libro, algunos test tienen que cambiar. Todos los test que utilizan el *store* serán refactorizados de la siguiente manera.

Al crear o actualizar los *whispers*, comprobaremos en la base de datos que los *whispers* se almacenan correctamente. Para comparar correctamente los datos, utilizaremos la función `normalize`. De esa manera, podemos comparar los datos sin los campos `_id` y `__v` y de una manera normalizada, como lo hacemos al convertir los datos a *JSON* mientras enviamos la respuesta HTTP:

```
it('Should return a 201 when the whisper is created',
async () => {

    const newWhisper = { message: 'This is a new
whisper' }

    const response = await supertest(app)

    .post('/api/v1/whisper')

    .send({ message: newWhisper.message })

    expect(response.status).toBe(201)
```

```
    expect(response.body.message).toEqual(newWhisper.m
essage)

    // Database changes

    const storedWhisper = await
getById(response.body.id)

    expect(normalize(storedWhisper).message).toStrictE
qual(newWhisper.

message)

})

it('Should return a 200 when the whisper is updated',
async () => {

    const response = await supertest(app)

    .put(`/api/v1/whisper/${existingId}`)

    .send({ message: 'Whisper updated' })

    expect(response.status).toBe(200)

    // Database changes

    const storedWhisper = await getById(existingId)

    expect(normalize(storedWhisper)).toStrictEqual({
id: existingId,

message: 'Whisper updated' })

})
```

Al eliminar un *whisper*, necesitamos verificar que este ya no está en la base de datos. Anteriormente, comprobamos que la base de datos devolvía `undefined` cuando no se encontraba; usando MongoDB, obtendremos `null` en su lugar, por lo que necesitamos cambiar la prueba de la siguiente manera:

```
it('Should return a 200 when the whisper is deleted',
async () => {

    const response = await
supertest(app).delete(`/api/v1/

whisper/${existingId}`)

    expect(response.status).toBe(200)

    // Database changes

    const storedWhisper = await getById(existingId)

    expect(storedWhisper).toBe(null)

})
```

Como hemos terminado de refactorizar los test, es un gran momento para revisar el *test coverage*. En esta sección lo revisaremos en detalle.

12.7.4. Verificando la cobertura

Ahora, podemos ejecutar los test y verificar la cobertura:

```
npm run infra:start

npm run test:coverage
```

La salida debería ser similar:

```
-----|--------|----------|---------|---------|-------

------

File | % Stmts | % Branch | % Funcs | % Lines | Uncovered
Line #s

--------------|---------|----------|---------|---------|-------------

------

All files    |  97.43 |   85.71 |  94.44 |  97.18 |
```

```
app              |   96.66 |     100 |   91.66 |   96.42 |
  database.js |    100 |     100 |     100 |     100 |
  server.js   |   95.34 |     100 |   83.33 |   95.34 | 11-12
  store.js    |    100 |     100 |     100 |     100 |
app/tests     |    100 |      50 |     100 |     100 |
  utils.js    |    100 |      50 |     100 |     100 | 7-12
--------------|---------|----------|---------|----------|-------------
------

Test Suites: 1 passed, 1 total
Tests:       13 passed, 13 total
Snapshots:   0 total
Time:        1.945 s, estimated 2 s
Ran all test suites.
```

Básicamente, tenemos la misma cobertura que antes, pero hemos eliminado algunos test, y el archivo `store.js` está testeado hasta el 100 %.

Como podemos ver, hay una línea que no está cubierta *(11-12)* en `server.js`. En el capítulo anterior, agregamos una nueva ruta para renderizar la plantilla en `GET /about`, pero olvidamos agregar los test adecuados. Entonces, agreguemos el siguiente test:

```
describe('/about', () => {

    it('Should return a 200 with the total whispers in
the platform',

async () => {
```

```
        const response = await
supertest(app).get('/about')

        expect(response.status).toBe(200)

        expect(response.text).toContain(`Currently
there are

${whispers.length} whispers available`)

    })

})
```

Si ejecuta los test nuevamente, verá que ahora la línea está cubierta y la cobertura ha aumentado al 100 %. También podemos mejorar la puntuación eliminando del informe la carpeta `tests`, lo cual podemos hacer agregando la siguiente línea al archivo `jest.config.js`:

```
export default {

  modulePathIgnorePatterns: ['<rootDir>/node_test/'],

  "coveragePathIgnorePatterns": [

    "<rootDir>/tests/"

  ]

}
```

Es muy importante mantener un alcance claro sobre qué archivos necesitamos incluir o no para su informe de cobertura; de lo contrario, la cobertura de código se convertirá solo en una métrica que no le guiará a enfocarse en las partes más críticas de la aplicación. Es bastante común leer artículos sobre la frustración asociada con un objetivo de cobertura del 100 %, cuando, en la mayoría de los casos, no necesitamos aspirar a llegar a ese porcentaje, y deberíamos tener claro qué partes del código no necesitan ser probadas.

No importa si trabaja solo o en equipo; tener métricas precisas aumentará el *developer experience* para todos los involucrados en un proyecto. Como puede ver, la cobertura ahora es del 100 %, ya que ignoramos los archivos que no planeamos probar:

```
PASS   tests/server.test.js
  Server
    GET /about
      ✓ Should return a 200 with the total whispers
in the platform
(61 ms)
    GET /api/v1/whisper
      ✓ Should return an empty array when there's no
data (19 ms)
      ✓ Should return all the whispers (14 ms)
    GET /api/v1/whisper/:id
      ✓ Should return a 404 when the whisper doesn't
exist (14 ms)
      ✓ Should return a whisper details (12 ms)
    POST /api/v1/whisper
      ✓ Should return a 400 when the body is empty
(27 ms)
      ✓ Should return a 400 when the body is invalid
(9 ms)
```

✓ Should return a 201 when the whisper is created (17 ms)

    PUT /api/v1/whisper/:id

✓ Should return a 400 when the body is empty (9 ms)

✓ Should return a 400 when the body is invalid (9 ms)

✓ Should return a 404 when the whisper doesn't exist (11 ms)

✓ Should return a 200 when the whisper is updated (18 ms)

    DELETE /api/v1/whisper/:id

✓ Should return a 404 when the whisper doesn't exist (10 ms)

✓ Should return a 200 when the whisper is deleted (13 ms)

```
-------------|---------|----------|---------|---------|--------------
-----
File         | % Stmts | % Branch | % Funcs | % Lines | Uncovered Line
#s
-------------|---------|----------|---------|---------|--------------
-----
All files    |   100 |    100 |    100 |    100 |
database.js  |   100 |    100 |    100 |    100 |
```

```
server.js  |     100 |     100 |     100 |     100 |

store.js   |     100 |     100 |     100 |     100 |


-------------|---------|----------|---------|---------|--------------
-----

Test Suites: 1 passed, 1 total

Tests:       14 passed, 14 total

Snapshots:   0 total

Time:        2.024 s, estimated 3 s

Ran all test suites.
```

> Si tiene problemas para ejecutar el proyecto en este capítulo mientras sigue los pasos, o si intentó un enfoque alternativo, puede usar la carpeta step3 del código fuente que descargó al principio del capítulo para comparar y corregir posibles errores con más facilidad.

Ahora que hemos terminado con la migración, es hora de hacer un resumen en la siguiente sección.

12.8. Resumen

En este capítulo, hemos aprendido cómo MongoDB es diferente de otras bases de datos. Hemos aprendido a instalar MongoDB localmente usando contenedores, con Docker y Docker Compose.

Además, hemos explorado cómo podemos manejar información sensible en nuestra aplicación usando variables de entorno y la librería *dotenv*. También hemos aprendido a usar Mongoose para interactuar con MongoDB.

Finalmente, hemos migrado nuestra aplicación para usar MongoDB en lugar de un archivo *JSON*. Esto nos ha dado la oportunidad de aprender adecuadamente cómo refactorizar y reorganizar nuestro código anterior. Esta migración también ha facilitado el mantenimiento y despliegue de la aplicación, ya que los datos se almacenan y consultan como una fuente externa. Esto nos ayudará a escalar mucho en el futuro, ya que podemos conectar múltiples réplicas de nuestro *backend* a la misma instancia de base de datos. También hemos aprendido a testear nuestra aplicación usando MongoDB, y hemos utilizado este enfoque de *testing* para asegurar que la migración se completa con éxito.

En el próximo capítulo, introduciremos autenticación y autorización en nuestra aplicación. Usaremos *JSON Web Tokens (JWT)* para autenticar usuarios y utilizaremos *middleware* para proteger las rutas que requieren autenticación. Además, refactorizaremos el código para usar una base de datos para almacenar usuarios y usaremos la librería *bcrypt* para *hashear* las contraseñas. Finalmente, múltiples usuarios podrán usar nuestra aplicación, que incluirá *whispers* privados.

12.8.1. Lectura adicional

- *Fireship | MongoDB in 100 Seconds:*
  https://www.youtube.com/watch?v=-bt_y4Loofg
- *I Would Never Use an ORM, by Matteo Collina:*
  https://www.youtube.com/watch?v=qfRQ5zhYuJE

- *MongoDB in 5 Minutes with Eliot Horowitz:*
  https://www.youtube.com/watch?v=EE8ZTQxa0AM
- *MongoDB Explained in 10 Minutes | SQL vs NoSQL | Jumpstart:*
  https://www.youtube.com/watch?v=RGfFpQFONpE

CAPÍTULO 13
Autenticación y autorización de usuarios

En este capítulo, aprenderemos cómo funciona la autenticación y la autorización en una aplicación web moderna. Exploraremos la criptografía que hay detrás de muchos mecanismos de seguridad y aprenderemos cómo implementar estos conceptos en nuestras aplicaciones web utilizando *JSON Web Tokens (JWT)*. También veremos cómo podemos extender nuestras estrategias de autenticación con proveedores de terceros, como Facebook o Spotify, usando *Passport.js*.

Al final de este capítulo, implementaremos autenticación y autorización en nuestro proyecto web iterando sobre el código que generamos en el capítulo anterior. También aprenderemos a hacer test específicos.

Estos son los principales temas que veremos en este capítulo:

- Cómo funcionan la autenticación y la autorización en una aplicación web.
- Cómo usar *JWT* para autenticar usuarios en nuestra aplicación web.
- Los conceptos básicos de criptografía que necesitamos conocer para entender los mecanismos modernos de autenticación y autorización.

- Cómo funciona *Passport.js* y cómo usarlo para implementar la autenticación con proveedores de terceros, como Facebook o Spotify, en nuestra aplicación web.
- Cómo agregar capas de autenticación y autorización a cualquier proyecto web utilizando *JWT* y *Express.*

13.1. Requisitos técnicos

Para seguir este capítulo, debe estar familiarizado con el código que generamos en el capítulo anterior, ya que esta es una iteración de dicho código.

Otras recomendaciones técnicas son las siguientes:

- Node.js `20.11.0` instalado en su máquina.
- Un editor de código como Visual Studio Code.
- Tener Docker configurado y en funcionamiento.
- Un navegador web moderno como Chrome o Firefox.

Los archivos de código para el capítulo se pueden encontrar en www.marcombo.info con el código `NODE25`.

Vea el código en acción en el vídeo para este capítulo en https://youtu.be/mdE5eXS5enM

13.2. Entendiendo la autenticación y la autorización moderna

Autenticación y **autorización** son dos conceptos diferentes que a menudo se confunden. La autenticación implica confirmar la identidad de un usuario, mientras que la autorización implica verificar los privilegios de acceso específicos que un usuario posee. En este capítulo, veremos cómo implementar ambos conceptos en nuestra aplicación web en la sección *Agregando autenticación y autorización a nuestra aplicación web*.

13.2.1. Autenticación

Uno de los grandes desafíos del protocolo HTTP es que no tiene estado *(stateless)*. Esto significa que el servidor no guarda ninguna información sobre el cliente. Cada petición es independiente, por lo que necesitamos diseñar y proporcionar mecanismos que nos permitan saber quién es el usuario que realiza la petición. Este es el objetivo principal del proceso de autenticación.

Hay muchas formas de implementar la autenticación en una aplicación web. La forma más común es usar un nombre de usuario y una contraseña, y hay muchas librerías que pueden ayudarnos a implementar este mecanismo, así como diferentes enfoques a seguir.

Podemos delegar la mayor parte de estas tareas a un proveedor como Auth0 https://auth0.com/, o podemos implementarlo nosotros mismos.

En este capítulo, exploraremos cómo implementar la autenticación en nuestra aplicación web utilizando la librería *Passport.js* y *JSON Web Tokens (JWT)*.

13.2.2. Autorización

Necesitamos implementar una forma clara de determinar si un usuario está autorizado para realizar una cierta acción, como crear una nueva publicación o eliminar una publicación antigua. Incluso algo tan simple como acceder a cierto contenido en una página nos obliga a implementar una forma de determinar si el usuario está autorizado para acceder.

Es bastante común que se ponga mucho esfuerzo en la parte de la autenticación, pero se olvide el aspecto de la autorización. Históricamente, los sistemas web eran menos complejos cuando comenzó Internet y no teníamos muchos roles asignados a cada usuario, por lo que tendíamos a centrarnos más en quién era el usuario, en lugar de averiguar si debería poder realizar ciertas acciones. Hoy en día, es bastante común construir sistemas complejos que terminan teniendo tablas de control de acceso que definen las relaciones entre las acciones y los roles. Por ejemplo, podemos tomar como referencia el *plugin* de Estrategia de Autorización basada en Roles *(Role-based Authorization Strategy)* para *Jenkins*, descrito en la Figura 13.1. Usándolo, podemos entender y actualizar fácilmente las relaciones entre los roles y las actividades potenciales a realizar. Por ejemplo, el rol de constructor puede cancelar *jobs* pero no configurarlo.

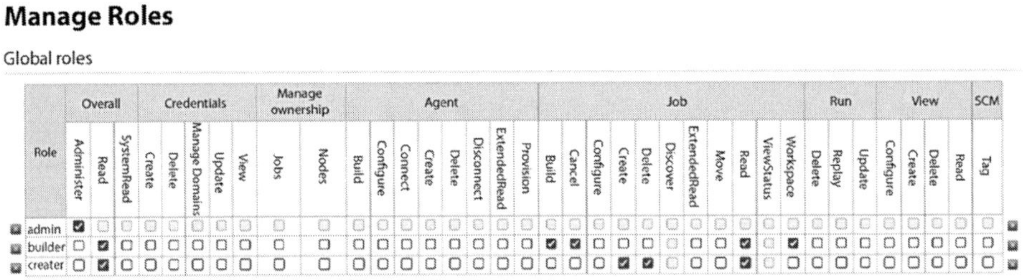

Manage Roles

Global roles

Figura 13.1 Captura de pantalla del navegador web de https://github.com/jenkinsci/role-strategy-plugin, disponible bajo la licencia MIT.

No considerar adecuadamente la autorización es un error muy común que puede llevar a graves problemas de seguridad. Por ejemplo, si olvidamos implementar la parte de la autorización, podemos terminar con una aplicación web que permite a cualquier usuario acceder a todos los contenidos, o realizar cualquier acción. Esta es una situación muy peligrosa que puede llevar a riesgos graves de seguridad.

Exploraremos este tema en términos prácticos en la sección *Agregando autenticación y autorización a nuestra aplicación web* de este capítulo, y veremos cómo implementar una estrategia de autorización adecuada en nuestra aplicación web.

Ahora que tenemos una comprensión clara de las diferencias entre autenticación y autorización, exploremos cómo implementarlas en nuestra aplicación web. En la siguiente sección, aprenderemos a usar *JWT* para autenticar a los usuarios en nuestra aplicación web.

13.3. JWT en pocas palabras

Una de las formas más populares de implementar la autenticación en una aplicación web es utilizar *JWT*.

Veamos algunas definiciones:

> *JSON Web Token is a proposed internet standard for creating data with optional signature and/or optional encryption whose payload holds JSON that asserts some number of claims. The tokens are signed either using a private secret or a public/private key. (JSON Web Token, https://en.wikipedia.org/wiki/JSON_Web_Token)*

> *JSON Web Tokens are an open, industry-standard RFC 7519 method for representing claims securely between two parties. (JWT, https://jwt.io/)*

Básicamente, un *JWT* es una cadena de texto en formato *JSON* que contiene información *(claims)* y está firmada usando una clave secreta. Este proceso asegura que la información dentro del *JWT* permanezca segura y a prueba de manipulaciones, permitiendo la verificación durante las peticiones subsiguientes. Aunque esto puede parecer un concepto sencillo, al profundizar se revelan muchas complejidades y consideraciones que debemos entender primero.

Enumeremos algunas de las características más críticas que esperamos que se soporten para entender la complejidad subyacente:

- Cualquiera puede enviar una petición a nuestro servidor, por lo que no podemos confiar en ninguna petición por defecto.
- Cualquiera puede intentar manipular la petición, por lo que necesitamos implementar un mecanismo que nos permita verificar que la petición no ha sido manipulada.
- Necesitamos implementar un mecanismo que nos permita verificar la petición sin la necesidad de almacenar ninguna información en el servidor. De esa manera, podemos escalar nuestra aplicación sin ningún problema y podemos incluso usar el mismo *JWT* en varios servidores.

13.3.1. El proceso

En términos sencillos, el usuario se autenticará usando un nombre de usuario y una contraseña, y luego el servidor devolverá un *JWT*. El usuario enviará el *JWT* en cada petición y el servidor verificará ese *JWT* para autenticar al usuario.

13.3.2.   La teoría

JWT es una cadena con información sobre el usuario (como su nombre, rol, etc.) y está firmado usando una clave secreta. De este modo, el servidor puede verificar el *JWT* usando la clave secreta y luego extraer la información sobre el usuario. Cualquier intento de modificar el *JWT* invalidará la firma, por lo que el servidor rechazará la petición.

Por lo tanto, para firmar adecuadamente los *tokens*, primero necesitamos entender los conceptos básicos de la criptografía.

13.3.3.   Criptografía 101

Para hacer funcionar el *JWT*, necesitamos entender dos cosas: el *hashing* y la firma.

13.3.3.1.   Hashing

El *hashing* es un proceso que toma una cadena y devuelve una cadena de longitud fija. Este algoritmo funciona como una función unidireccional, por lo que podemos generar el *hash* de una cadena, pero no podemos obtener la cadena original a partir del *hash*.

Aquí hay un ejemplo de cómo hacer un *hash* de una cadena usando el algoritmo SHA256 en Node.js:

```
import crypto from 'crypto';

const hash = crypto.createHash('sha256');

hash.update('Hello World');

console.log(hash.digest('hex'));
```

```
//
a591a6d40bf420404a011733cfb7b190d62c65bf0bcda32b57b277
d9ad9f146e
```

Usaremos este algoritmo para hacer el *hash* de la contraseña del usuario más adelante en este capítulo, en la sección *Agregando autenticación y autorización a nuestra aplicación web.*

13.3.3.2.   Firma

La **firma** es un proceso que toma un texto y una clave secreta y devuelve un nuevo texto. Este algoritmo funciona como una función bidireccional, por lo que podemos firmar una cadena y luego podemos verificar la firma utilizando la clave secreta.

13.3.3.3.   Es un patrón común

Este patrón de uso de *hashing* y firma es muy común en muchos campos de *software* diferentes. Como ejemplo, cuando se lanza una nueva versión de Node.js, el equipo de Node.js publicará el *hash* de cada archivo binario. Esto nos permite descargar el archivo binario y luego verificar el *hash* del archivo utilizando el *hash* que publicó el equipo de Node.js. Si los *hashes* son iguales, entonces podemos estar seguros de que el archivo no ha sido modificado.

El fichero que contiene los *hashes* de los binarios se firma antes de publicarlo, por lo que podemos verificar la firma utilizando la clave pública de los miembros del equipo de Node.js. Si la firma es válida, entonces podemos estar seguros de que el archivo *hash* no ha sido modificado.

Como ejemplo, el siguiente enlace es el archivo *shasum* para Node v20.11.0 (https://nodejs.org/dist/v20.11.0/SHASUMS256.txt.asc). El siguiente bloque de código es el contenido del archivo (simplificado en su extensión) para entender cómo funciona:

```
-----BEGIN PGP SIGNED MESSAGE-----

Hash: SHA256

f76a47616ceb47b9766cb7182ec6b53100192349de6a8aebb11f3a
bce045748f

node-v20.11.0-aix-ppc64.tar.gz

...

dce7cd4b62a721d783ce961e9f70416ac63cf9cdc87b01f6be4654
0201333b1e

win-x86/node_pdb.zip

-----BEGIN PGP SIGNATURE-----

iQGzBAEBCA...aig9KO/s=

=B/OP

-----END PGP SIGNATURE-----
```

Como puede ver, el archivo contiene dos partes (el mensaje y la firma) y utiliza **Pretty Good Privacy (PGP)**. La firma es el resultado de firmar el *hash* producido desde `-----BEGIN PGP SIGNED MESSAGE-----` hasta `-----BEGIN PGP SIGNATURE-----`. Esto nos ayuda a verificar la autenticidad del archivo. Básicamente, podemos verificar que un *releaser* de Node.js ha creado este archivo y que el contenido no ha sido manipulado, incluso si el servidor desde el cual se descargó el archivo fue comprometido.

El mensaje en sí contiene el *hash* de cada archivo binario, por lo que podemos descargar el archivo `node-v20.11.0-aix-ppc64.tar.gz` y verificar que el contenido del archivo es el mismo que el *hash* publicado en el mensaje, `f76a47616ceb47b9766cb7182ec6b53100192349de6a8aebb11f3a` `bce045748f`. Si el *hash* es el mismo, entonces podemos estar seguros de que el archivo no ha sido modificado. Esto nos permite distribuir información de manera segura.

> Con *JWT*, utilizaremos un patrón similar, pero, en lugar de *PGP*, utilizaremos un algoritmo diferente para firmar el contenido. Puede encontrar la lista de algoritmos soportados en *RFC 7518* (https://tools.ietf.org/html/rfc7518#section-3.1).

13.3.4. Estructura de *JWT*

JWT es una cadena de texto que se compone de tres partes separadas por un punto. Cada parte está codificada en *base64*. Las tres partes son las siguientes:

- **Encabezado:** contiene información sobre el tipo de *token* y el algoritmo utilizado para firmar el *token*.
- **Payload:** contiene la información *(claims)* que se almacenó en el *token*.
- **Firma:** contiene la firma del *token* que se utiliza para verificar el *token*.

La firma es el resultado de firmar el encabezado y el *payload* utilizando la clave secreta. Lo mejor de esto es que podemos verificar la firma utilizando la clave secreta y, de este modo, podemos verificar el *token* sin necesidad de almacenar ninguna información en el servidor. Además, la información está codificada en *base64*, por lo que cualquiera puede decodificarla y leerla, pero no se puede modificar sin corromper la firma.

Una cosa importante a tener en cuenta es que nunca debe almacenar información sensible en el *payload*, ya que cualquiera puede decodificarlo y leerlo. Se entiende por información sensible cosas como las contraseñas de los usuarios, los detalles bancarios, etc.

13.3.5. JWT.io

Una de las mejores herramientas para trabajar con *JWT* es el *JWT Debugger* (https://jwt.io/) (ver *Figura 13.2*). Este sitio web nos permite codificar y decodificar *JWT*, así como verificar la firma del *token*. Usted puede usarlo para depurar sus *JWT* cuando esté aprendiendo.

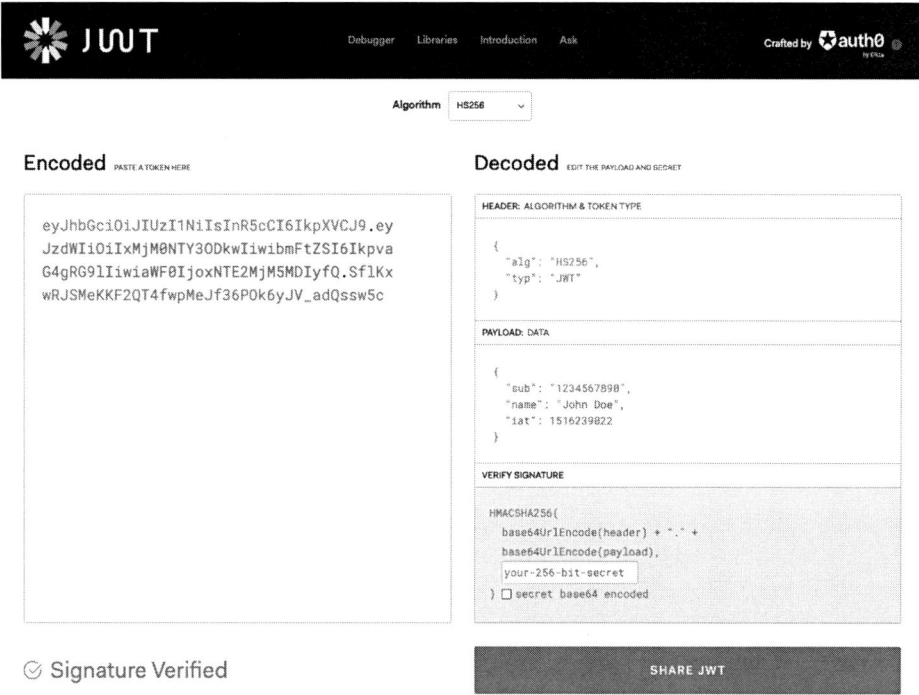

Figura 13.2 Captura de pantalla del navegador web mostrando cómo digerir y validar un token codificado.

Siéntase libre de jugar con él y explorar cómo funciona antes de pasar a la siguiente sección de este capítulo.

En la siguiente sección, aprenderemos cómo funciona *Passport.js* y cómo se puede utilizar para implementar autenticación con proveedores de terceros, como Facebook o Spotify, en nuestra aplicación web.

13.4. Entendiendo los fundamentos de *Passport.js*

Passport.js es una fantástica librería, ampliamente utilizada para implementar autenticación en aplicaciones Node.js. El sitio web oficial de *Passport.js* define la librería de la siguiente manera:

> *Passport is authentication middleware for Node.js. Extremely flexible and modular, Passport can be unobtrusively dropped in to any Express-based web application. A comprehensive set of strategies support authentication using a username and password, Facebook, Twitter, and more. (Passport.js, http://www.passportjs.org/)*

En esencia, *Passport.js* es un *middleware* (https://expressjs.com/en/guide/using-middleware.html) que incluiremos en nuestra aplicación de *Express* para proporcionar muchas estrategias diferentes para implementar la autenticación. Poder seleccionar estas estrategias nos permite elegir la que mejor se adapte a nuestras necesidades. Podemos usar la librería para implementar fácilmente la funcionalidad de inicio de sesión social (como Facebook, Twitter, Spotify, GitHub y mucho más, ya que cuenta con más de 500 estrategias), además del típico inicio de sesión con nombre de usuario y contraseña.

En la siguiente sección, iteraremos el código de nuestra aplicación web para incluir mecanismos de autenticación y autorización utilizando lo que hemos aprendido en este capítulo hasta ahora.

13.5. Agregando autenticación y autorización a nuestra aplicación web

En esta sección, agregaremos autenticación y autorización a nuestra aplicación web. Utilizaremos la librería *jsonwebtoken* para implementar la parte de la autenticación y utilizaremos un *middleware* personalizado para implementar la parte de la autorización.

13.5.1. Descargando el proyecto base

Los cambios para añadir autenticación y autorización no son muy complejos, pero es bastante largo para seguir con facilidad, por lo que para este capítulo puede descargar el proyecto desde www.marcombo.info con el código `NODE25` y acceder directamente a la carpeta `step4`. La implementación está lista para funcionar, pero comentaré los cambios más relevantes que hemos hecho desde el último capítulo (carpeta `step3`) para que pueda seguir fácilmente y con detalle lo que hemos hecho.

13.5.2. Configuración

Nuestros primeros pasos serán explorar la carpeta, instalar las dependencias, configurar el entorno e iniciar la infraestructura. Esto se puede realizar ejecutando los siguientes comandos:

1. Instale las dependencias con `npm i`.
2. Actualice los secretos, agregando el archivo `.env` en la carpeta raíz con el siguiente contenido:

```
MONGODB_URI=mongodb://localhost:27017/whispering
-database

PORT=3000

SALT_ROUNDS=10

JWT_SECRET=Tu1fo3mO0PcAvjq^q3wQ24BXNI8$9R
```

3. Ejecute `npm run infra:stop && npm run infra:start`.

Ahora, la infraestructura y la configuración están listas, pero, antes de empezar a hacer más cambios en la aplicación, se recomienda ejecutar los test.

13.5.3. Ejecute los test

A continuación, necesitamos ejecutar los test para asegurarnos de que el código funciona como se espera escribiendo `npm run test` en nuestra terminal.

13.5.3.1. Nuevos test añadidos

Podemos ver que tenemos nuevas rutas relacionadas con el inicio de sesión y el registro de usuarios. Así que hemos añadido también test específicos. Cuando ejecutamos los test, veremos que los mensajes (descripciones) son claros y autoexplicativos en términos de lo que se espera que hagan las rutas y lo que pretendemos validar en cada test, incluso si no estamos familiarizados con el código:

```
Server
  GET /login
    ✓ Should return a 200 with a login page (339 ms)
  GET /signup
    ✓ Should return a 200 with a signup page (145 ms)
  POST /signup
    ✓ Should return a 400 when the body is empty (158 ms)
    ✓ Should return a 400 when the body is not completed (150 ms)
    ✓ Should return a 400 when the password is weak (142 ms)
    ✓ Should return a 200 and a token when the user is created (204 ms)
  POST /login
    ✓ Should return a 400 when the body is empty (147 ms)
    ✓ Should return a 400 when the body is not completed (144 ms)
    ✓ Should return a 400 when the user is not found (141 ms)
    ✓ Should return a 400 when the password is incorrect (193 ms)
    ✓ Should return a 200 and an accessToken when the user is created (205 ms)
```

Figura 13.3 Captura de pantalla de la terminal que muestra cómo se prueban las rutas.

Deberíamos reconocer estos test, ya que trabajamos en estas mismas rutas en los capítulos anteriores. Pero si seguimos desplazándonos por la salida de los test en la terminal, deberíamos ver que se han añadido nuevos test.

13.5.3.2.   Pruebas actualizadas

Los test anteriores han sido actualizados para incluir nuevas validaciones relacionadas con la autenticación para las rutas que requieren autenticación con *JWT*:

```
GET /about
  ✓ Should return a 200 with the total whispers in the platform (159 ms)
GET /api/v1/whisper
  ✓ Should return a 401 when the user is not authenticated (149 ms)
  ✓ Should return an empty array when there's no data (158 ms)
  ✓ Should return all the whispers (166 ms)
GET /api/v1/whisper/:id
  ✓ Should return a 401 when the user is not authenticated (151 ms)
  ✓ Should return a 404 when the whisper doesn't exist (159 ms)
  ✓ Should return a whisper details (164 ms)
POST /api/v1/whisper
  ✓ Should return a 400 when the body is empty (151 ms)
  ✓ Should return a 400 when the body is invalid (155 ms)
  ✓ Should return a 401 when the user is not authenticated (199 ms)
  ✓ Should return a 201 when the whisper is created (180 ms)
PUT /api/v1/whisper/:id
  ✓ Should return a 400 when the body is empty (158 ms)
  ✓ Should return a 400 when the body is invalid (155 ms)
  ✓ Should return a 404 when the whisper doesn't exist (156 ms)
  ✓ Should return a 401 when the user is not authenticated (153 ms)
  ✓ Should return a 403 when the user is not the author (155 ms)
  ✓ Should return a 200 when the whisper is updated (199 ms)
DELETE /api/v1/whisper/:id
  ✓ Should return a 404 when the whisper doesn't exist (159 ms)
  ✓ Should return a 401 when the user is not authenticated (153 ms)
  ✓ Should return a 403 when the user is not the author (152 ms)
  ✓ Should return a 200 when the whisper is deleted (160 ms)
```

Figura 13.4 Captura de pantalla de la terminal que muestra las pruebas pasando y lo fácil que es seguir lo que se está probando con las descripciones.

Como puede ver, los casos de uso en las pruebas cubren más escenarios relacionados con la autenticación y la autorización, como `Should return 401 when the user is not authenticated` y `Should return a 403 when the user is not the author`.

13.5.4. Los cambios en la UI

En general, los cambios más significativos están relacionados con la UI, ya que ahora tenemos nuevas rutas y vistas para iniciar sesión y registrarse. Así que podemos iniciar la aplicación ejecutando `npm run start`.

13.5.4.1. Inicio de sesión

Puede introducir sus credenciales para iniciar sesión en `http://localhost:3000/login`, tras lo cual la API del *backend* retornará un *JWT* que puede usar para autenticarse en cualquier operación CRUD.

Figura 13.5 Captura de pantalla del navegador web mostrando la página de inicio de sesión donde el usuario puede introducir su nombre de usuario y su contraseña.

13.5.4.2. Registro

Puede crear una nueva cuenta cuando lo desee en `http://localhost:3000/signup`. Esta operación generará un nuevo usuario en la base de datos y el *backend* le retornará un *JWT* que usted puede usar para realizar operaciones CRUD y autenticarse contra la API.

Create your account!

Username

Your username

Email

Your email

Password

Your password

Sign up

Already have an account? Login

Figura 13.6 Captura de pantalla del navegador web mostrando dónde el usuario puede crear una nueva cuenta o iniciar sesión con credenciales existentes.

El servidor ahora incluye ciertas reglas de seguridad con respecto al nombre de usuario, correo electrónico y contraseña. Por ejemplo, puede usar los siguientes valores:

Nombre de usuario: `nodejs`

Correo electrónico: `demo@demo.com`

Contraseña: `aA1#dt$tu`

13.5.4.3. Operaciones CRUD

Como se mencionó en la sección anterior, es importante entender cómo funciona la autorización. Aquí están las reglas para nuestra lógica de negocio:

- Cualquier usuario registrado puede ver todos los *whispers* disponibles en la plataforma *Whispering*.
- El usuario solo puede modificar o eliminar los *whispers* que él mismo ha creado.

Estas reglas claras nos ayudarán a construir un sistema de autorización que cubrirá todos los escenarios, por lo que, por ejemplo, no podrá eliminar un *whisper* creado por otro usuario. En algunas aplicaciones, este enfoque puede ser muy complejo, como en Google Drive o Facebook. En esos escenarios, es bastante útil tener una matriz de permisos *(permission matrix)* en su lugar y bien documentada. GitLab ofrece un gran ejemplo (https://docs.gitlab.com/ee/user/permissions.html).

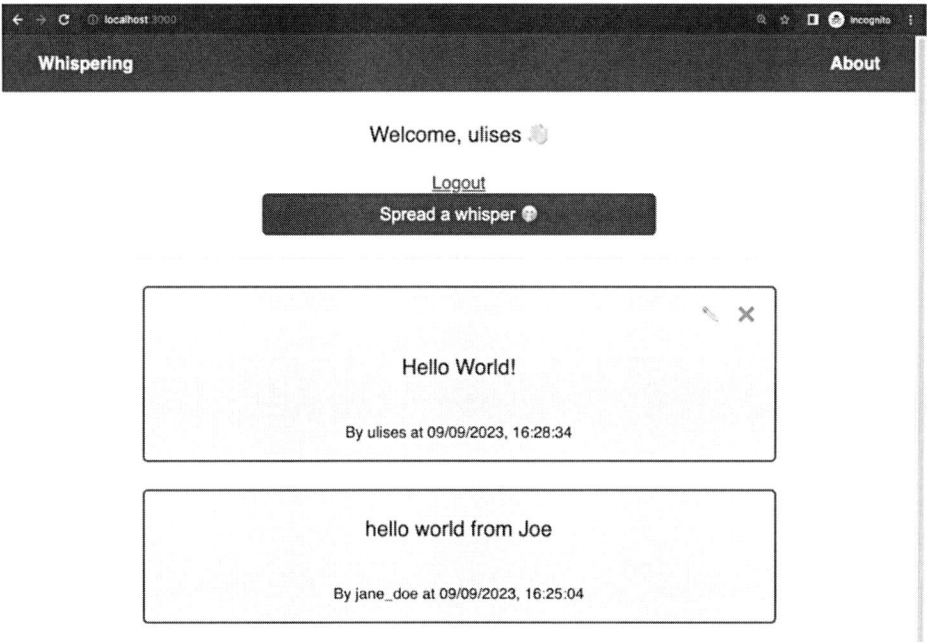

Figura 13.7 Captura de pantalla del navegador web mostrando la página principal con todos los whispers *y los botones para interactuar con ellos desde la UI.*

Como puede ver, solo podemos modificar los *whispers* que hemos creado, ya que la opción no está visualmente disponible para *whispers* ajenos.

Aunque la UI es un factor clave en la gestión de la autorización, necesitamos asegurarnos de que el *backend* también está gestionando adecuadamente la autorización por su parte, por lo que no permitirá a los usuarios modificar o eliminar *whispers* de otros usuarios vía API. Para asegurarnos de que la aplicación es capaz de prevenir estos escenarios (como modificar los *whispers* de otros usuarios) es muy recomendable añadir un test específico. Revise los casos del `test suite`, ya que hemos incluido estos escenarios, que cubren la respuesta `403 Forbidden`.

13.5.5. Dependencias añadidas

Hemos incluido las siguientes dependencias en el proyecto:

- **Bcrypt** (https://www.npmjs.com/package/bcrypt): es una librería que nos ayudará a almacenar contraseñas de forma segura en la base de datos.
- **Jsonwebtoken** (https://www.npmjs.com/package/jsonwebtoken): es una utilidad que nos ayuda a generar y analizar los *JWT*.
- **Validator** (https://www.npmjs.com/package/validator): es una librería que usamos para validar cadenas de texto. Básicamente, podemos usarla para sanear las entradas recibidas de los usuarios, incluyendo direcciones de correo electrónico, *URL*, números de teléfono, y así sucesivamente.

Más adelante, estas dependencias se utilizarán para construir adecuadamente nuestra aplicación. Es bastante común en los proyectos de Node.js depender de librerías de terceros. Lo más importante es que debemos estar seguros de que estamos utilizando dependencias externas de buena calidad sin vulnerabilidades conocidas, tal y como aprendimos en el Capítulo 6.

13.5.6. Cambios en el *frontend*

Añadimos un nuevo archivo llamado `public/auth.js` para gestionar los envíos de formularios mientras el usuario inicia sesión o se registra en la plataforma. Después de enviar las peticiones, almacenaremos el *JWT* en el *localStorage*, así podemos recuperar el *JWT* fácilmente incluso si actualizamos la página:

```
fetch('/login', {
    method: 'POST',
    headers: {
        'Content-Type': 'application/json'
    },
    body: JSON.stringify({
        username,
        password
    })
})
.then(response => {
    if(response.status !== 200) {
        throw new Error("Invalid credentials")
    }
    return response.json()
})
```

```
.then(({accessToken}) => {
    localStorage.setItem('accessToken', accessToken);
    window.location.href = '/';
})
```

Con los cambios anteriores, enviamos el usuario y la contraseña a la ruta `/login` utilizando el método HTTP POST. Como respuesta, esperamos datos en formato *JSON* que contendrán el *token* de acceso *(access token)* que guardaremos en el *localStorage* para mantener la persistencia de la sesión aunque el usuario actualice la página. Finalmente, redirigiremos al usuario a la página de inicio, ya que la autenticación se ha completado con éxito.

También añadimos el *JWT* a cada petición realizada contra la API para cualquier operación CRUD en `public/app.js`:

```
const fetchAllWhispers = () =>
fetch('/api/v1/whisper', {
    headers: {Authorization: `Bearer ${accessToken}`}
}).then((response) => response.json())
```

Como puede ver, cada petición incluye el encabezado `Authorization` con el valor `Bearer TOKEN`, que es la forma esperada de autenticarse contra el *backend*. También usamos el *JWT* para obtener el nombre del usuario y mostrarlo en la UI en la vista de *whispers*.

Por otra parte, deshabilitamos los botones de editar/eliminar de la vista de *whisper* si el usuario actual no es el usuario que los creó:

```
`<article data-id="${whisper.id}">
    <div class="actions" ${controlEdition(whisper,
user)}>
```

```
<button data-action="edit"> </button>

<button data-action="delete"> </button>

    </div>

</article>`
```

La función `controlEdition` puede ocultar/mostrar las acciones dependiendo del autor:

```
const controlEdition = (whisper, user) => {

    if(whisper.author.id === user.id) {

        return ''

    } else {

        return 'style="display:none;"'

    }

}
```

Ahora que tenemos claros los cambios realizados en la parte del *frontend*, es hora de pasar a la parte del *backend* y revisar los cambios necesarios para gestionar adecuadamente los datos de autenticación de los usuarios en la base de datos. Comenzaremos con los cambios en el *store*.

13.5.7. Se añadió un nuevo *store* para usuarios

Los cambios más relevantes se añadieron al archivo `database.js`, donde se añadió un nuevo esquema para los usuarios. Ahora incluimos validaciones y transformaciones más avanzadas. El usuario tiene propiedades `username`, `email` y `password`:

```
const userSchema = new mongoose.Schema({

    //...
```

```
password: {

  type: String,

  required: [true, 'Password is required'],

  minlength: [8, 'Password must be at least 8
characters long'],

  validate: {

    validator: checkPasswordStrength

  }

}
//...

})
```

En el caso de `password`, incluimos una validación adicional con una nueva función (`checkPasswordStrength`), que añadimos al archivo de utilidades, `utils.js`. Esta nueva función utiliza una expresión regular para validar la fortaleza de la contraseña (un mínimo de ocho caracteres: al menos una letra, un número y un carácter especial):

```
export function checkPasswordStrength(password) {

  const       strengthRegex       =       /^(?=.*[A-Za-
z])(?=.*\d)(?=.*[@$!%*#?&])

[A-Za-z\d@$!%*#?&]{8,}$/

  return strengthRegex.test(password)

}
```

Ahora, el esquema `whisperSchema` tiene una relación con `User`, ya que cada *whisper* es propiedad de un autor específico:

```
const whisperSchema = new mongoose.Schema({
```

```
  author: { type: mongoose.Schema.Types.ObjectId, ref:
'User' },

  message: String,

  updatedDate: {

    type: Date,

    default: Date.now

  },

  creationDate: {

    type: Date,

    default: Date.now

  }

})
```

Podemos ver cómo se lleva a cabo esta relación en `stores/whisper.js`, ya que podemos ver las consultas:

```
const getAll = () => Whisper.find().populate('author',
'username')

const getById = id => Whisper.findById({ _id: id
}).populate('author',

'username')

const create = async (message, authorId ) => {

  const whisper = new Whisper({ message, author:
authorId })

  await whisper.save()

  return whisper

}
```

13.5.7.1. Gestión de contraseñas

Como parte de una adecuada gestión de contraseñas en database.js, utilizaremos la librería *bcrypt*, específicamente el *middleware* pre, para cifrar las contraseñas antes de almacenarlas en la base de datos. El *middleware* pre es una función que se activa antes de realizar una acción específica, como guardar. Puede encontrar excelentes ejemplos en la documentación oficial (https://mongoosejs.com/docs/middleware.html#pre):

```
userSchema.pre('save', async function (next) {

  const user = this

  if (user.isModified('password')) {

    const salt = await bcrypt.genSalt()

    user.password = await bcrypt.hash(user.password,
salt)

  }

  next()

})
```

Además, en el mismo archivo database.js, añadiremos una nueva función para comparar la contraseña guardada del usuario con la contraseña que el usuario está enviando en la petición:

```
userSchema.methods.comparePassword = async function

(candidatePassword) {

  const user = this

  return await bcrypt.compare(candidatePassword,
user.password)

}
```

De esta manera podemos almacenar y comparar la contraseña de manera segura, ya que nunca la almacenaremos en texto plano.

13.5.8. Utilidades *JWT*

Nuestra autenticación ahora se realiza con ***JSON Web Tokens (JWTs),*** por lo que necesitamos agregar algunas utilidades para generar y analizar los *JWT*. Utilizaremos la librería *jsonwebtoken* para este propósito.

En el archivo `utils.js`, añadimos una función para generar el *JWT*:

```
export function generateToken (data) {

   return jwt.sign({

      data: data

   }, process.env.JWT_SECRET, { expiresIn: '1h' })

}
```

También podemos añadir otra función para parsear el *JWT*; en nuestro caso, un *middleware* de *Express* que parseará el *JWT* y añadirá los detalles del usuario al objeto `request`:

```
export function requireAuthorization (req, res, next)
{

   const token = req.headers.authorization

   if (!token) {

      res.status(401).json({ error: 'No token provided' })

      return

   }

   try {
```

```
    const accessToken = token.split(' ')[1]
    const decoded = jwt.verify(accessToken,
process.env.JWT_SECRET)
    req.user = decoded.data
    next()
  } catch (err) {
    res.status(401).json({ error: 'Invalid token' })
  }
}
```

Como puede ver, utilizamos `JWT_SECRET` para firmar y verificar los *JWT*. Esta variable de entorno se almacena en el archivo `.env`, por lo que podemos cambiarla fácilmente en cualquier entorno. Además, establecemos un tiempo de expiración de 1 hora para los *JWT*, después de lo cual el usuario necesitará autenticarse nuevamente. Es bastante común tener tiempos de expiración cortos por si el *token* se viera comprometido; de este modo, el tiempo en el que podría ser utilizado para hacer daño es limitado. Esta es una medida de seguridad muy popular que puede combinarse con *refresh tokens* (https://auth0.com/learn/refresh-tokens) para tener una implementación aún más sólida.

Si el token ha sido modificado o el secreto no es el mismo, entonces la función `jwt.verify` lanzará un error, por lo que podemos capturarlo y devolver un error al usuario. Lo mismo sucederá si el *token* está expirado.

Si el token es válido, añadiremos el usuario a la petición, y podemos usarlo en el siguiente *middleware* o en el manejador de la ruta.

Esto completa la parte de autenticación. ¡Ahora podemos autenticar a los usuarios en nuestra aplicación web! Es importante destacar que no estamos almacenando ninguna información en el servidor, por lo que podemos escalar nuestra aplicación sin ningún problema, aunque esto tiene algunas desventajas, como analizaremos en el Capítulo 15.

13.5.9. Añadiendo nuevas rutas

Una vez que tenemos todas las utilidades para implementar la autenticación, podemos incluir las nuevas rutas. En nuestro caso, incluiremos las siguientes rutas:

- `GET` `/login` para renderizar la vista de inicio de sesión al usuario:

```
app.get('/login', (req, res) => {
  res.render('login')
})
```

- `POST` `/login` para procesar la petición de inicio de sesión, almacenar el nuevo usuario y devolver el *JWT*:

```
app.post('/login', async (req, res) => {
  try {
    const { username, password } = req.body
    const foundUser = await user.getUserByCredentials(username,
password)
    const accessToken = generateToken({
username, id:
foundUser._id})
```

```
    res.json({ accessToken})
  } catch ( err ){
    res.status(400).json({ error: err.message })
  }
})
```

- GET /signup para renderizar la vista de registro al usuario:

```
app.get('/signup', (req, res) => {
  res.render('signup')
})
```

- POST /signup para procesar la petición de registro y devolver el *JWT*:

```
app.post('/signup', async (req, res) => {
  try {
    const { username, password, email } =
req.body
    const newUser = await user.create(username,
password, email)
    const accessToken = generateToken({
username, id: newUser._
id})
    res.json({ accessToken})
  } catch ( err ){
    res.status(400).json({ error: err.message })
  }
})
```

Debemos tener en cuenta que también necesitamos actualizar las rutas que requieren autenticación para usar el *middleware* `requireAuthorization` y modificar la lógica interna para asegurar que las autorizaciones se gestionen correctamente. Por ejemplo, los usuarios no deberían poder modificar/eliminar *whispers* de otros usuarios:

```
app.put('/api/v1/whisper/:id', requireAuthorization,
async

(req, res) => {
  const { message } = req.body
  const id = req.params.id
  if (!message) {
    res.sendStatus(400)
    return
  }
  const storedWhisper = await whisper.getById(id)
  if (!storedWhisper) {
    res.sendStatus(404)
    return
  }
  if(storedWhisper.author.id !== req.user.id) {
    res.sendStatus(403)
    return
  }
  await whisper.updateById(id, message)
  res.sendStatus(200)
})
```

Como puede ver, utilizamos el *middleware* `requireAuthorization` para asegurar que el usuario esté autenticado, y luego verificamos que el usuario sea el autor del *whisper* que estamos intentando modificar. Si el usuario no es el autor, entonces devolvemos un error `403 Forbidden`.

Hay otros escenarios que también cubrimos en los test, como cuando el *whisper* no se encuentra. En esos casos, se espera que devolvamos el código de error HTTP adecuado en cada caso.

13.5.10. Mejoras en las utilidades de *testing*

Modificamos las utilidades de *testing* para incluir *fixtures* válidos para los usuarios, por lo que tenemos usuarios predefinidos que podemos usar para probar la funcionalidad de autenticación.

Además, incluimos *whispers* de muestra para los test, y así podemos usarlos para probar la parte de autorización.

Finalmente, incluimos algunos *fixtures* que incluyen un *JWT* válido para cada usuario, por lo que podemos usarlos para probar la parte de autorización.

Puede verificar los cambios en detalle en el archivo `tests/utils.js`.

13.5.11. Cambios en los test

Hemos actualizado los test para incluir las nuevas rutas y para probar la parte de autorización. Puede verificar los cambios en detalle en el archivo `tests/server.test.js`.

En general, la mayoría de las rutas ahora incluyen test específicos para probar la parte de autorización, asegurando que la autorización se gestione correctamente.

Añadimos test para cada ruta para probar las peticiones de usuarios que no están autenticados:

```
it('Should return a 401 when the user is not
authenticated', async ()

=> {

  const response = await supertest(app)

  .delete(`/api/v1/whisper/${existingId}`)

  expect(response.status).toBe(401)

  expect(response.body.error).toBe('No token
provided')

})
```

Además, en algunas rutas, añadimos test específicos para probar la parte de autorización, de modo que podemos asegurar que se gestiona correctamente:

```
it('Should return a 403 when the user is not the
author', async () =>

{

  const response = await supertest(app)

  .delete(`/api/v1/whisper/${existingId}`)

  .set('Authorization', `Bearer ${secondUser.token}`)

  expect(response.status).toBe(403)

})
```

En general, muchos test fueron modificados para incluir el *JWT* con un *Bearer token* específico, en la forma de `.set('Authorization', Bearer ${firstUser.token})`.

13.5.12. Cobertura de test

Si ejecutamos los test con `npm run test:coverage`, podemos ver en detalle cómo los cambios afectaron a la cobertura de los test. Si revisa el archivo `coverage/lcov-report/index.html`, puede ver los detalles de la cobertura:

All files step4

98.01% Statements 99/101   **94.44%** Branches 17/18   **94.44%** Functions 17/18   **98.01%** Lines 99/101

Press *n* or *j* to go to the next uncovered block, *b*, *p* or *k* for the previous block.

Filter:

File ▲		Statements			Branches			Functions			Lines		
database.js		100%	19/19		50%	1/2		100%	4/4		100%	19/19
server.js		98.55%	68/69		100%	14/14		90.9%	10/11		98.55%	68/69
utils.js		92.3%	12/13		100%	2/2		100%	3/3		92.3%	12/13

Figura 13.8 Captura de pantalla del navegador web con el informe de cobertura de test.

En general, la cobertura es bastante buena (entre 94-98 %), pero podemos ver que tenemos algunas líneas que no están cubiertas. Podríamos mejorar los test para cubrirlas, pero esos son casos muy específicos *(edge cases)* que, por su particularidad, no son objeto del presente libro.

13.6. Resumen

En este capítulo, hemos tenido la oportunidad de aprender cómo funcionan la autenticación y la autorización en una aplicación web. Hemos implementado la parte de autenticación usando *JWT* y la parte de autorización usando un *middleware* personalizado.

Además, hemos explorado en detalle cómo funcionan los *JWT* y cómo implementarlos en una aplicación Node.js.

Finalmente, hemos añadido funcionalidades de autenticación y autorización a nuestra aplicación web. Ahora, podemos autenticar a los usuarios y podemos asegurar que los usuarios solo pueden modificar/eliminar los *whispers* que ellos crearon.

En el próximo capítulo, vamSos a aprender con más detalle cómo gestionar correctamente los errores en nuestra aplicación web y en cualquier aplicación o librería Node.js.

13.6.1. Lectura adicional

- *Session vs Token Authentication in 100 Seconds: https://www.youtube.com/watch?v=UBUNrFtufWo*
- *Authentication: It's Easier Than You Think: https://www.youtube.com/watch?v=h6wBYWWdyYQ*
- *JWT Handbook by Auth0: https://auth0.com/resources/ebooks/jwt-handbook*
- *Auth0 in 100 Seconds // And beyond with a Next.js Authentication Tutorial: https://www.youtube.com/watch?v=yufqeJLP1r*

## CAPÍTULO 14

Manejo de errores en Node.js

Las aplicaciones Node.js requieren un control sólido y consistente de los errores. La mayoría de las aplicaciones se construyen utilizando muchas dependencias, o bien dependen en gran medida de operaciones asíncronas (red, disco, etc.), lo que hace que la gestión de errores sea más compleja.

En este capítulo, aprenderemos sobre los diferentes tipos de errores que pueden surgir en una aplicación Node.js y cómo manejarlos correctamente. También exploraremos cómo lanzar errores personalizados y cómo capturar y reanudar la ejecución de la aplicación tras cualquier tipo de error, incluidos los que ocurren en aplicaciones Express.

Además, aprenderemos a gestionar una salida ordenada *(graceful shutdown)* cuando el servicio se bloquea, a usar códigos de salida según la situación y a prevenir procesos zombis.

Estos son los principales temas que veremos en este capítulo:

- Cómo lanzar errores personalizados.
- Cómo capturar y recuperarse de cualquier tipo de error.

- Cómo gestionar errores de aplicación y de usuario en Express.
- Cómo gestionar una salida ordenada *(graceful shutdown)* cuando el servicio se bloquea.
- Cómo prevenir procesos zombis.
- Cómo usar códigos de salida para indicar la razón por la que la aplicación fue cerrada.

14.1. Requisitos técnicos

Vea el código en acción en el vídeo para este capítulo en https://youtu.be/VPXV1L1eplk

14.2. Explorando los tipos de errores

Como aprendimos en el primer capítulo, Node.js es una aplicación de un solo hilo *(single-threaded)*. Esto significa que si ocurre un error y no lo manejamos correctamente, la aplicación se bloqueará y se cerrará. Por eso es importante manejar los errores correctamente.

Lancemos un error y veamos cómo se ve en la salida:

```
executeThisFunction()
```

El código anterior lanzará un error `ReferenceError` porque la función `executeThisFunction` no está definida. Este error puede ser fácilmente corregido definiendo la función:

```
executeThisFunction()

ReferenceError: executeThisFunction is not defined
    at file:///file.js:1:1
```

```
    at ModuleJob.run
(node:internal/modules/esm/module_job:192:25)
    at async DefaultModuleLoader.import
(node:internal/modules/esm/
loader:228:24)
    at async loadESM
(node:internal/process/esm_loader:40:7)
    at async handleMainPromise
(node:internal/modules/run_main:66:12)
```

Hay dos tipos principales de errores en Node.js: errores de sintaxis y errores de tiempo de ejecución *(runtime errors)*.

14.2.1. Errores de sintaxis

Los errores de sintaxis se lanzan cuando el código se analiza y no es válido. Estos errores son lanzados por el motor de JavaScript, y suelen ser fáciles de corregir. Muchos editores de código pueden detectar estos errores y resaltarlos, por lo que puedes corregirlos antes de ejecutar la aplicación. En nuestro caso, hemos usado en capítulos anteriores *StandardJS* como *linter*, que es una herramienta que nos ayuda a detectar errores de sintaxis y a imponer un estilo de código consistente.

14.2.2. Errores en tiempo de ejecución

Los errores en tiempo de ejecución también se conocen como errores operacionales. Estos errores se lanzan cuando la aplicación está en ejecución y no están relacionados con la sintaxis del código. Pueden ser lanzados por la aplicación misma o por las dependencias que la aplicación está utilizando.

Hay muchas formas de generar errores en tiempo de ejecución, como acceder a una propiedad de un objeto indefinido, llamar a una función que no existe, intentar leer un archivo que no existe, intentar conectarse a una base de datos que no está disponible, intentar acceder a un recurso de red que no está disponible, etc.

Como puede ver, hay muchas formas de generar errores en el tiempo de ejecución. Por eso es importante manejarlos correctamente. Si no los manejamos, la aplicación se bloqueará y dejará de funcionar. Por lo tanto, mientras estamos desarrollando la aplicación, es muy importante tener en cuenta los posibles errores en tiempo de ejecución que pueden ser lanzados y manejados adecuadamente.

Algunos errores pueden ser recuperables y otros no, dependiendo del tipo de error. Por ejemplo, si tenemos una aplicación tipo REST API y la base de datos no está disponible, podríamos recuperarnos de este error devolviendo un código de estado HTTP 503 y un mensaje al cliente. Usted siempre estará a cargo de decidir si el error puede ser recuperado o no y cómo manejarlo.

Ahora que conocemos los tipos de errores que pueden ser lanzados en las aplicaciones Node.js, veamos cómo lanzar errores claros en la siguiente sección.

14.3. Lanzando errores claros

Cuando ocurre un error, es importante que sea claro. Esto significa que el error debe contener suficiente información para entender qué sucedió y, potencialmente, cómo solucionarlo.

14.3.1. El objeto de error

El objeto de error es una instancia de la clase `Error`. Esta clase tiene un constructor que acepta un mensaje como parámetro. Este mensaje se utilizará para describirlo. Aquí hay un ejemplo:

```
const myError = new Error('This is an error message')
throw myError
```

Aquí está la salida del código anterior:

```
file:///file.js:1
const myError = new Error('This is an error message')
                ^

Error: This is an error message
    at file:///file.js:1:17
    at ModuleJob.run
(node:internal/modules/esm/module_job:192:25)
    at async DefaultModuleLoader.import
(node:internal/modules/esm/
loader:228:24)
    at async loadESM
(node:internal/process/esm_loader:40:7)
    at async handleMainPromise
(node:internal/modules/run_main:66:12)
Node.js v20.11.0
```

Observamos que el mensaje de error se muestra en la salida. Este es el mensaje que pasamos al constructor de la clase `Error`. Si lo comparamos con `ReferenceError: executeThisFunction is not defined`, podemos ver que el mensaje de error no es muy descriptivo y que estamos usando una clase de error genérica.

14.3.2. Errores personalizados

Puede crear sus propios errores personalizados extendiendo la clase `Error`. Esto es útil cuando quiere crear sus propias clases `Error` y añadir más información al objeto de error. Aquí hay un ejemplo:

```
class NotEnoughSleep extends Error {

  constructor (message) {

    super(message)

    this.requireSleep = true

    this.isRecoverable = true

  }

}


throw new NotEnoughSleep('Looks like you need more sleep')
```

Si ejecutamos el código anterior, obtendremos la siguiente salida:

```
file:///file.js:9

  throw new NotEnoughSleep('Looks like you need more sleep')

NotEnoughSleep [Error]: Looks like you need more sleep

    at file:///file.js:9:9

    at ModuleJob.run
(node:internal/modules/esm/module_job:192:25)
```

```
    at async DefaultModuleLoader.import
(node:internal/modules/esm/
loader:228:24)
    at async loadESM
(node:internal/process/esm_loader:40:7)
    at async handleMainPromise
(node:internal/modules/run_main:66:12)
{
  requireSleep: true,
  isRecoverable: true
}
```

Como puede ver, el mensaje de error `Looks like you need more sleep` se muestra en la salida, así como el nombre de la clase, `NotEnoughSleep`. Además, hemos añadido dos propiedades al objeto de error: `requireSleep` e `isRecoverable`. Estas propiedades son creadas por nosotros, y podemos crear tantas como necesitemos y ser tan específicos como queramos. Estas propiedades pueden ser utilizadas para añadir más información al objeto de error, por lo que podemos manejarlo correctamente utilizando estas propiedades en un bloque `try/catch`:

```
try {
  throw new NotEnoughSleep("Looks like you need more
sleep");
} catch (error) {
  if (error.isRecoverable) {
    console.log("You are lucky, because you can
recover from this error");
  }
```

```
if (error.requireSleep) {

  console.log("Please, go to sleep!");

  }

}
```

Aquí está la salida del código anterior:

```
You are lucky, because you can recover from this error

Please, go to sleep!
```

Como puede ver, hemos utilizado las propiedades `isRecoverable` y `requireSleep` para manejar el error. Este es un ejemplo muy simple, pero puede añadir más propiedades al objeto de error para manejarlo correctamente.

En la siguiente sección, vamos a aprender cómo capturar y recuperarnos de cualquier tipo de error mientras usamos *Express*.

14.4. Manejo de errores en *Express*

En los capítulos anteriores, aprendimos cómo crear una aplicación de REST API utilizando *Express* y vimos cómo manejar errores. En esta sección, vamos a refrescar los conceptos y a profundizar en ellos.

14.4.1. *Middleware* para el manejo de errores

Express tiene un *middleware* de manejo de errores incorporado que puede usarse para manejar errores de forma centralizada. El *middleware* se ejecuta cuando ocurre un error en la aplicación. Este *middleware* se ejecuta después de que todos los demás *middlewares* y rutas han sido ejecutados. Se ejecuta solo cuando ocurre un error, por lo que es importante añadirlo al final de la cadena de *middleware*s, de la siguiente manera:

```
import express from 'express'
const app = express()
// Other middlewares...
app.use((err, req, res, next) => {
  console.error(err.stack)
  res.status(500).send('Something broke!')
})
// Route handler...
```

14.4.2. Errores personalizados

Si está construyendo una aplicación de tipo REST API, podría añadir una propiedad al objeto de error para indicar el código de estado HTTP que debe ser devuelto al cliente. De esta manera, puede manejar el error correctamente en el *middleware* para el manejo de errores y devolver el código de estado HTTP adecuado al cliente. Aquí hay un ejemplo:

```
class NotFoundError extends Error {
  constructor (message) {
    super(message)
    this.statusCode = 404
  }
}
try {
```

```
  throw new NotFoundError('The resource was not
found')
} catch (error) {
  console.log(error.statusCode)
  res.status(error.statusCode).send(error.message)
}
```

Como puede ver, podemos usar la propiedad `statusCode` para devolver el código de estado HTTP adecuado al cliente. Este es un ejemplo muy simple, pero puede añadir más propiedades al objeto de error para manejarlo correctamente.

Ahora que sabemos cómo manejar los errores, es hora de aprender cómo cerrar la aplicación de manera ordenada *(graceful shutdown)* cuando la aplicación no puede recuperarse de un error.

14.5. Graceful shutdown en aplicaciones

A lo largo del libro, hemos aprendido cómo manejar errores usando bloques `try`/`catch`, el patrón de *error-first* con los *callbacks*, `catch` para promesas, y también eventos para manejar errores; pero, a veces, necesitamos manejar errores de manera global.

Node.js proporciona una forma de manejar errores de manera global y cerrar la aplicación de manera ordenada usando `process.on()`. También puede usar `process.exit()` para salir de la aplicación con un código de salida específico. Esto es útil en los *pipelines* de CI/CD, para indicar si la aplicación se cerró debido a un error, y también en entornos productivos.

14.5.1. Eventos

Hay muchos eventos que se pueden usar para manejar errores de manera global:

- uncaughtException: este evento se emite cuando ocurre una excepción no capturada.
- unhandledRejection: este evento se emite cuando ocurre un rechazo no manejado.
- exit: este evento se emite cuando el proceso de Node.js está a punto de salir.
- SIGINT y SIGTERM: estos eventos se emiten cuando el proceso de Node.js recibe estas señales.

Muchos otros eventos se pueden usar para manejar errores de manera global, pero estos son los más comunes. En el siguiente ejemplo, combinamos algunos escenarios para su manejo:

```
const events = 
['uncaughtException','unhandledRejection', 'exit', 
'SIGINT'];

events.forEach(event => {
  process.on(event, (error) => {
    console.log(`This is an ${event} that we track!`)
  })
})

setTimeout(() => {
  throw new Error('Exception!')
}, 10000)

setTimeout(() => {
```

```
Promise.reject(new Error('Rejection!'))
}, 20000)
```

Si ejecuta el código anterior, verá que la aplicación se cerrará después de 20 segundos, debido a que no gestionamos el rechazo *(unhandled rejection)* de una promesa; aún así, fue finalmente capturado y el proceso continúa ejecutándose. Además, si presiona `Ctrl + C` en cualquier momento, la aplicación se cerrará debido a la señal `SIGINT`.

En el siguiente ejemplo, podemos ver que el evento `exit` siempre se activa cuando estamos cerrando la aplicación Node.js. Por lo tanto, es bastante común usar este evento para realizar algunas acciones mientras la aplicación se está cerrando:

```
This is an uncaughtException that we track!

This is an unhandledRejection that we track!

This is an exit that we track!
```

Tenga en cuenta que el evento `exit` no solo se activa cuando ocurre un error, sino que también lo hace cuando la aplicación se cierra de manera ordenada y no soporta operaciones asíncronas.

En la siguiente sección, aprenderemos cómo usar códigos de salida para indicar la razón por la que la aplicación fue cerrada. Esto es muy útil en los *pipelines* de CI/CD para indicar si la aplicación fue cerrada debido a un error o no.

14.5.2. Códigos de salida

Los códigos de salida se utilizan para indicar la razón por la que la aplicación terminó su ejecución, así como si la aplicación terminó debido a un error o si se cerró porque finalizó su ejecución.

Si el código de salida es 0, significa que la aplicación se cerró de manera ordenada. Si el código de salida es diferente de 0, significa que la aplicación se cerró debido a un error. Por defecto, cuando no hay nada que hacer en la aplicación, Node.js saldrá con el código de salida 0.

Usando `process.exit()` podemos indicar el código de salida que queremos usar. Por ejemplo, si queremos indicar que la aplicación se cerró debido a un error, podemos usar `process.exit(1)`. Si queremos indicar que la aplicación se cerró de manera ordenada, podemos usar `process.exit(0)`.

Algunos procesos pueden terminar correctamente en términos de ejecución pero usando un código de error distinto a 0. Por ejemplo, cuando ejecutamos y completamos los test de la aplicación, si algún test falla, el código de salida será diferente de 0. De esa manera, la salida de la ejecución será un error que puede impedir que CI continúe ejecutando el siguiente paso en el *pipeline*.

En la siguiente sección, aprenderemos cómo prevenir procesos zombi mientras usamos la librería de procesos para manejar errores de manera global.

14.5.3. Evitando procesos zombi

Me encantan las películas de zombis pero, como programador, no me gustan los procesos zombi. Un proceso zombi es un proceso que está corriendo en segundo plano y que no está haciendo nada útil. Este tipo de procesos consumen recursos de la máquina anfitriona, y pueden ser un gran problema en ciertos escenarios, como dispositivos de bajas capacidades.

Usar `process.on()` puede ser peligroso porque puede impedir que el proceso de Node.js termine. Por eso es importante usar `process.exit()` para salir de la aplicación con un código de salida específico cuando sea necesario.

Veamos un ejemplo. Si no usamos `process.exit()`, la aplicación no saldrá y estará ejecutándose siempre, incluso si ocurre un error mientras se ejecuta una función que no está definida:

```
process.on('uncaughtException', (error) => {
  console.log('We are not going to exit the
application!')
})
setInterval(() => {
    executeThisFunction()
}, 1000)
```

Esto se muestra en la siguiente salida:

```
We are not going to exit the application!
We are not going to exit the application!
We are not going to exit the application!
```

```
We are not going to exit the application!
We are not going to exit the application!
```

Podemos prevenirlo añadiendo `process.exit()` para salir de la aplicación con un código de salida específico:

```
process.on("uncaughtException", (error) => {
  console.log("Now, exit the application!");
  process.exit(1);
});
setInterval(() => {
  executeThisFunction();
}, 1000);
```

La salida será la siguiente:

```
Now, exit the application!
```

Como puede ver, la aplicación se cerró porque usamos `process.exit()` para salir de la aplicación con un código de salida específico. Si no usamos `process.exit()`, la aplicación estará ejecutándose siempre, y se convertirá en un proceso zombi.

14.6. Resumen

En este capítulo, hemos aprendido sobre los tipos de errores que pueden ser lanzados en las aplicaciones Node.js. Hemos visto cómo lanzar errores personalizados y cómo capturar y recuperarse de cualquier tipo de error.

Además, hemos revisado cómo manejar los errores de la aplicación y del usuario en *Express*. También hemos aprendido a manejar una salida ordenada *(graceful shutdown)* cuando el servicio se bloquea.

Finalmente, hemos visto cómo prevenir los procesos zombi. En el próximo capítulo, vamos a aprender más sobre seguridad, incluyendo cómo proteger nuestra aplicación utilizando las mejores prácticas disponibles, y veremos cómo evaluar CVE y las vulnerabilidades de seguridad.

14.6.1. Lectura adicional

- *Express | Health Checks and Graceful Shutdown: https://expressjs.com/en/advanced/healthcheck-graceful-shutdown.html*
- *Express | Error Handling: https://expressjs.com/en/guide/error-handling.html*
- *Node.js docs | Error API: https://nodejs.org/dist/latest-v20.x/docs/api/errors.html*
- *Bash command line exit codes demystified: https://www.redhat.com/sysadmin/exit-codes-demystified*

CAPÍTULO 15
Proteger aplicaciones web

En este capítulo, vamos a explorar cómo mejorar la seguridad de nuestras aplicaciones web. Comenzaremos analizando el impacto de los incidentes de seguridad en las empresas y cómo incluir la seguridad en nuestro trabajo diario. Luego, estudiaremos recursos clave, como el *OWASP Top 10*, *Common Weakness Enumeration (CWE)* y *Common Vulnerabilities and Exposures (CVE)*, para mejorar nuestra comprensión de la seguridad en las aplicaciones web modernas.

Posteriormente, analizaremos el modelo de amenazas de Node.js y las mejores prácticas oficiales de Node.js para mejorar la seguridad de nuestras aplicaciones. Utilizaremos este conocimiento para crear una lista de verificación que podamos usar para mejorar la seguridad de nuestras aplicaciones existentes.

Finalmente, exploraremos cómo aprovechar nuestro conocimiento de seguridad para convertirnos en un *hacker* ético y cómo mejorar nuestras habilidades participando en eventos comunitarios y programas de cazarrecompensas *(bug bounty programs)*.

Estos son los principales temas que veremos en este capítulo:

- La importancia de la seguridad.
- Por dónde empezar con la seguridad.
- Mejorar la seguridad de nuestras aplicaciones.
- Convertirse en un *hacker* ético.

15.1. La importancia de la seguridad

Históricamente, la seguridad de las aplicaciones no era considerada una prioridad por parte de los desarrolladores. La razón principal era que la cultura de la seguridad no estaba presente en su mentalidad, ya que el objetivo principal era entregar funcionalidades lo más rápidamente posible. Los sistemas que se construían no eran críticos para el negocio y no estaban expuestos a Internet 24/7 como lo están hoy.

> *«Solo hay dos tipos de empresas: las que han sido hackeadas y las que lo serán» (Robert Mueller, Director del FBI, 2012)*

Hoy en día, dependemos de muchas librerías y servicios de terceros que no controlamos, y no sabemos si son seguros o no. Construimos sistemas muy complejos con muchas capas más allá de nuestra propia lógica de negocio, y necesitamos ser conscientes de los riesgos que estamos tomando y de cómo mitigarlos.

Al final del día, depende de nosotros ser conscientes y evaluar los riesgos, ya que la seguridad de nuestras aplicaciones es nuestra responsabilidad. A menudo, asumimos que la seguridad es responsabilidad de alguien más pero eso no es cierto en la mayoría de los casos. Incluso en organizaciones con un equipo de seguridad, el equipo de desarrollo es la primera línea de defensa y los que necesitan ser conscientes de los riesgos y sus mitigaciones potenciales.

15.1.1. Ingeniería social

Me encantan las películas de *hackers* de Hollywood que usan herramientas supersofisticadas para *hackear* sistemas ficticios, pero la realidad es que el vector de ataque más común es la ingeniería social. Es más fácil engañar a un humano que asaltar un sistema; por eso la ingeniería social es el vector de ataque más común. Hay muchas técnicas (*phishing, pretexting, baiting* y otras muchas...) que, además, evolucionan y se vuelven más sofisticadas con el tiempo. Todos estos tipos de ataques tienen en común la manipulación psicológica. Esto puede incluir el uso de roles autoritarios (como el atacante que se hace pasar por un oficial de policía), o el uso de tácticas de escasez (como decir que solo quedan cinco dispositivos a un precio muy barato en una oferta especial, que finalmente es una estafa). Estos son solo dos ejemplos, pero hay muchas más tácticas que explotan las debilidades/deseos que compartimos los seres humanos.

> *«La ingeniería social elude todas las tecnologías,*
> *incluyendo los* firewalls*». (Kevin Mitnick)*

Todos hemos recibido correos electrónicos que pretenden ser de nuestro banco o que se hacen pasar por un servicio que usamos habitualmente, y que nos piden hacer clic en un enlace sospechoso o nos piden descargar un archivo. La mayoría de estos correos electrónicos son ataques de *phishing* que su proveedor de correo electrónico detectará y clasificará como *spam*. Como tecnólogos, pensamos que no vamos a caer en este tipo de ataques, pero la realidad es que hay ataques cada vez más sofisticados que están dirigidos a los desarrolladores y que son muy difíciles de detectar.

Permítame presentarle el ataque de *typosquatting* en el ecosistema de Node.js. El atacante publica un paquete en *npm* con un nombre muy similar a un paquete popular existente. Luego, el atacante espera a que alguien se instale el paquete por error. Por ejemplo, usted quiere instalar el paquete `lodash` pero comete un error al escribirlo e instala el paquete `lodahs`.

Dos de las actividades maliciosas que este paquete puede hacer son buscar archivos `.env` en su proyecto y enviarlos a un servidor del atacante o instalar una puerta trasera *(backdoor)* en su aplicación. Estos son solo dos ejemplos, pero las posibilidades son muchas más.

Hemos visto este tipo de ataques en el pasado; por ejemplo, el popular paquete `cross-env` (https://www.npmjs.com/package/cross-env), que se usa para establecer variables de entorno con soporte multiplataforma, tiene una versión maliciosa llamada `crossenv` (https://snyk.io/advisor/npm-package/crossenv) que contiene un *payload* malicioso.

Puede encontrar más detalles sobre este tipo de ataques en https://snyk.io/blog/typosquatting-attacks/.

Actualmente, *npm* tiene políticas que le impiden publicar paquetes con nombres similares a los que se han publicado previamente para prevenir este tipo de ataque (https://docs.npmjs.com/threats-and-mitigations#by-typosquatting--dependency-confusion).

15.1.2. Riesgos en la cadena de suministro

Durante muchos años, hablé sobre la importancia de proteger la cadena de suministro *(software supply chain)*. A veces es difícil entender los riesgos porque la cadena de suministro no es visible para nosotros y el impacto en nuestro código no es tan claro como una inyección SQL o un *memmory leak*.

En 2020, escribí una entrada de blog explicando cómo podemos construir una puerta trasera en una aplicación Node.js utilizando un paquete malicioso de *npm: What is a backdoor? Let's build one with Node.js(https://snyk.io/blog/what-is-a-backdoor/)*. Una puerta trasera es un fragmento de código que nos permite tomar el control de la aplicación de forma remota. Básicamente, establecemos un acceso remoto al terminal del sistema operativo para ejecutar cualquier comando que queramos con los privilegios del usuario que está ejecutando la aplicación.

Para hacerlo más realista, creé un *middleware* malicioso para *Express* que nos permite ejecutar cualquier comando que queramos en el terminal del sistema operativo de la víctima. Luego, publiqué el paquete en *npm* para ponerlo a disposición de la comunidad. El paquete se llamaba `browser-redirect` y el comportamiento esperado era redirigir a cualquier usuario que no estuviera utilizando un navegador basado en Chromium a https://browsehappy.com/. Para hacer eso, solo era necesario que la víctima usara la librería como un *middleware* en su aplicación *Express*. La librería se comporta como la víctima espera pero también hace cosas más maliciosas en segundo plano, incluyendo la adición de encabezados específicos a la respuesta HTTP que ayudan a encontrar servidores infectados en Internet con herramientas como Shodan (https://www.shodan.io/), y la posibilidad de ejecutar comandos en el terminal del sistema operativo de la víctima cuando se cumplían ciertas condiciones. Este código no requería de ninguna librería externa para realizar las actividades maliciosas, por lo que la carga maliciosa no era fácilmente reconocible al ejecutar herramientas de escaneo.

Puede encontrar esta publicación en el blog de Snyk (https://snyk.io/blog/what-is-a-backdoor/) con una explicación detallada de la ejecución del código, estrategias de mitigación y mucho más.

15.1.3. El impacto en el negocio

Cualquier incidente de seguridad tiene un impacto directo en el negocio. Podemos perder nuestra reputación y la confianza de nuestros clientes. Además, el incidente puede afectar directamente a nuestros clientes; por ejemplo, si sufrimos un ataque de *ransomware* y no podemos proporcionar el servicio a nuestros clientes o, aún peor, si nos roban los datos de nuestros clientes (lo cual puede llevar a problemas legales y a ataques adicionales dirigidos directamente a nuestros clientes).

Las brechas de datos *(data breaches)* son tan comunes que ni siquiera les prestamos atención en los medios de comunicación. Sin embargo, el impacto en los usuarios puede ser muy alto. En los últimos años, hemos visto muchas brechas de datos que han afectado a millones de usuarios, proporcionando acceso a información como contraseñas, detalles de tarjetas de crédito, registros de pagos, orientación sexual, antecedentes penales, registros de geolocalización y un sinfín de casos. Puede encontrar un *ranking* detallado en https://www.upguard.com/blog/biggest-data-breaches.

En 2013, Troy Hunt (https://www.troyhunt.com/about/) creó el sitio web https://haveibeenpwned.com/, donde puede verificar si su dirección de correo electrónico ha sido comprometida en alguna brecha de datos. También puede configurar una alerta para ser notificado si su dirección de correo electrónico aparece en una nueva brecha de datos.

Ahora que hemos visto la importancia de la seguridad en el negocio, veamos cómo podemos comenzar a aprender más sobre seguridad en la próxima sección.

15.2. Cómo comenzar con la seguridad

La seguridad es un tema muy extenso, y requeriría varios libros para cubrir todos los aspectos; e, incluso entonces, serían necesarios más recursos para mantenerlo actualizado. En esta sección, exploraremos algunos recursos para comenzar a aprender sobre este tema en el ecosistema de Node.js y en el desarrollo de aplicaciones web.

Aprenderemos sobre el OWASP Top 10, CVE y CWE para poder tener una brújula clara para navegar como principiantes a través del mundo de la seguridad.

15.2.1. Resumen del OWASP Top 10

Hay muchos ataques posibles que pueden afectar a nuestras aplicaciones y no podemos cubrirlos todos, por lo que la tarea se vuelve abrumadora. Para priorizar los ataques más comunes, la fundación Open Web Application Security Project (OWASP) creó una lista que se actualiza cada pocos años de los 10 ataques más comunes que afectan a las aplicaciones web. Puede encontrar la lista en https://owasp.org/www-project-top-ten.

Veamos la lista del OWASP Top 10 para 2021:

- A01:2021 Broken Access Control
- A02:2021 Cryptographic Failures
- A03:2021 Injection
- A04:2021 Insecure Design
- A05:2021 Security Misconfiguration
- A06:2021 Vulnerable and Outdated Components
- A07:2021 Identification and Authentication Failures
- A08:2021 Software and Data Integrity Failures
- A09:2021 Security Logging and Monitoring Failures
- A10:2021 Server Side Request Forgery (SSRF)

Le sugiero que lea cuidadosamente el OWASP Top 10 y que intente encontrar las relaciones entre los distintos ataques. Esto le ayudará a entender la causa raíz de los ataques y, sin duda, le ayudará a definir mejores estrategias para mitigarlos.

Como ejemplo, podemos ver que Configuración de Seguridad Incorrecta *(A05 Security Misconfiguration)* y Componentes Vulnerables y Desactualizados *(A06 Vulnerable and Outdated Components)* tienen una relación con la forma en que instalamos y configuramos las dependencias, y también con la manera de mantenerlas actualizadas. Entonces, podemos empezar a pensar en cómo mejorar nuestro *pipeline* de CI/CD para automatizar la instalación y actualización de las dependencias y podemos discutir si necesitamos una comprensión más profunda de las dependencias en las que confiamos.

En un caso muy específico, puede ser que tengamos una instancia de NGINX (*proxy* inverso) que no está correctamente configurada y que está desactualizada, y que necesitemos poner algún esfuerzo en mejorar la configuración y actualizar la versión de NGINX regularmente.

Otra buena manera de entender el OWASP Top 10 es comparar la lista a lo largo de los años. Por ejemplo, comparemos el OWASP Top 10 para 2017 con el OWASP Top 10 para 2021:

2017	2021
A01:2017-Injection	A01:2021-Broken Access Control
A02:2017-Broken Authentication	A02:2021-Cryptographic Failures
A03:2017-Sensitive Data Exposure	A03:2021-Injection
A04:2017-XML External Entities (XXE)	(New) A04:2021-Insecure Design
A05:2017-Broken Access Control	A05:2021-Security Misconfiguration
A06:2017-Security Misconfiguration	A06:2021-Vulnerable and Outdated Components
A07:2017-Cross-Site Scripting (XSS)	A07:2021-Identification and Authentication Failures
A08:2017-Insecure Deserialization	(New) A08:2021-Software and Data Integrity Failures
A09:2017-Using Components with Known Vulnerabilities	A09:2021-Security Logging and Monitoring Failures*
A10:2017-Insufficient Logging & Monitoring	(New) A10:2021-Server-Side Request Forgery (SSRF)*
	* From the Survey

Figura 15.1 Comparando OWASP TOP 10 de 2017 con 2021 (Fuente: OWASP).

Como puede ver, hay algunas adiciones, eliminaciones y fusiones, pero, en general, la lista es muy similar, con algunos cambios en el orden. Esto facilita la actualización de sus conocimientos cada pocos años cuando se actualiza la lista.

15.2.2. Common Weakness Enumeration (CWE)

El OWASP Top 10 incluye referencias a CWE, que es una lista desarrollada por la comunidad de debilidades comunes de *software* y *hardware*. Puede encontrar la lista en https://cwe.mitre.org/data/definitions/699.html.

La lista de CWE es muy extensa y cubre muchos temas, por lo que es muy difícil leerlo todo. Sin embargo, es un gran recurso para encontrar más información sobre un tema específico. Por ejemplo, veamos **CWE-798: Use of Hard-coded Credentials** en https://cwe.mitre.org/data/definitions/798.html, que nos mostrará una descripción, relación con otros CWE, consecuencias y mucho más.

15.2.3. Common Vulnerabilities and Exposures (CVE)

La lista de CVE comprende vulnerabilidades de ciberseguridad divulgadas públicamente. Puede encontrarla en https://cve.mitre.org/. Esta lista es diferente del CWE, ya que es una lista de vulnerabilidades que se han descubierto en productos de *software* específicos y no una lista de posibles debilidades.

En palabras simples, es una lista de posibles debilidades, y cada CVE es una vulnerabilidad reportada que se ha descubierto en el mundo real (versiones específicas de librerías, sistemas operativos, etc.). Necesitamos ser muy conscientes de que los CVE pueden afectar potencialmente a nuestras aplicaciones, y debemos mitigarlos lo antes posible. Una estrategia común es suscribirse a la lista de correo de seguridad de las dependencias que utilizamos en nuestras aplicaciones para que podamos ser notificados cuando se descubre un nuevo CVE, o utilizar una herramienta automatizada como Snyk (https://snyk.io/), que nos notificará cuándo se descubre un nuevo CVE en nuestras dependencias.

Si no tenemos una estrategia clara para mitigar el CVE, nos sentiremos abrumados muy fácilmente por el número de CVE que se descubren cada día, especialmente en el ecosistema de Node.js, donde es muy común tener muchas dependencias en nuestras aplicaciones.

15.2.3.1.   CVE en Node.js

Si visitamos https://www.cvedetails.com/vulnerability-list/vendor_id-12113/Nodejs.html, podemos ver la lista de CVE que se han descubierto en Node.js a lo largo de los años.

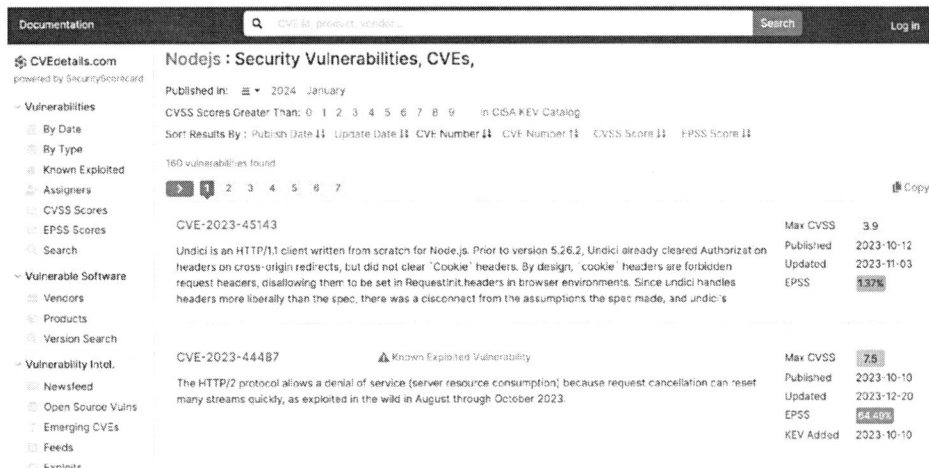

Figura 15.2 Lista de CVE.

Vamos a seleccionar el más reciente *(CVE-2023-45143)* y lo iremos explorando en detalle en https://www.cvedetails.com/cve/CVE-2023-45143/:

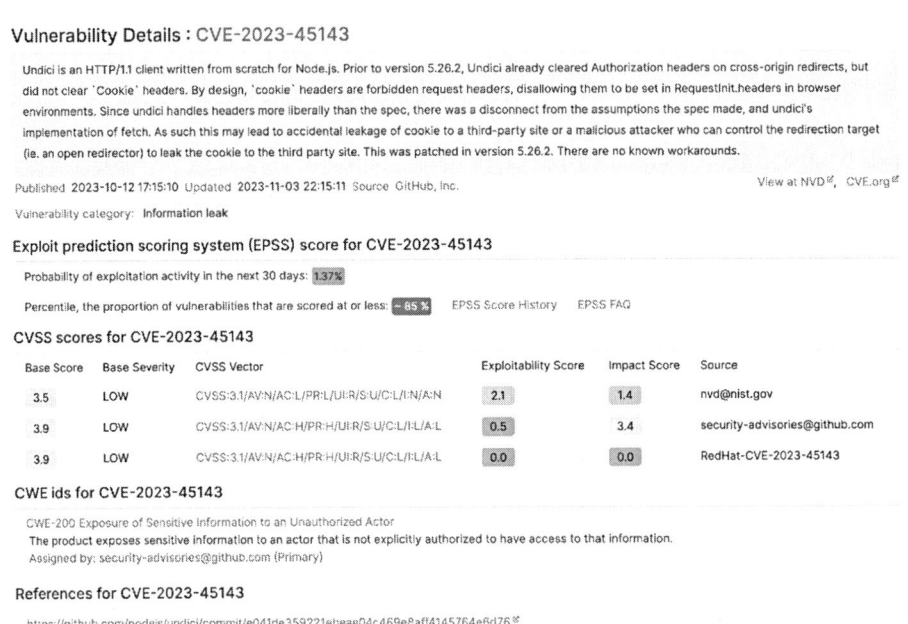

Figura 15.3 Detalles del CVE.

Deberíamos encontrar una descripción clara de la vulnerabilidad y referencias a la fecha de publicación. Esto nos ayudará a determinar si estamos afectados por la vulnerabilidad o no. También podemos ver la categoría de la vulnerabilidad (en este caso, *Information leak)* y la probabilidad de explotación en los próximos 30 días (en este caso, **1.37 %**). Esto nos ayudará a priorizar la mitigación de la vulnerabilidad, y la puntuación general nos ayudará a determinar la gravedad de la vulnerabilidad.

Con esto en mente, podemos tomar una decisión rápida sobre la necesidad de mitigación. Además, podemos encontrar una lista de referencias que nos ayudarán a entender la vulnerabilidad con más detalle y también los CWE que están relacionados con la vulnerabilidad.

Depende de nosotros decidir cómo mitigar la vulnerabilidad. En algunos casos, podemos, simplemente, actualizar la dependencia para incluir la solución; en otros casos, no hay solución disponible, y necesitamos encontrar una solución alternativa o eliminar la dependencia. En otros, podemos, simplemente, ignorar la vulnerabilidad, ya que no es relevante para nuestra aplicación porque no tiene un impacto real.

Como recomendación, sugiero que realice el análisis con más colegas para que pueda tener diferentes puntos de vista y pueda tomar una decisión de equipo sólida.

> Node.js está haciendo un gran trabajo manteniendo los CVE bajo control. Puede encontrar más información sobre cada CVE en el blog de Node.js. Por ejemplo, la información sobre *CVE-2023-45143* está disponible en https://nodejs.org/en/blog/vulnerability/october-2023-security-releases.

Si está desarrollando aplicaciones *frontend* modernas, probablemente utilizará varias librerías para construir la aplicación. Comúnmente, esto se convierte en una gran fuente de CVE porque tenemos muchas dependencias transitivas que no controlamos. Además, no es fácil actualizar las dependencias porque necesitamos esperar a que las personas que las mantienen (*maintainers*) las actualicen y mantengan la compatibilidad con otras dependencias. Por lo tanto, recomiendo que evalúe cuidadosamente las dependencias que utiliza en sus aplicaciones y las divida entre las que son parte de la aplicación en producción y las que son parte del proceso de desarrollo exclusivamente. Esto simplificará mucho el proceso de revisión cuando recibamos alertas de vulnerabilidades en nuestras dependencias.

15.2.4. Modelo de amenazas de Node.js

Node.js tiene un modelo de amenazas que es un gran recurso para entender cómo evalúa la revisión de las vulnerabilidades reportadas por la comunidad. Puede encontrar la última versión del modelo de amenazas en https://github.com/nodejs/node/blob/main/SECURITY.md#the-nodejs-threat-model, que elaboramos en el Security Working Group de Node.js (https://github.com/nodejs/security-wg).

Una idea clara que podemos extraer del modelo de amenazas es que el proyecto Node.js confía en muchas cosas por defecto, como las dependencias que utilizamos en nuestras aplicaciones, nuestro propio código o la infraestructura que utilizamos para ejecutar nuestras aplicaciones. Esto significa que somos responsables de saber qué código se está ejecutando en nuestras aplicaciones (nuestro o de terceros) y de asegurar que la infraestructura está protegida.

15.2.5. Las recomendaciones oficiales de Node.js

Además del modelo de amenazas, en el Security Working Group de Node.js hemos creado un documento de referencia que pretende extender el modelo de amenazas actual y proporciona amplias directrices sobre cómo proteger una aplicación Node.js. Incluye una lista de mejores prácticas que recomendamos seguir para mejorar la seguridad de sus aplicaciones Node.js. Utilizamos una lista de CWE como punto de partida con estrategias de mitigación específicas y recomendaciones:

- Denial of Service of HTTP Server (CWE-400)
- DNS Rebinding (CWE-346)
- HTTP Request Smuggling (CWE-444)
- Information Exposure through Timing Attacks (CWE-208)

- Malicious Third-Party Modules (CWE-1357)
- Memory Access Violation (CWE-284)
- Monkey Patching (CWE-349)
- Prototype Pollution Attacks (CWE-1321)
- Uncontrolled Search Path Element (CWE-427)

Puede encontrar la lista en https://nodejs.org/en/guides/security/.

También puede encontrar otros recursos creados por la comunidad para obtener una visión más profunda de la seguridad en Node.js:

- *Node.js Best Practices* por Yoni Goldberg
  (https://github.com/goldbergyoni/nodebestpractices)
- *Awesome Node.js Security resources* por Liran Tal
  (https://github.com/lirantal/awesome-nodejs-security)

Ahora que tenemos una mejor comprensión de la seguridad en Node.js, veamos cómo mejorar la seguridad de nuestras aplicaciones web en más detalle en la siguiente sección.

15.3. Mejorando la seguridad de nuestras aplicaciones

Las herramientas y técnicas que vamos a explorar en esta sección están evolucionando muy rápidamente, por lo que sugiero que siga lo que hacemos en el Security Working Group de Node.js (https://github.com/nodejs/security-wg) y en la comunidad para estar al tanto de las últimas tendencias. Aquí hay una lista de referencia que puede usar para mejorar la seguridad de sus aplicaciones:

- **Encriptar:** como vimos en el Capítulo 13, la encriptación es la columna vertebral de la seguridad en el Internet moderno. Necesitamos encriptar los datos en tránsito y en reposo. Además, necesitamos pensar en encriptar los datos sensibles en la base de datos para que podamos reducir el riesgo de una brecha de datos con información sensible. Como ejemplo, en el Capítulo 13 utilizamos la librería *bcrypt* (https://www.npmjs.com/package/bcrypt) para encriptar la contraseña del usuario en nuestro proyecto:

```
userSchema.pre('save', async function (next) {

  const user = this

  if (user.isModified('password')) {

    const salt = await bcrypt.genSalt()

    user.password = await bcrypt.hash(
user.password, salt

    )

  }

  next()

})
```

- **Limpiar la entrada de datos:** cuando recibimos datos de un usuario o de un servicio de terceros, necesitamos sanear los datos para prevenir ataques de inyección (inyecciones SQL, *Cross-site scripting XSS*, etc.), pero esto no se limita solo a la entrada de datos del usuario. También necesitamos sanear toda la información que recibimos de terceros o de operaciones de E/S, como la lectura de un archivo, la lectura de una base de datos, la lectura de un *socket* de red, y así sucesivamente. Podemos usar librerías como *Validator* (https://www.npmjs.com/package/validator) o *Joi* (https://www.npmjs.com/package/joi) para validar los datos. Por ejemplo, puede validar un correo electrónico fácilmente de la siguiente manera:

```
import validator from 'validator';
validator.isEmail('foo@bar.com'); //=> true
validator.isEmail('<script>alert("XSS")</script>
'); //=> false
```

- **Mejorar la configuración predeterminada:** tendemos a pensar que la configuración predeterminada es segura, pero eso no siempre es cierto. Por ejemplo, la configuración predeterminada de *Express* con respecto a los encabezados HTTP no es tan segura como podríamos pensar. Podemos usar librerías como *Helmet* (https://helmetjs.github.io/) para aumentar la seguridad de nuestras aplicaciones. Puede encontrar una excelente guía sobre cómo implementar *Helmet* en https://blog.ulisesgascon.com/how-to-use-helmet-in-express.

- **Mantener registros de actividad** *(logs)*: El OWASP Top 10 (A09:2021 – Security Logging and Monitoring Failures) es muy claro acerca de la importancia de mantener registros. Podemos usar librerías como *Pino* (https://getpino.io/) para mantener registros de forma segura y podemos usar esta información para auditar la aplicación y localizar detalles de cómo terceros abusan de nuestra aplicación. Puede encontrar una excelente guía sobre cómo implementar *Pino* con *Express* en la documentación oficial (https://getpino.io/#/docs/web?id=pino-with-express).

- **Monitorear:** necesitamos entender qué está pasando con la aplicación una vez que se despliega y se expone a Internet. Monitorear la aplicación nos ayudará a detectar tiempos de inactividad, problemas de rendimiento y mucho más. Podemos incluir alertas para entender si estamos teniendo problemas en tiempo real. Podemos usar *New Relic* (https://newrelic.com/), *Datadog* (https://www.datadoghq.com/), o *Sentry* (https://sentry.io/welcome/). Puede encontrar una excelente guía sobre cómo implementar *Sentry* con *Express* en la documentación oficial (https://docs.sentry.io/platforms/node/guides/express/).

- **Vigilar sus dependencias:** necesita conocer sus dependencias y mantenerlas actualizadas. Puede usar Snyk (https://snyk.io/) o Socket (https://socket.dev/) para monitorear las dependencias, ser notificado cuando se descubre un nuevo CVE e incluso automatizar la actualización de las dependencias.

- **Respaldo y recuperación:** necesita tener un respaldo *(backup)* para su información crítica y tener un plan de recuperación en caso de desastre *(disaster recovery plan)*. Incluso si no sufre un incidente de seguridad, podría sufrir un desastre natural, como un incendio o una inundación en el centro de datos donde se almacena su información. Si depende de un proveedor de nube, necesita entender cómo funciona la replicación en varias regiones y cómo recuperar los datos en caso de desastre.

- **Reducir la superficie de ataque:** a veces, codificamos mucho más de lo que requiere la lógica de negocio dentro del núcleo de nuestro negocio. Cada línea de código que escribimos de más es un riesgo potencial, por lo que podemos reducir la superficie de ataque utilizando API en las áreas que son críticas para la seguridad. Por ejemplo, podemos usar Auth0 (https://auth0.com/) para manejar la autenticación y la autorización nosotros mismos, o Stripe (https://stripe.com/) para manejar los pagos. Esto reducirá la cantidad de código que necesitamos escribir y mantener, y la información sensible, como los números de tarjeta de crédito, será manejada por un tercero que es experto en el área. Por supuesto, necesitamos confiar en el tercero y entender el coste asociado al servicio.

- **Aplicar la autenticación de dos factores (2FA) en sus servicios:** necesitamos aplicar 2FA en todos los servicios que usamos para llevar a cabo nuestras actividades empresariales (Slack, GSuite, etc.) y la infraestructura que usamos para ejecutar nuestras aplicaciones (Github, AWS, Azure, etc.). Esto reducirá el riesgo de un ataque de ingeniería social. Además, sería muy positivo si pudiéramos implementar 2FA en nuestras propias aplicaciones para mitigar el riesgo de usar contraseñas robadas de nuestros usuarios.

- **Revisar los secretos:** filtrar secretos es un error muy común que podemos cometer. Podemos usar herramientas como GitGuardian (https://www.gitguardian.com/) para escanear nuestros repositorios y ser notificados si hemos filtrado secretos.
- **Implementar buenas prácticas:** hay muchas buenas prácticas que podemos seguir como equipo para mejorar la seguridad de nuestras aplicaciones. Por ejemplo, usar un control de versiones, usar *pull requests* para revisar los cambios, usar una herramienta de CI/CD para automatizar la revisión del código, etc.
- **Automatización:** una vez que tiene una herramienta de CI/CD, puede automatizar muchas tareas, incluso las relacionadas con la infraestructura. Por ejemplo, puede usar Terraform (https://www.terraform.io/) para automatizar la creación de la infraestructura y reducir los errores humanos.
- **Seguir aprendiendo:** la seguridad no es diferente de cualquier otro tema técnico; está evolucionando muy rápidamente y necesitamos seguir aprendiendo.
- **Usar un protocolo seguro:** necesitamos usar protocolos seguros, como HTTPS, para proteger la comunicación entre el cliente y el servidor.

15.3.1. Póngalo en práctica

Ahora que tenemos una lista de verificación y una mejor comprensión de la seguridad en Node.js, le sugiero que repase la aplicación que construimos en los capítulos anteriores para encontrar posibles puntos de mejora.

Algunas ideas para empezar:

- Revise las dependencias y verifique si hay alguna vulnerabilidad conocida.
- Extienda la configuración del *linter* para incluir reglas de seguridad, por ejemplo usando *eslint-plugin-security* (https://www.npmjs.com/package/eslint-plugin-security).
- Use una herramienta de análisis de código estático (SAST) para encontrar posibles errores, como SonarQube (https://www.sonarsource.com/products/sonarqube/) o CodeQL (https://codeql.github.com/).
- Añada librerías clave para mejorar la seguridad, como *Helmet* (https://www.npmjs.com/package/helmet) o *Validator* (https://www.npmjs.com/package/validator).
- Incluya un sistema de control de versiones y use una herramienta de CI/CD para automatizar la revisión del código, como Github Actions (https://github.com/features/actions).
- Use *pull requests* para revisar los cambios y asegurarse de que estos son revisados por, al menos, una o dos personas.

En la siguiente sección, exploraremos cómo podemos aprovechar nuestros conocimientos de seguridad para convertirnos en un *hacker* ético.

15.4. Convirtiéndose en un *hacker* ético

Cuando pensamos en *hacker*s, tendemos a pensar en ciberdelincuentes que intentan robar nuestros datos o tomar el control de nuestros sistemas. En realidad, no es tan simple. Leamos la definición de un *hacker* del artículo *How Hackers Think: A Study of Cybersecurity Experts and Their Mental Models* (https://papers.ssrn.com/sol3/papers.cfm?abstract_id=2326634):

«Regardless of what type of hacker a person is, identifying system weaknesses requires logical reasoning and the ability to systematically think through possible actions, alternatives, and potential conclusions. This combination of reasoning and systematic thinking implies the use of mental models. Hacking is a cognitive activity that requires exceptional technical and reasoning abilities».

Básicamente, estamos hablando de una persona con altas habilidades técnicas que está pensando de forma distinta *(thinking outside the box)*. El problema no es la actividad en sí, sino la intención detrás de la actividad.

Hoy en día, definimos a un *hacker* ético como un *hacker* que hace cosas con buenas intenciones. Por ejemplo, cuando está haciendo una prueba de penetración *(penentration testing)* en su propia aplicación para encontrar posibles vulnerabilidades, está haciendo *hacking* ético. A veces, termina descubriendo vulnerabilidades en otras aplicaciones/librerías/servicios que no posee. En esos casos, podemos enfrentar dos escenarios diferentes: hacer una divulgación coordinada de vulnerabilidades (anteriormente conocida como *responsible disclosure*) o intentar sacar rédito en un programa de cazarrecompensas *(bug bounty program)*.

15.4.1. Divulgación coordinada de vulnerabilidades (CVD)

Cuando se descubre una vulnerabilidad en una aplicación/librería/servicio de terceros, se puede contactar con las personas responsables y explicar la vulnerabilidad y cómo mitigarla. Aunque el proceso parece simple, no siempre es fácil.

En primer lugar, una vulnerabilidad desconocida puede afectar a muchos usuarios, empresas y servicios. Por lo tanto, debe ser muy cuidadoso sobre cómo comunicar la vulnerabilidad y a quién. Además, esto requerirá un proceso de validación para asegurar que la vulnerabilidad es real y que no es un falso positivo. Luego, se espera que se desarrolle y se ponga a disposición un parche para los servicios afectados antes de que se haga la divulgación pública.

Para facilitar el proceso, muchas empresas y proyectos de código abierto tienen una política de seguridad que explica cómo informar una vulnerabilidad y qué esperar del proceso. Por ejemplo, puede encontrar la política de seguridad de Node.js en https://nodejs.org/en/security/:

> «*Normally, your report will be acknowledged within 5 days, and you'll receive a more detailed response to your report within 10 days indicating the next steps in handling your submission. These timelines may extend when our triage volunteers are away on holiday, particularly at the end of the year.*
>
> *After the initial reply to your report, the security team will endeavor to keep you informed of the progress being made towards a fix and full announcement, and may ask for additional information or guidance surrounding the reported issue*».

Otras empresas, como Google, tienen un sitio web específico para reportar vulnerabilidades de sus productos (https://www.google.com/about/appsecurity/).

15.4.2. Programas de recompensas

Algunas empresas y proyectos de código abierto tienen un programa de recompensas *(bounty program)* que le premiarán por encontrar vulnerabilidades en sus aplicaciones/librerías/servicios. De hecho, el escenario es muy similar al CVD pero, en este caso, tiene reglas claras respecto a la participación y los límites.

Veamos el programa de recompensas de Node.js en https://hackerone.com/nodejs para tener una mejor comprensión del proceso. También tenemos una página de *hacktivity* (https://hackerone.com/nodejs/hacktivity), donde podemos ver los informes que se han reportado y su estado con muchos detalles, incluyendo las recompensas que se han pagado.

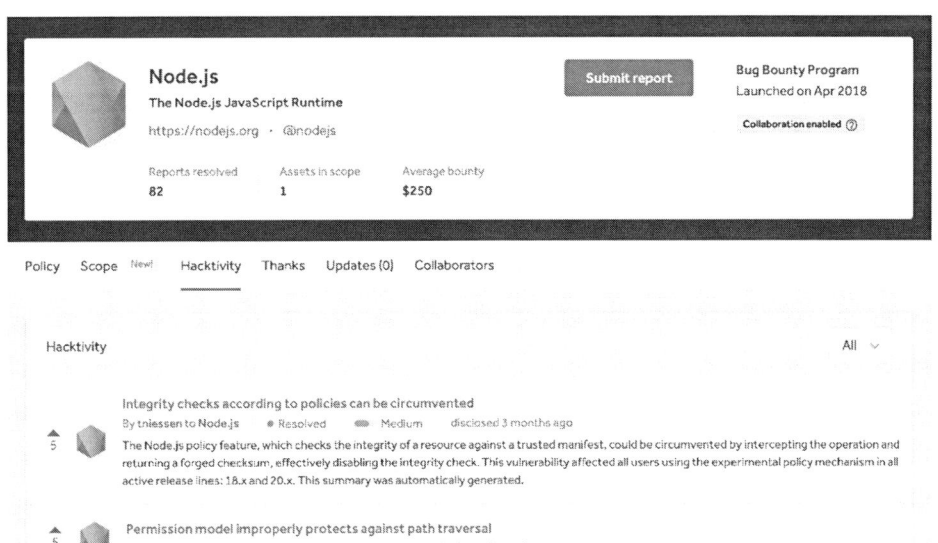

Figura 15.4 Programa de recompensas por errores de Node.js.

Como puede ver en la figura, hay una lista abierta con información detallada que, en muchos casos, conduce también a los parches de seguridad específicos. Siéntase libre de explorarlos y ver cómo se realizó la comunicación entre las partes y cómo funcionó el proceso en cada caso. Puede aprender mucho de estos informes públicos.

15.4.3. Adquiriendo las habilidades

Construir *software* es diferente a *hackear software*. Hay muchas habilidades que necesita aprender y algunas herramientas con las que debe familiarizarse. Una gran herramienta para tener una visión general de las habilidades que necesita aprender es *roadmap.sh*, que tiene una sección dedicada a la ciberseguridad (https://roadmap.sh/cyber-security).

Para obtener habilidades más prácticas, puede usar la plataforma Hack the Box (https://www.hackthebox.eu/), que le permitirá practicar sus habilidades en un entorno seguro. Los desafíos en Hack the Box son utilizados como una herramienta de aprendizaje por muchos *hackers* y profesionales de seguridad, por lo que puede encontrar numerosos resúmenes en Internet que le ayudarán a resolver los desafíos cuando se quede atascado.

15.5. Resumen

En este capítulo, hemos explorado la importancia de la seguridad en las aplicaciones web modernas y el impacto que un incidente de seguridad puede tener en el negocio. Luego, hemos aprendido cómo comenzar con la seguridad en nuestro trabajo diario utilizando OWASP Top 10, CWE y CVE. Hemos analizado el modelo de amenazas de Node.js y las mejores prácticas oficiales de Node.js.

Además, hemos aprendido cómo podemos aumentar la seguridad de nuestras aplicaciones utilizando una simple lista de verificación y cómo aplicarla.

También hemos aprendido a aprovechar nuestros conocimientos de seguridad para convertirnos en un *hacker* ético en el futuro.

En el próximo capítulo, vamos a aprender cómo desplegar nuestra aplicación en Internet y en dispositivos locales de diversas formas.

15.5.1. Lectura adicional

- *CVE-2020-19909 is everything that is wrong with CVEs: https://daniel.haxx.se/blog/2023/08/26/cve-2020-19909-is-everything-that-is-wrong-with-cves/*
- *Auditing package dependencies for security vulnerabilities: https://docs.npmjs.com/auditing-package-dependencies-for-security-vulnerabilities*
- *OWASP NPM Security best practices: https://cheatsheetseries.owasp.org/cheatsheets/NPM_Security_Cheat_Sheet.html#npm-security-best-practices*
- *DEFCON – The Full Documentary: https://www.youtube.com/watch?v=3ctQOmjQyYg*
- *State of Open Source Security 2023: https://snyk.io/reports/open-source-security/*
- *Threats and Mitigations: https://docs.npmjs.com/threats-and-mitigations#by-typosquatting--dependency-confusion*

## PARTE 5

Dominando el despliegue y la portabilidad de Node.js

En la Parte 5, desplegaremos nuestra aplicación en Internet. Aprenderemos cómo decidir el mejor enfoque basado en nuestros requisitos, luego usaremos máquinas virtuales en DigitalOcean para desplegar la aplicación usando PM2, y también aprenderemos cómo *dockerizar* nuestra aplicación para una mejor portabilidad.

Usaremos GitHub para almacenar el código de nuestra aplicación, y aprenderemos a crear un *pipeline* de integración continua *(continuous integration)* para nuestros proyectos.

Nuestro último paso en el viaje será usar Cloudflare para administrar nuestro dominio y los certificados SSL y, finalmente, exploraremos los principios de la aplicación Twelve-Factor.

Esta parte tiene los siguientes capítulos:

- Capítulo 16, Desplegando aplicaciones de Node.js
- Capítulo 17, *Dockerizando* una aplicación de Node.js

CAPÍTULO 16
Desplegando aplicaciones de Node.js

En este capítulo, aprenderemos a desplegar nuestra aplicación en Internet. Aprenderemos lo importante que es tener una definición clara de los requisitos y cómo elegir la mejor solución para nuestras necesidades. Subiremos el código de la aplicación al repositorio de GitHub y usaremos GitHub Actions para la integración continua *(continuous integration)*.

Finalmente, desplegaremos la aplicación en DigitalOcean y usaremos PM2 para mantener la aplicación funcionando. Configuraremos y usaremos MongoDB Atlas para alojar la base de datos en la nube.

Estos son los principales temas que veremos en este capítulo:

- Cómo definir los requisitos y cómo elegir la mejor solución para nuestras necesidades.
- Cómo subir el código de la aplicación al repositorio de GitHub.
- Cómo usar MongoDB Atlas para alojar la base de datos como un recurso externo.
- Cómo usar DigitalOcean Droplets para alojar la aplicación.
- Cómo usar PM2 para mantener la aplicación funcionando.

16.1. Requisitos técnicos

Necesitará crear cuentas con los siguientes proveedores para seguir los ejemplos de este capítulo:

- **DigitalOcean:** https://www.digitalocean.com/
- **MongoDB Atlas:**
  https://www.mongodb.com/docs/atlas/tutorial/create-atlas-account/
- **GitHub:** https://github.com/signup

Los archivos de código para el capítulo se pueden encontrar en www.marcombo.info con el código NODE25.

Vea el código en acción en el vídeo para este capítulo en https://youtu.be/cWkqR2xJJ0k

---

Usaremos DigitalOcean para alojar la aplicación, pero puede usar cualquier otro proveedor o incluso su propio dispositivo (como alternativa). Si no tiene una cuenta de DigitalOcean, puede crear una aquí: https://m.do.co/c/20f1b045c56f. Este enlace, en la actualidad, le dará un crédito de $200 para usar en 60 días cuando se crea una cuenta nueva.

16.2. Definiendo los requisitos

Tenemos la aplicación funcionando en nuestro dispositivo, pero necesitamos desplegarla en Internet. Para ello, debemos definir los requisitos para elegir la mejor solución en función de nuestras necesidades.

En primer lugar, necesitamos considerar las siguientes preguntas técnicas:

- **¿Cuál es el entorno deseado (*bare metal,* VM, contenedores, soluciones en la nube)?** Como nuestra aplicación usa Node.js y librerías populares de *npm*, podemos desplegarla fácil y directamente en máquinas *bare metal* o máquinas virtuales. Otras soluciones también son posibles, pero requieren algo más de trabajo para ser realizadas en términos de configuración.
- **¿Cuál es la plataforma deseada (AWS, Azure, GCP, DigitalOcean, Heroku...)?** En nuestro caso, no esperamos mucho tráfico o muchos usuarios. Además, no estamos trabajando en un equipo y no tenemos requisitos específicos como un Acuerdo de Nivel de Servicio (SLA). Podemos, con seguridad, elegir el proveedor más simple en términos de experiencia de usuario y que tenga precios competitivos. En nuestro caso, usaremos DigitalOcean.
- **¿Cuál es el sistema operativo deseado (Linux, Windows, macOS...)?** Node.js puede funcionar en sistemas operativos comunes y exóticos. Nuestra aplicación no tiene dependencia especial en un sistema operativo, así que podemos elegir Linux, ya que es el sistema operativo más popular para servidores y con la oferta más extensa entre los proveedores.
- **¿Cuál es la arquitectura deseada (x86, ARM...)?** En este caso, nuestra aplicación es puramente JavaScript. Node.js soporta ambas arquitecturas (x86 y ARM), por lo que podemos elegir fácilmente x86, porque es una arquitectura más común para servidores y, a menudo, con precios más bajos.
- **¿Cuál es la versión deseada de Node.js (18, 20, 21...)?** Tenemos una clara dependencia de Node.js 20.11.0, ya que hemos usado esta versión mientras hemos desarrollado la aplicación, pero podemos estar seguros de que la aplicación debería funcionar en cualquier versión LTS de Node.js 20.

- **¿Cuál es la base de datos deseada (MongoDB, MySQL, PostgreSQL, Redis...)?** Dependemos de MongoDB, por lo que necesitamos considerar eso como una dependencia para nuestras decisiones de infraestructura. Aparte de esto, no hay más dependencias externas o servicios de los que dependamos. Administrar una base de datos no es trivial, por lo que, en este caso, podemos elegir con seguridad cualquier servicio gestionado *(managed)*. MongoDB ofrece MongoDB Atlas (https://www.mongodb.com/atlas/database) como su solución en la nube para MongoDB. Además, el *tier* gratuito debería cubrir nuestras necesidades.

Como resumen, queda claro que vamos a desplegar la aplicación que hemos ido construyendo en los capítulos anteriores. Desplegaremos una aplicación Node.js con *Express*. La única dependencia externa será MongoDB. Usaremos una máquina Linux con arquitectura x86 y la versión Node.js 20.x. Además, usaremos MongoDB Atlas para alojar la base de datos, por lo que no necesitamos preocuparnos mucho sobre los aspectos operativos de la base de datos.

Además, necesitamos considerar las siguientes cuestiones que son relevantes para el equipo y para el proyecto, especialmente si estamos trabajando en un entorno profesional, y debemos decidir si planeamos desplegar una aplicación durante mucho tiempo o si esperamos escalar pronto:

- ¿Cuál es el presupuesto?
- ¿Cuántos despliegues estamos esperando?
- ¿Cuál es el tamaño del equipo?
- ¿Cuál es la experiencia y conocimiento del equipo?

No es lo mismo desplegar una aplicación Node.js para un proyecto personal que para una gran empresa con agresivos acuerdos de nivel de servicio (SLA) y un equipo de infraestructura con mucha experiencia.

En nuestro caso, asumiré que esta es la primera vez que usted está desplegando una aplicación Node.js. También, asumiré un presupuesto limitado, con poca experiencia y tiempo para invertir en el mantenimiento de la infraestructura; por tanto, propondremos la opción más económica posible. Ciertamente, suponemos que no tendremos muchos despliegues ni tampoco mucho tráfico. Por lo tanto, no necesitamos preocuparnos por la escalabilidad, el rendimiento o la alta disponibilidad.

En general, tenemos dos opciones principales que exploraremos en este capítulo y en el siguiente:

- Desplegar la aplicación en una máquina *bare metal* o virtual.
- Desplegar la aplicación en una solución en la nube.

Usted puede desplegar la aplicación en una máquina *bare metal*, que puede ser un dispositivo antiguo como un portátil *(laptop)*, un Single-Board Computers (SBC) como una Raspberry Pi, o una máquina virtual en su propio dispositivo. En este escenario, puede elegir habilitar o no el acceso remoto a la máquina. Pero, en cualquier caso, esta es una buena opción para aprender y probar la aplicación.

Otra opción es lanzarnos al Internet público y desplegar la aplicación en una solución en la nube. Hay muchos proveedores con una gran oferta de productos. Por lo tanto, para no complicarnos, me enfocaré en un solo proveedor para los recursos de cómputo (DigitalOcean) y un solo proveedor para la base de datos (MongoDB Atlas).

En la siguiente sección, crearemos el repositorio de GitHub, y subiremos el código fuente de nuestro proyecto al repositorio.

16.3. Usando un repositorio de GitHub

Usaremos GitHub para alojar el código y desplegar la aplicación. Usaremos GitHub Actions para ejecutar los test y para verificar la calidad del código con nuestro *linter*. Finalmente, usaremos GitHub para descargar el código del repositorio y desplegar la aplicación.

16.3.1. Creando un repositorio de GitHub

Puede crear un nuevo repositorio utilizando esta guía: https://docs.github.com/es/repositories/creating-and-managing-repositories/quickstart-for-repositories.

En mi caso, creé un repositorio llamado `nodejs-for-beginners`, como puede ver en la captura de pantalla:

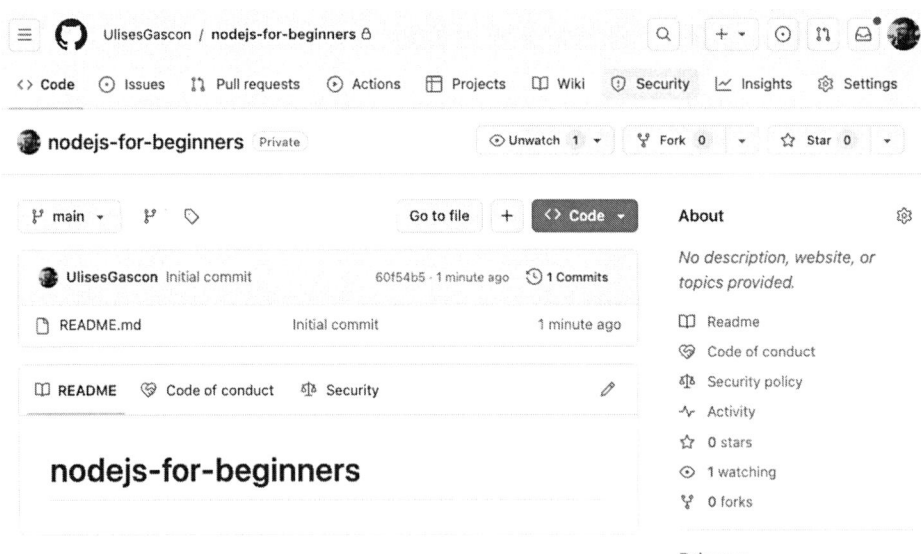

Figura 16.1 Captura de pantalla del navegador web del repositorio creado.

Ahora que tenemos el repositorio listo, es hora de empezar a usarlo subiendo el código fuente de nuestro proyecto.

16.3.2. Subiendo el código al repositorio

Necesitará descargar el proyecto desde www.marcombo.info con el código `NODE25` y acceder a la carpeta `step4`; luego, necesitará subir el código al repositorio. Tiene que asegurarse de que el archivo `package.json` esté presente en la carpeta raíz del repositorio.

Aquí hay dos guías que pueden ayudarle a subir el código al repositorio:

- Cómo clonar un repositorio:
  https://docs.github.com/es/repositories/creating-and-managing-repositories/cloning-a-repository
- Cómo subir código: https://docs.github.com/es/get-started/using-git/pushing-commits-to-a-remote-repository

Para simplificar el proceso, vamos a usar solo la rama `main`. Pero, en el mundo real, la mayoría de los equipos utilizan múltiples ramas para gestionar su código, ya que usan características como *pull requests*, revisiones de código y demás. Eso queda fuera del alcance de este libro.

Una vez hecho esto, el repositorio debería verse así:

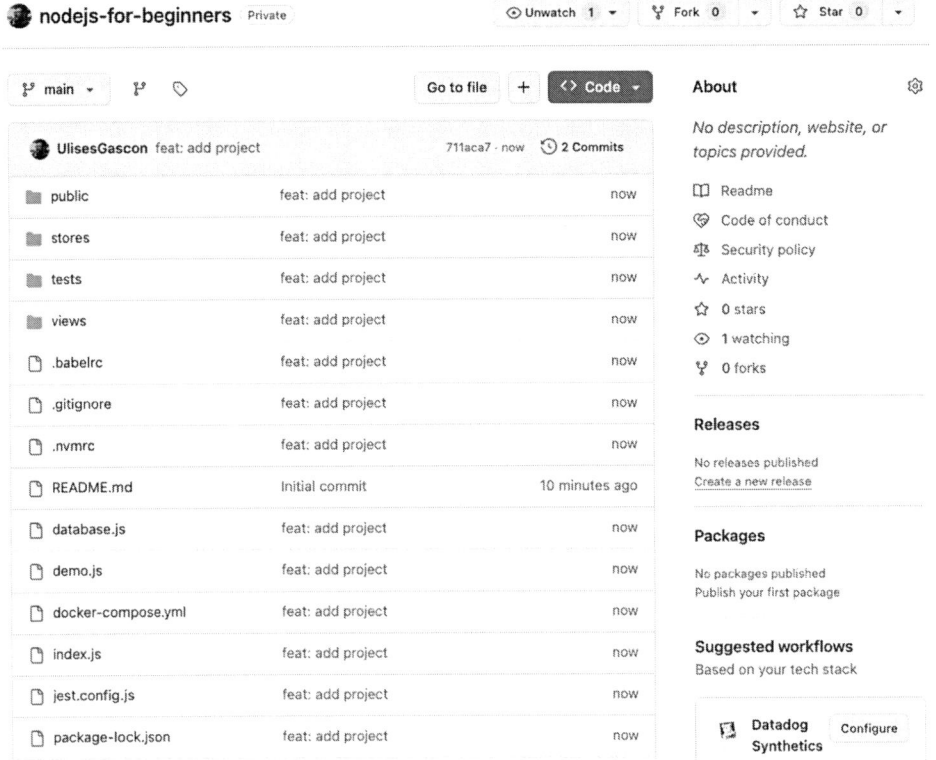

Figura 16.2 Captura de pantalla del navegador web del repositorio con los archivos y las carpetas añadidos.

Si tiene problemas para ejecutar el proyecto en este capítulo mientras sigue los pasos, o intentó un enfoque alternativo, puede usar la carpeta `step5` del código que descargó al principio del capítulo para comparar y solucionar posibles errores más fácilmente.

En la siguiente sección, implementaremos la integración continua con GitHub Actions. Esta es una excelente manera de asegurar que la aplicación está funcionando como se espera antes de hacer ningún despliegue.

16.4. Integración continua con GitHub Actions

Podemos entender la integración continua *(continuous integration)* como una forma de hacer comprobaciones automáticas en el código. Esto nos ayudará a reducir los errores humanos y a automatizar el proceso de comprobación de la calidad del proyecto.

Se trata de un paso opcional que no es necesario para desplegar la aplicación, pero si desea obtener una mejor comprensión de los entornos de desarrollo profesional, puede seguir adelante.

El primer paso es definir qué esperamos de la automatización, y luego podemos implementarlo. En nuestro caso, queremos instalar las dependencias, ejecutar el *linter* y ejecutar los test. Y queremos hacer esto cada vez que subamos código al repositorio.

Para implementarlo, crearemos el archivo `.github/workflows/ci.yml` con el siguiente contenido:

```
name: Continous Integration

on: [push]

jobs:

  check:

    runs-on: ubuntu-latest
```

```yaml
steps:
    - uses: actions/checkout@v3
    - name: Install dependencies
      run: npm install
    - name: Check code style
      run: npm run lint
    - name: Generate a random JWT secret
      id: generate-secret
      run:              echo          "::set-output
name=JWT_SECRET::$(openssl rand
-base64 30)"
      shell: bash
    - name: Prepare environment
      run: npm run infra:start
    - name: Run tests
      run: npm test
      env:
        MONGODB_URI:
mongodb://localhost:27017/whispering-database
        PORT: 3000
        SALT_ROUNDS: 10
        JWT_SECRET:         ${{          steps.generate-
secret.outputs.JWT_SECRET }}
```

Este archivo *YAML* define un flujo de trabajo llamado Continous Integration que se activará cada vez que subamos código al repositorio.

Este flujo de trabajo se ejecutará en una máquina virtual con Ubuntu y ejecutará los siguientes pasos:

1. Acceder al código del repositorio.
2. Instalar las dependencias ejecutando el comando `npm install`.
3. Ejecutar el *linter* con el comando `npm run lint`.
4. Añadir una variable de entorno `JWT_SECRET` con un valor aleatorio. Esta cadena de texto aleatoria con 30 caracteres será utilizada para firmar los *tokens* en el entorno de *testing*.
5. Preparar el entorno ejecutando el comando `npm run infra:start` para tener una instancia de MongoDB localmente.
6. Ejecutamos los test con las variables de entorno `MONGODB_URI`, `PORT`, `SALT_ROUNDS`, y `JWT_SECRET`.

Una vez que subamos el código al repositorio, podemos comprobar el estado del flujo de trabajo en la pestaña **Actions**:

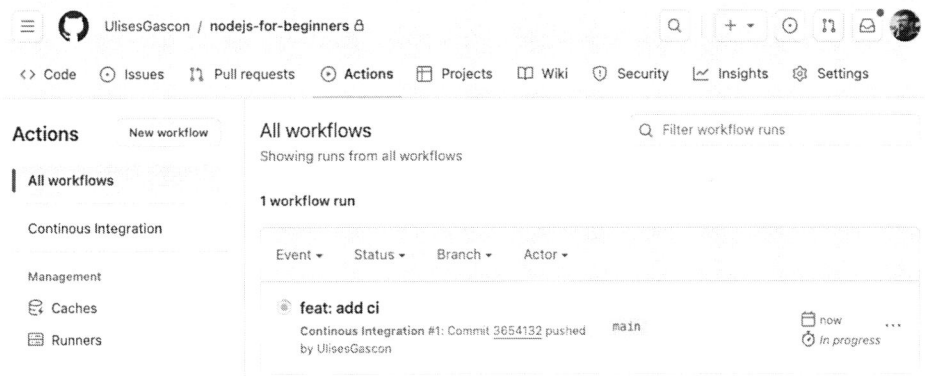

Figura 16.3 Captura de pantalla del navegador web mostrando las acciones de GitHub.

Si hacemos clic en el flujo de trabajo, podemos ver los detalles:

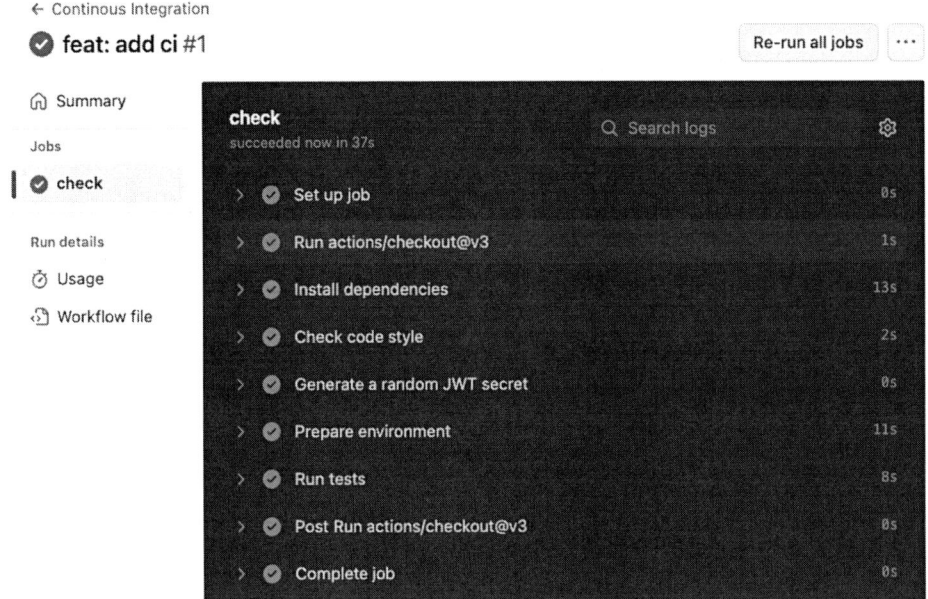

Figura 16.4 Captura de pantalla del navegador mostrando los detalles de una extensión de GitHub Action.

Como podemos ver, todas las comprobaciones están pasando, por lo que podemos estar seguros de que la aplicación está funcionando como se espera.

Podemos hacer clic en el paso **Run tests** para ver los detalles de la ejecución de los test:

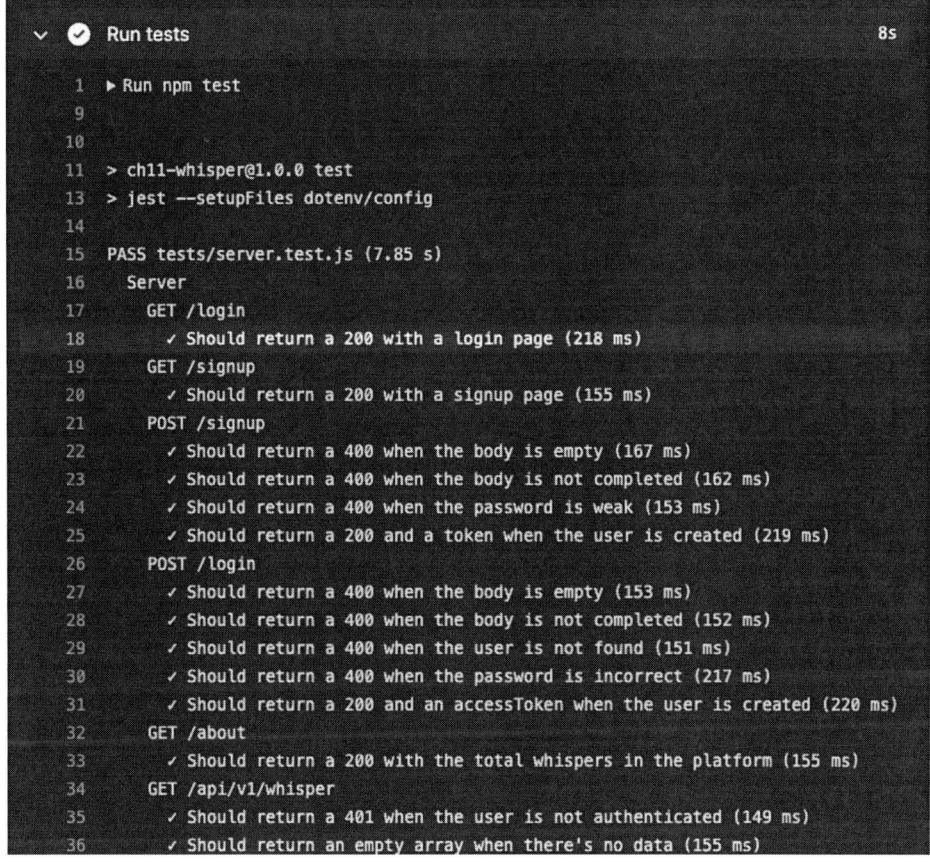

```
 ∨  ✓  Run tests                                                          8s

  1  ▶ Run npm test
  9
 10
 11  > ch11-whisper@1.0.0 test
 13  > jest --setupFiles dotenv/config
 14
 15  PASS tests/server.test.js (7.85 s)
 16    Server
 17      GET /login
 18        ✓ Should return a 200 with a login page (218 ms)
 19      GET /signup
 20        ✓ Should return a 200 with a signup page (155 ms)
 21      POST /signup
 22        ✓ Should return a 400 when the body is empty (167 ms)
 23        ✓ Should return a 400 when the body is not completed (162 ms)
 24        ✓ Should return a 400 when the password is weak (153 ms)
 25        ✓ Should return a 200 and a token when the user is created (219 ms)
 26      POST /login
 27        ✓ Should return a 400 when the body is empty (153 ms)
 28        ✓ Should return a 400 when the body is not completed (152 ms)
 29        ✓ Should return a 400 when the user is not found (151 ms)
 30        ✓ Should return a 400 when the password is incorrect (217 ms)
 31        ✓ Should return a 200 and an accessToken when the user is created (220 ms)
 32      GET /about
 33        ✓ Should return a 200 with the total whispers in the platform (155 ms)
 34      GET /api/v1/whisper
 35        ✓ Should return a 401 when the user is not authenticated (149 ms)
 36        ✓ Should return an empty array when there's no data (155 ms)
```

Figura 16.5 Captura de pantalla del navegador web mostrando el paso de ejecución de las pruebas en detalle.

Observamos que los test están pasando, de la misma manera que en nuestra máquina local. En última instancia, la máquina de integración continua es solo una máquina remota que seguirá los pasos que definimos, y en ese aspecto no es muy diferente de nuestro propio entorno.

Ahora que tenemos la integración continua en su lugar, podemos empezar a pensar en preparar la instancia de MongoDB usando Atlas en la siguiente sección.

16.5. Usando MongoDB Atlas

Utilizaremos MongoDB Atlas para alojar la base de datos. Crearemos un clúster de nivel gratuito y utilizaremos la cadena de conexión *(connection string)* para conectarnos a la base de datos.

Aquí hay algunas guías que le ayudarán:

- Cómo crear un clúster de nivel gratuito:
  https://docs.atlas.mongodb.com/tutorial/create-new-cluster/
- Cómo conectarse a la base de datos:
  https://www.mongodb.com/docs/atlas/driver-connection/

En mi caso, creé un clúster de nivel gratuito llamado `nodejs-for-beginners`, como puede ver en la siguiente captura de pantalla:

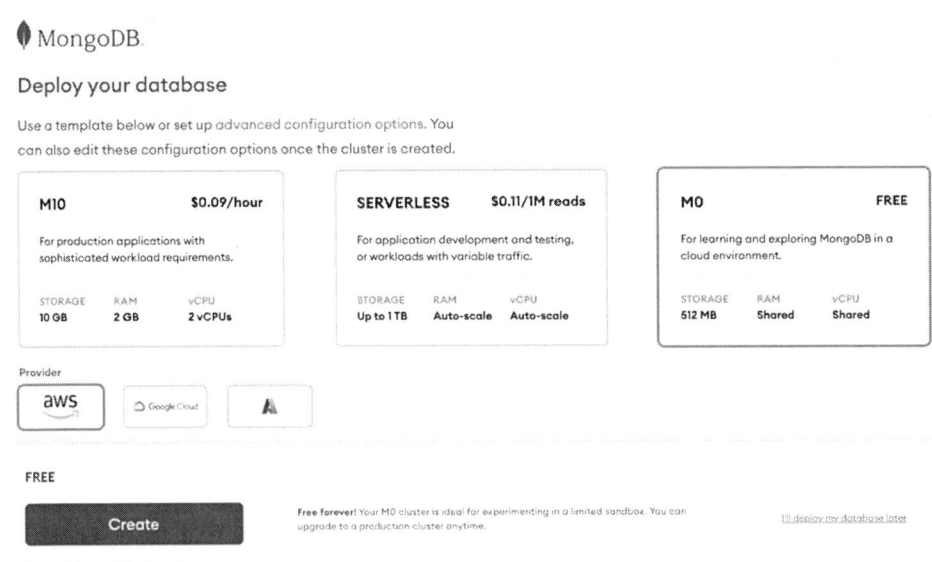

Figura 16.6 Captura de pantalla del navegador web mostrando los detalles de la creación del clúster.

Al final del proceso, tendrá una cadena de conexión como esta (pero con sus propias credenciales):

```
mongodb+srv://<username>:<password>@<cluster-url>/
test?retryWrites=true&w=majority
```

Puede usar esa cadena de conexión para conectarse a la base de datos desde la aplicación. Solo necesita reemplazar el valor de la variable de entorno `MONGODB_URI` con la nueva cadena de conexión en el archivo `.env`.

Es importante remarcar que el nombre de usuario y la contraseña deben estar codificados en formato URI, por lo que los caracteres especiales se convierten. Esto se puede hacer fácilmente con la función `encodeURIComponent` (https://developer.mozilla.org/en-US/docs/Web/JavaScript/Reference/Global_Objects/encodeURIComponent). Aquí hay un ejemplo de conversión:

```
encodeURIComponent('P@ssword') // P%40ssword
```

Si ejecuta los test o levanta la aplicación localmente, verá que la aplicación está utilizando la nueva base de datos y los datos se conservan en la nube, como se esperaba.

En la siguiente captura de pantalla, puede ver el contenido de la base de datos:

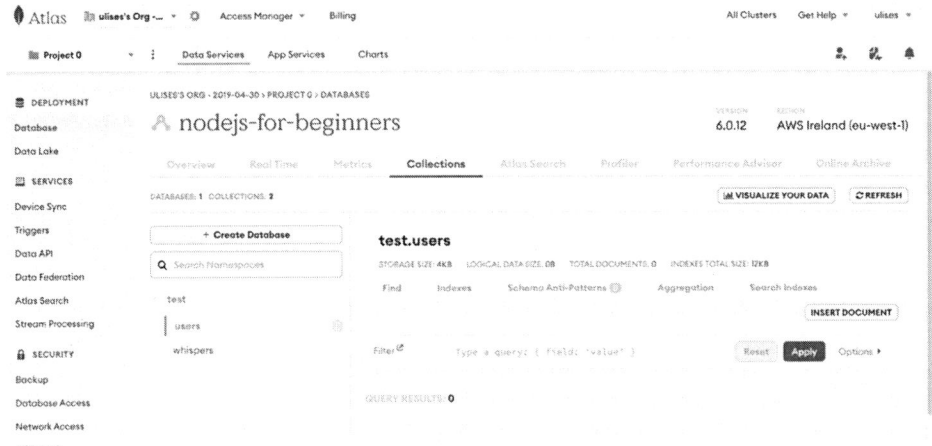

Figura 16.7 Captura de pantalla del navegador web mostrando los detalles del proyecto.

Una vez que esté listo con la base de datos, puede restaurar el archivo `.env` a su estado original para evitar contaminar la base de datos de producción con datos de prueba en futuras ejecuciones.

Ahora que tenemos la base de datos externa lista, podemos empezar a pensar en desplegar la aplicación. En la siguiente sección, prepararemos la aplicación usando PM2.

16.6. Despliegue de aplicaciones Node.js con PM2

¡Este es un momento muy emocionante! Estamos a punto de hacer que nuestra aplicación esté disponible en Internet. En este caso, utilizaremos un *droplet* de DigitalOcean para alojar la aplicación. Un *droplet* es una máquina virtual con Ubuntu 23.10 y 0.5 GB de RAM que aloja la aplicación.

Utilizaremos PM2 para mantener la aplicación en ejecución y reiniciarla si se bloquea.

Si no desea usar DigitalOcean, como alternativa puede usar un dispositivo antiguo que tenga al menos 4 GB de RAM, Ubuntu (u otra distro de Linux) y tenga habilitada la comunicación SSH (no es necesario instalar Node.js o desplegar un sitio web en este punto). Un viejo portátil es una gran opción, o incluso una Raspberry PI (3, 4, o 5) (https://www.raspberrypi.com/) con Raspbian (https://www.raspberrypi.com/software/) hará el trabajo. Aquí puede encontrar dos tutoriales que le ayudarán con la configuración:

- https://www.xda-developers.com/turn-old-laptop-into-home-server/
- https://www.youtube.com/watch?v=iSAF8D8rpOo

Si la configuración se realizó correctamente, puede saltarse la siguiente sección e ir directamente a la sección *Preparando la máquina*.

16.6.1. Creando un *droplet* de DigitalOcean

Utilizaremos DigitalOcean para alojar la aplicación. Usaremos el *droplet* más básico y barato posible, actualmente con 512 MB de RAM y 1 CPU virtual.

> Emplearemos la llave SSH para acceder a la máquina. Si no sabe cómo hacerlo, siga esta guía: https://docs.digitalocean.com/products/droplets/how-to/add-ssh-keys/

En mi caso, creé un *droplet* llamado `nodejs-for-beginners`, como puede ver en la siguiente captura de pantalla:

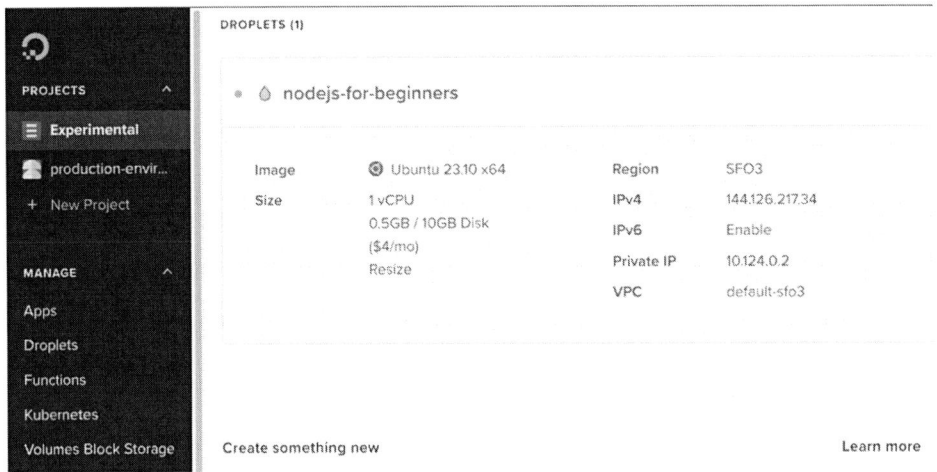

Figura 16.8 Captura de pantalla del navegador web mostrando los detalles del droplet.

Como puede ver, el *droplet* está disponible en la dirección IP `144.126.217.34` y utilizaremos esa IP para acceder a la máquina usando SSH o HTTP cuando la aplicación esté en ejecución.

16.6.2. Conectándose a la máquina

Hay muchas formas de acceder a la máquina con SSH. La más común es usar la terminal directamente. Pero, en este caso, utilizaremos Visual Studio Code para conectarnos a la máquina. Puede seguir la guía en https://code.visualstudio.com/docs/remote/ssh para aprender cómo hacerlo, ya que es más conveniente que conectarse directamente desde su terminal a la máquina.

En ambos casos, necesitamos usar las mismas credenciales. El nombre de usuario es `root` y la contraseña es reemplazada por la llave SSH que se agregó a su *droplet*.

Ahora que podemos conectarnos a la máquina, es hora de comenzar a configurar el entorno.

16.6.3. Preparando la máquina

Una vez que se haya conectado a la máquina, puede ejecutar los siguientes comandos en la terminal para crear el directorio de trabajo y acceder al nuevo directorio creado:

```
mkdir nodejs-for-beginners

cd nodejs-for-beginners
```

Luego, instalaremos Node.js 20.11.0 usando *nvm*:

```
apt update

wget -qO-
https://raw.githubusercontent.com/creationix/nvm/v0.39
.3/

install. sh | bash

source ~/.profile

nvm --version

nvm install 20.11.0
```

La salida debería ser algo como esto:

```
Downloading and installing node v20.11.0...

Downloading https: //nodejs. org/dist/ v20.11.0/n ode-
v20.11.0-linux- x64.

tar. xz...

######################################################
###############

######################### 100.0%
```

```
Computing checksum with sha256sum

Checksums matched!

Now using node v20.11.0 (npm v10.2.4)

Creating default alias: default -> 20.11.0 (->
v20.11.0)
```

El siguiente paso es instalar PM2 globalmente en la máquina:

```
npm install pm2 -g
```

Puede verificar la versión de PM2 con el siguiente comando:

```
pm2 --version
```

La salida debería ser algo como esto:

```
[PM2] PM2 Successfully daemonized

5.2.2
```

Ahora tenemos la máquina lista para trabajar con nuestro código. El próximo paso será descargar en nuestra máquina el código de nuestra aplicación.

16.6.4. Clonando el repositorio

Si está utilizando un repositorio privado, necesitará agregar la llave SSH a la máquina. Puede seguir la guía en https://docs.github.com/en/github/authenticating-to-github/connecting-to-github-with-ssh, pero puede evitar este paso si hace el repositorio público.

Luego clonamos el repositorio:

```
git clone https: //github.com/YOUR-USER/YOUR-REPO.git
```

Podemos verificar que el código está presente en la carpeta revisando el directorio en VSCode o ejecutando el siguiente comando:

```
ls -la
```

Este comando enumerará todos los archivos, incluidos los ocultos, en el directorio actual, y mostrará información detallada sobre estos archivos. La salida debería ser algo como esto:

```
README.md       docker-
compose.yml     node_modules        public      tests
coverage        index.js            package-
lock.json   server.js   utils.js
database.js     jest.config.js      package.json
 stores     views
```

Podemos confirmar que el código ha sido descargado correctamente, por lo que nuestro próximo paso será instalar las dependencias.

16.6.5. Instalando las dependencias

Después de clonar el repositorio, instalaremos las dependencias:

```
npm install
```

Esto puede tardar un tiempo, ya que la máquina no es muy potente, pero debería terminar sin errores. Si tiene errores o el proceso es mucho más largo de lo esperado, puede intentar aumentar el tamaño del *droplet*, pero esto aumentará el precio por hora.

16.6.6. Preparando el entorno

Crearemos un archivo `.env` como lo hicimos en los capítulos anteriores, pero usaremos la cadena de conexión del clúster de MongoDB Atlas que creamos en la sección anterior.

Una vez que esto esté listo, la aplicación estará lista para ejecutarse, pero usaremos PM2 para mantener la aplicación en funcionamiento y reiniciarla si fuera necesario.

16.6.7. Administrando la aplicación con PM2

Decidimos usar PM2 como el administrador de procesos para nuestra aplicación, por lo que no iniciará la aplicación directamente usando el comando `node` como `node index.js`. Dejaremos que PM2 maneje el ciclo de vida de la aplicación.

Iniciaremos la aplicación con PM2:

```
pm2 start index.js
```

Podemos ver el estado de la aplicación con el siguiente comando:

```
pm2 status
```

Podemos revisar los registros de la aplicación con el siguiente comando:

```
pm2 logs
```

Podemos parar la aplicación haciendo lo siguiente:

```
pm2 stop index.js
```

Ahora, podemos iniciar la aplicación nuevamente con PM2 y verificar si la aplicación está disponible a través de Internet.

16.6.8. Accediendo a la aplicación

Ahora, podemos acceder a la aplicación utilizando la dirección IP del *droplet*. En mi caso, la dirección IP es `144.126.217.34` y la aplicación se está ejecutando en el puerto `3000`, por lo que puedo acceder a la aplicación usando la siguiente URL: `http://144.126.217.34:3000`.

Si está utilizando un *host* diferente, como una máquina en su red local, esto podría ser diferente, ya que dependerá de la configuración de su red local y/o *firewalls*. Pero si su red está correctamente configurada, entonces debería poder acceder al sitio web utilizando la dirección IP de la máquina en su red local; por ejemplo, `192.168.1.44`.

Podemos ver la aplicación funcionando como se esperaba:

Photo by Brooke Cagle from Unsplash

Figura 16.9 Captura de pantalla del navegador web mostrando el proyecto en funcionamiento utilizando la IP del droplet.

¡Sí! La aplicación está funcionando como se esperaba. Exploraremos otra forma de ejecutar nuestra aplicación en el próximo capítulo, pero esta vez utilizaremos Docker.

16.7. Resumen

En este capítulo, hemos aprendido a desplegar nuestra aplicación en Internet. Hemos visto lo importante que es tener una definición clara de los requisitos y elegir la mejor solución para nuestras necesidades. Hemos creado cuentas con los proveedores que utilizamos en este capítulo y hemos subido el código fuente de la aplicación al repositorio de GitHub para tener un control de versiones sólido con Git y poder usar GitHub Actions para la integración continua.

Finalmente, hemos utilizado MongoDB Atlas para alojar la base de datos como un recurso externo y hemos utilizado un *droplet* de DigitalOcean para alojar la aplicación. Hemos aprendido a usar PM2 para mantener la aplicación en funcionamiento.

16.7.1. Lectura adicional

- *Glosario Cloud Native: https://glossary.cncf.io/es/*
- *How To Set Up a Node.js Application for Production on Ubuntu 22.04: https://www.digitalocean.com/community/tutorials/how-to-set-up-a-node-js-application-for-production-on-ubuntu-22-04*
- *Express Production best practices: https://expressjs.com/en/advanced/best-practice-performance.html*

CAPÍTULO 17
Dockerizando una aplicación de Node.js

En este capítulo, aprenderemos a desplegar nuestra aplicación en Internet utilizando Docker. Exploraremos cómo podemos usar GitHub Actions para asegurarnos de que nuestras imágenes Docker funcionen bien en el *pipeline* de integración continua.

Aprenderemos a *dockerizar* la aplicación y a publicar la imagen en Docker Hub para una mejor portabilidad, y así podremos descargar nuestras imágenes en diferentes entornos.

Finalmente, discutiremos cómo hacer una configuración de dominio adecuada y cómo agregar un certificado Secure Sockets Layer (SSL) a la aplicación utilizando Cloudflare. También estudiaremos los principios de la aplicación Twelve-Factor.

Estos son los principales temas que veremos en este capítulo:

- Cómo usar GitHub Actions para CI.
- Cómo usar un *droplet* de DigitalOcean para alojar la aplicación Docker.

- Cómo usar *docker* para construir la aplicación y publicar la imagen en Docker Hub.
- Cómo hacer una configuración de dominio adecuada y agregar un certificado SSL a la aplicación utilizando Cloudflare.
- Qué son los principios de la aplicación Twelve-Factor y cómo pueden ayudarlo a crecer profesionalmente.

17.1. Requisitos técnicos

Para comenzar a trabajar en este capítulo, necesitamos continuar con el código que subimos a GitHub en el capítulo anterior. Si no ha completado el capítulo anterior, puede descargar el proyecto desde www.marcombo.info con el código `NODE25` y acceder a la carpeta `step5` como referencia.

Necesitará crear cuentas con los siguientes proveedores para seguir los ejemplos en este capítulo:

- **Docker Hub:** https://hub.docker.com/signup
- **Cloudflare:** https://www.cloudflare.com/ (opcional)

Los archivos de código para el capítulo se pueden encontrar en https://github.com/PacktPublishing/NodeJS-for-Beginners.

Vea el código en acción en el vídeo para este capítulo en https://youtu.be/VWBuF_Q3KPY

17.2. Contenedores y soluciones nativas de la nube con Docker

Si bien usar una máquina virtual es una buena opción, no es la mejor para muchas aplicaciones. Actualmente, los contenedores son la forma más popular de desplegar aplicaciones. Son ligeros, portátiles y fáciles de usar. En esta sección, aprenderemos a desplegar una aplicación Node.js utilizando Docker.

Cubrimos los conceptos básicos de Docker en capítulos anteriores y ya hemos usando Docker y Docker Compose para ejecutar la base de datos MongoDB. Ahora necesitamos aprender a crear una imagen Docker para nuestra aplicación y aprender a desplegarla.

17.2.1. Ciclo de vida de Docker

Necesitamos tener una comprensión clara del ciclo de vida de Docker para usarlo correctamente. Comencemos con una breve introducción. En la siguiente figura, podemos ver el ciclo de vida de Docker:

Figura 17.1 Diagrama del ciclo de vida de Docker.

Necesitamos comenzar con un `Dockerfile`, que es un archivo que contiene las instrucciones para construir la imagen. Luego, podemos construir la imagen con el comando `docker build`. Finalmente, podemos ejecutar el contenedor con el comando `docker run`.

Si queremos compartir la imagen con otras personas, podemos subirla a un registro con el comando `docker push`. Luego, otras personas pueden descargar la imagen del registro con el comando `docker pull`. Este último paso es bastante similar a `npm publish` pero, en lugar de compartir el código, estamos compartiendo la imagen.

Ahora que tenemos clara la teoría, vamos a *dockerizar* nuestra aplicación en la siguiente sección.

17.2.2. *Dockerizando* la aplicación

En su máquina local, utilizando Docker Desktop 1.18, puede ejecutar `docker init` en la carpeta raíz del proyecto (donde se encuentra `package.json`) para crear un Dockerfile (ver https://docs.docker.com/engine/reference/commandline/init/). Entonces, podemos crear los archivos automáticamente con un proceso interactivo:

```
Let's get started!

? What application platform does your project use?
Node

? What version of Node do you want to use? 20.11.0

? Which package manager do you want to use? npm

? What command do you want to use to start the app?
npm start

? What port does your server listen on? 3000

CREATED: .dockerignore

CREATED: Dockerfile

CREATED: compose.yaml

✔ Your Docker files are ready!
```

Esta herramienta creará los siguientes archivos: `.dockerignore`, `dockerfile` y `compose.yaml`. Usaremos `dockerfile` para construir la imagen y usaremos `compose.yaml` para ejecutar el contenedor.

El `dockerfile` se verá así:

```
# syntax=docker/dockerfile:1
ARG NODE_VERSION=20.11.0
FROM node:${NODE_VERSION}-alpine
ENV NODE_ENV production
WORKDIR /usr/src/app
RUN --
mount=type=bind,source=package.json,target=package.jso
n \
    --mount=type=bind,source=package-
lock.json,target=package-lock.
json \
    --mount=type=cache,target=/root/.npm \
    npm ci --omit=dev
USER node
COPY . .
EXPOSE 3000
CMD npm start
```

Este es un `Dockerfile` que configura un entorno Node.js dentro de un contenedor.

1. Comienza especificando la versión de Node.js a utilizar (`20.11.0`) y utiliza la versión `alpine` de la imagen Node.js para generar una huella más pequeña en el sistema.

2. Establece la variable de entorno `NODE_ENV` a producción.

3. Define el directorio de trabajo dentro del contenedor en `/usr/src/app`.

4. Con el comando `RUN` monta los archivos `package.json` y `package-lock.json` del *host* al contenedor y también configura una caché para los módulos *npm*; luego, ejecuta `npm ci --omit=dev` para instalar solo las dependencias de producción.

5. Cambia el usuario a `node` por razones de seguridad.

6. Copia todos los archivos del directorio actual del *host* al contenedor.

7. Expone el puerto `3000` para que la aplicación sea accesible.

8. Establece el comando para iniciar la aplicación en `npm start`.

Para nuestra aplicación actual, podemos eliminar el archivo `compose.yaml`, ya que no lo necesitamos. Es importante revisar el contenido en el archivo `.dockerignore`, ya que excluye algunos archivos del proceso de construcción cuando ejecutamos el comando `COPY . .` en el `Dockerfile`.

Tenemos todos los archivos necesarios para usar correctamente Docker y así poder administrar nuestra aplicación, por lo que en la siguiente sección veremos en detalle cómo administrar la aplicación.

17.2.3. Administrando la aplicación con Docker

En el capítulo anterior, usamos PM2 para administrar la aplicación. Esta vez, usaremos Docker. Podemos construir la imagen con lo siguiente:

```
docker build -t nodejs-for-beginners .
```

Luego, podemos ejecutar el contenedor con el siguiente comando, que expondrá el puerto 3000 y utilizará variables de entorno específicas:

```
docker run \
-e
MONGODB_URI='mongodb+srv://<username>:<password>@<clus
ter-url>/
test?retryWrites=true&w=majority' \
-e PORT='3000' \
-e SALT_ROUNDS='10' \
-e JWT_SECRET='Tu1fo0mO0PcAvjq^q3wQ24BXNI8$9R' \
-p 3000:3000 \
nodejs-for-beginners
```

Usted necesitará reemplazar `mongodb+srv://<username>:<password>@<cluster-url>/test?retryWrites=true&w=majority` con la cadena de conexión de su clúster MongoDB Atlas.

Si abre el navegador y accede a `http://localhost:3000`, verá la aplicación funcionando como se esperaba.

Ahora que sabemos que la aplicación *dockerizada* está funcionando bien, podemos agregar un paso en el *pipeline* para asegurarnos de que la imagen Docker se genera correctamente.

17.2.4. Agregando la construcción de Docker a la CI

Podemos agregar el paso de `docker build` al proceso de CI para asegurarnos de que la imagen se construye correctamente. Añadamos lo siguiente al *pipeline* en `.github/workflows/ci.yml`:

```
- name: Build Docker image
  run: docker build -t nodejs-for-beginners .
```

Una vez que usted haga *commit* de estos cambios, puede verificar el estado del flujo de trabajo en la pestaña **Actions**. Verá que el flujo de trabajo se está ejecutando correctamente, incluyendo el nuevo paso `Build Docker image`:

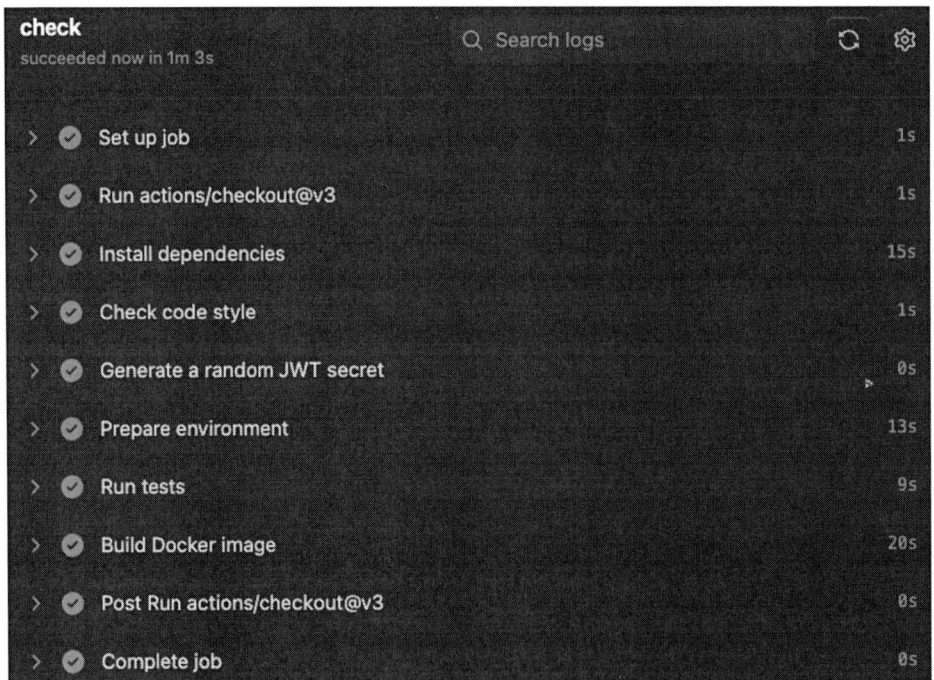

Figura 17.2 Verificando el estado del flujo de trabajo.

Como puede ver en la Figura 17.2, construimos con éxito la imagen. En la siguiente sección, aprenderemos a hacerla pública.

17.2.5. Subiendo la imagen a Docker Hub

Necesita crear un nuevo repositorio en Docker Hub: https://hub.docker.com/repositories/new. En mi caso, creé un repositorio privado llamado `nodejs-for-beginners`, como puede ver en la siguiente figura:

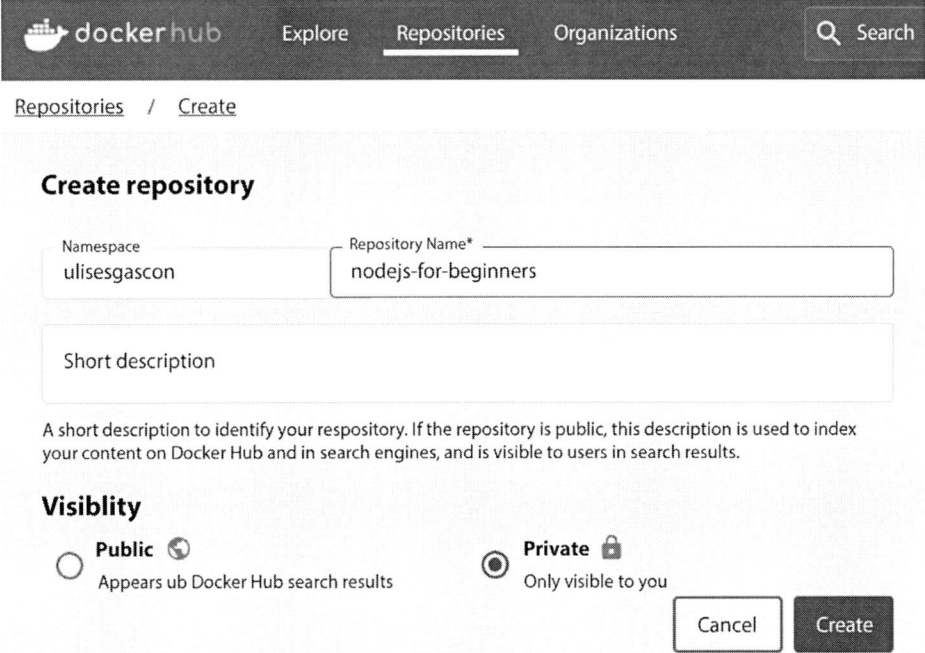

Figura 17.3 Creando un nuevo repositorio.

Le recomiendo que cree una imagen **Public,** pero, si desea crear una imagen **Private**, entonces necesitará iniciar sesión en Docker Hub utilizando la CLI de

Docker en su máquina del entorno de producción (*droplet* de DigitalOcean o una alternativa).

Luego, desde su máquina local, necesita iniciar sesión en Docker Hub utilizando el siguiente comando:

```
docker login
```

A continuación, puede construir la imagen con el nombre del repositorio con el siguiente comando:

```
docker build -t YOUR-USER/YOUR-PROJECT:latest .
```

Usted necesitará reemplazar `YOUR-USER/YOUR-PROJECT` con su usuario y nombre de proyecto. En mi caso, utilicé `ulisesgascon/nodejs-for-beginners`.

Este comando sacará bastante información en la consola pero, al final, no debería ver ningún error.

Finalmente, necesita subir la imagen a Docker Hub con el siguiente comando:

```
docker push YOUR-USER/YOUR-PROJECT
```

La salida debería ser algo como esto, utilizando la etiqueta *latest* por defecto:

```
The push refers to repository
[docker.io/ulisesgascon/nodejs-for-
beginners]
204442a0fb02: Pushed
c797ca72cc32: Pushed
c2f374546252: Pushed
9841711cc266: Mounted from library/node
```

```
b748d0576055: Mounted from library/node

f866f7afbf16: Mounted from library/node

4693057ce236: Mounted from library/node

latest: digest:
sha256:b82d23e398cf03165e89b8d1661125eda0f7b930e21

eef8c62281acd427e2d06 size: 1787
```

Si va al repositorio de Docker Hub, verá que la imagen ha sido publicada y está lista para ser utilizada en otras máquinas con el comando `docker pull YOUR-USER/YOUR-PROJECT:latest`.

Como puede ver en la siguiente figura, la imagen está disponible en el repositorio de Docker Hub:

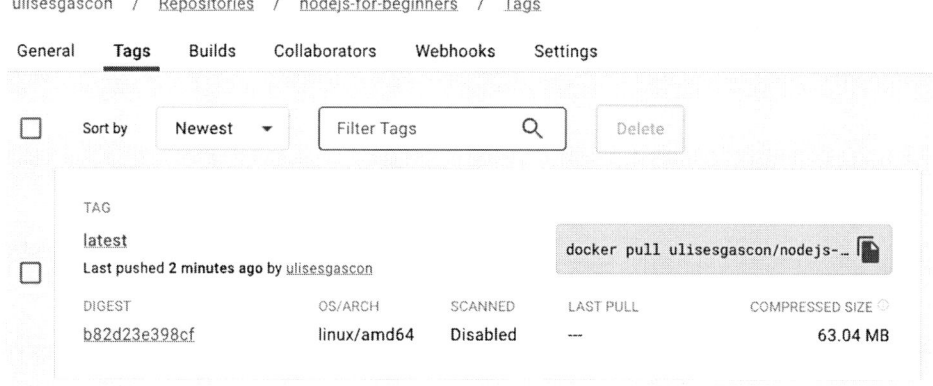

Figura 17.4 La imagen en el repositorio de Docker Hub.

17.2.6. Publicando la imagen con GitHub Actions

Como una forma alternativa de subir la imagen a Docker Hub, podemos publicar la imagen directamente con GitHub Actions. Esta es una excelente manera de automatizar el proceso, evitando la necesidad de instalar Docker en nuestra máquina local y asegurando que la imagen se construye correctamente.

Le invito a lograr esto por usted mismo como el último desafío de este libro. Aquí hay algunas pistas para ayudarle:

- *Guía de GitHub para publicar imágenes Docker*: https://docs.github.com/en/actions/guides/publishing-docker-images
- *Una referencia de* pipeline *del proyecto* simple-api: https://github.com/UlisesGascon/simple-api/blob/main/.github/workflows/release.yml#L58

En la siguiente sección, aprenderemos a usar Docker para ejecutar el proyecto en el *droplet* de DigitalOcean.

17.3. Ejecutando los contenedores

En el capítulo anterior, utilizamos PM2 para gestionar el ciclo de vida de nuestra aplicación. Esta vez, lo haremos de manera diferente: utilizaremos Docker directamente.

Nuestro primer paso será instalar Docker en nuestra máquina de producción utilizando SSH. Siga la guía de instalación (https://docs.docker.com/engine/install/ubuntu/) y luego ejecute `docker run hello-world`. El comando se ejecutará sin generar ningún error. Esta fue una simple prueba para verificar que Docker estaba correctamente configurado y en funcionamiento.

Por favor, asegúrese de que detuvo la aplicación PM2 antes de pasar al siguiente paso, ya que solo un servicio puede controlar el puerto 3000 al mismo tiempo. Finalmente, nuestro último paso será desplegar el contenedor pero, esta vez, no necesitaremos construir el contenedor desde el código fuente, ya que estamos extrayendo directamente la imagen de Docker Hub:

```
docker run \

-e
MONGODB_URI='mongodb+srv://<username>:<password>@<clus
ter-url>/

test?retryWrites=true&w=majority' \

-e PORT='3000' \

-e SALT_ROUNDS='10' \

-e JWT_SECRET='Tu1fo0mO0PcAvjq^q3wQ24BXNI8$9R' \

-p 3000:3000 \

YOUR-USER/YOUR-PROJECT
```

Usted necesitará reemplazar `mongodb+srv://<username>:<password>@<cluster-url>/test?retryWrites=true&w=majority` con la cadena de conexión de su clúster MongoDB Atlas, y `YOUR-USER/YOUR-PROJECT` con su nombre de usuario y proyecto. En mi caso, utilicé `ulisesgascon/nodejs-for-beginners`.

Podemos ver la aplicación funcionando como se esperaba utilizando la misma dirección IP y puerto que cuando se ejecuta PM2:

Photo by Brooke Cagle from Unsplash

Figura 17.5 Aplicación en funcionamiento utilizando la IP externa del droplet.

Hemos logrado migrar la aplicación de PM2 a Docker en el *droplet* de DigitalOcean. En la siguiente sección, aprenderemos a usar Cloudflare para manejar dominios y certificados para que sus usuarios no necesiten recordar la dirección IP de su servidor para acceder a él. Si está utilizando una máquina local, entonces su configuración será diferente, ya que probablemente no tendrá una dirección IP estática, por lo que le sugiero que siga este tutorial: https://www.youtube.com/watch?v=DCxt9SAnkyc. De esta manera, su proyecto será accesible desde Internet utilizando ngrok (https://ngrok.com/). Esto generará un túnel de conexión a su máquina local y expondrá su servicio como `https://xxxxxxx.ngrok.io` sin preocuparse por la configuración de la red. Tenga en cuenta que las aplicaciones *autohosteadas* que están abiertas al tráfico de Internet requieren un sólido conocimiento de seguridad (https://www.youtube.com/watch?v=URWIY3Qr9I8), especialmente si planea utilizar este enfoque como sistema productivo durante mucho tiempo.

> Si tiene problemas para ejecutar el proyecto en este capítulo mientras sigue los pasos, o usted intentó un enfoque alternativo, puede utilizar la carpeta `step6` del código fuente que ya descargó al principio del capítulo para comparar y corregir posibles errores de manera más fácil.

En la siguiente sección, discutiremos cómo hacer una configuración de dominio adecuada y cómo agregar un certificado SSL a la aplicación.

17.4. Usando Cloudflare

La aplicación se está ejecutando en el *droplet* de DigitalOcean, pero solo es accesible por dirección IP y puerto. Por lo tanto, necesitamos hacer una configuración de dominio adecuada y agregar un certificado SSL a la aplicación. Adquirir un dominio tiene un coste financiero asociado. Dependiendo del registro de dominio, este coste puede variar, y algunos dominios son más caros que otros.

SSL, junto con Transport Layer Security (TLS), actúan en conjunto como un mecanismo que podemos agregar a nuestro proyecto web que nos permitirá cifrar las comunicaciones entre los clientes y el servidor. En términos sencillos, esta será la diferencia entre acceder a su sitio web usando `http://miproyecto.com` o `https://miproyecto.com`.

Muchos navegadores hoy en día bloquearán el acceso a sitios web que no estén usando el protocolo `https://`. Podemos usar Cloudflare para habilitar ambos (`http` y `https`) incluso en el plan gratuito, por lo que estos son los pasos a seguir:

1. Agregar un nuevo dominio en Cloudflare: https://www.youtube.com/watch?v=7hY3gp_-9EU.

2. Agregar un nuevo registro DNS en Cloudflare: https://www.youtube.com/watch?v=PYSlt3fEEoI. En nuestro caso, agregaremos un registro A con el nombre de dominio o subdominio y la dirección IP del *droplet*. Necesita esperar la propagación del DNS; esto puede llevar un tiempo.

3. Cuando la propagación del DNS haya terminado, podrá acceder a la aplicación utilizando el nombre del dominio. En mi caso, puedo acceder utilizando https://demo.ulisesgascon.com. En la siguiente figura, puede ver el dominio configurado en Cloudflare:

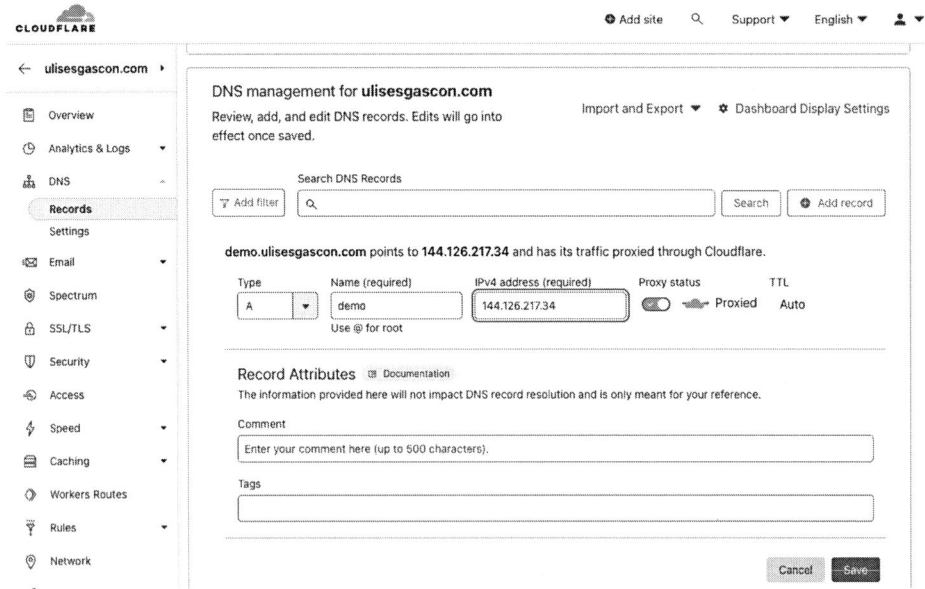

Figura 17.6 Configuración del dominio en Cloudflare.

Si no desea especificar el puerto en la URL, puede ejecutar la aplicación en el puerto `443` (el predeterminado para https) u `80` (el predeterminado para `http`) en lugar del puerto `3000`.

Ahora que hemos terminado con la configuración del dominio, podemos pensar en temas más avanzados. En la siguiente sección, exploraremos los principios de la aplicación Twelve-Factor.

17.5. Siguiente nivel – Principios de la aplicación Twelve-Factor

Una excelente manera de seguir aprendiendo es seguir los principios de la aplicación Twelve-Factor. Esta es una metodología para construir aplicaciones modernas, escalables, mantenibles y portables. Está estructurada en 12 principios. Estos son los 12 principios junto con sus definiciones, tomadas de https://12factor.net/es/:

- **Código base** *(Codebase)*: un código base sobre el que hacer el control de versiones y múltiples despliegues.
- **Dependencias:** declarar y aislar explícitamente las dependencias.
- **Configuraciones:** guardar la configuración en el entorno.
- *Backing services*: tratar los *backing services* como recursos conectables.
- **Construir, desplegar, ejecutar:** separar completamente la etapa de construcción de la etapa de ejecución.
- **Procesos:** ejecutar la aplicación como uno o más procesos sin estado.
- **Asignación de puertos:** publicar servicios mediante asignación de puertos.

- **Concurrencia:** escalar mediante el modelo de procesos.
- **Desechabilidad:** hacer el sistema más robusto intentando conseguir inicios rápidos y finalizaciones seguras.
- **Paridad en desarrollo y producción:** mantener desarrollo, preproducción y producción tan parecidos como sea posible.
- **Registros *(Logs)*:** tratar los registros como una transmisión de eventos.
- **Administración de procesos:** ejecutar las tareas de gestión/administración como procesos que solo se ejecutan una vez.

Hay muchos principios que ya cubrimos en este libro, como la gestión de la configuración, pero hay algunos de los que aún no hemos hablado. Por ejemplo, no tenemos un entorno de *staging*. Construimos y desplegamos una aplicación simple que no está diseñada para ser utilizada por usuarios reales o para manejar tráfico real, pero si desea construir y desplegar proyectos reales, se recomienda encarecidamente seguir estos principios.

En general, esta es una excelente manera de seguir aprendiendo y obtener una comprensión más profunda del tema mientras mejora la aplicación que acabamos de construir juntos en este libro.

En la siguiente sección, revisaremos los pasos para limpiar los recursos que utilizamos en este capítulo, lo que se realizará solo cuando esté seguro de que ya no los necesita.

17.6. Limpieza

Una vez que hemos terminado con la aplicación, podemos limpiar los recursos que utilizamos en estos últimos capítulos, ya que no los necesitaremos en el futuro cercano. La mayoría de los recursos son gratuitos, pero es muy recomendable eliminar lo que ya no necesita, especialmente si está pagando por alguno de ellos.

Estos son los recursos que puede eliminar:

- *Droplets* de DigitalOcean creados en los últimos capítulos.
- Clúster de MongoDB Atlas.
- Repositorio de Docker Hub.
- Dominio de Cloudflare.
- Repositorio de GitHub (aunque le recomiendo que lo conserve, ya que puede usarlo como referencia en el futuro).

> Usted puede obtener espacio adicional en el disco duro de su entorno local eliminando las imágenes Docker que ya no necesita o las carpetas `node_modules` que creó mientras seguía el libro.

Este proceso de limpieza fue el último paso en nuestro viaje. Antes de cerrar este libro le recomiendo que organice las notas que ha tomado durante todo el trayecto y que las almacene adecuadamente para que pueda acceder a ellas en el futuro. En la siguiente sección, resumimos este capítulo.

17.7. Resumen

En este capítulo, hemos aprendido a desplegar nuestra aplicación en Internet utilizando Docker y a usar GitHub Actions para la integración continua con nuestras imágenes Docker.

Hemos aprendido a usar Docker para construir la aplicación y a publicar la imagen en Docker Hub, y hemos profundizado en cómo hacer una configuración de dominio adecuada, además de agregar un certificado SSL a la aplicación usando Cloudflare. Hemos introducido los principios de la aplicación Twelve-Factor y hemos enumerado los pasos para limpiar los recursos que hemos utilizado.

¡Felicidades, lo logró! Este es el final de nuestro viaje. Espero que lo haya disfrutado y que haya aprendido mucho. Espero que continúe aprendiendo y mejorando sus habilidades y que siga construyendo aplicaciones increíbles con Node.js. Estaré muy feliz de saber de usted y de saber qué piensa sobre el libro. Puede contactarme en X/Twitter (https://twitter.com/kom_256) o LinkedIn (https://www.linkedin.com/in/ulisesgascon/).

17.7.1. Lectura adicional

- *Ulises Gascón | Ebook: Docker seguro:*
  https://dockerseguro.ulisesgascon.com/
- *Twelve-Factor App principles: https://12factor.net/*
- *So what is Cloudflare?: https://www.cloudflare.com/learning/what-is-cloudflare/*
- *What 19th century railroad wars can teach us about building a future-ready cloud: https://cloud.google.com/blog/transform/what-19th-century-railroad-wars-can-teach-us-about-cloud-containers*